| 光明社科文库 |

法门寺金银器艺术研究

沈　磊◎著

光明日报出版社

图书在版编目（CIP）数据

法门寺金银器艺术研究 / 沈磊著. -- 北京：光明日报出版社，2021.9

ISBN 978-7-5194-6237-6

Ⅰ.①法… Ⅱ.①沈… Ⅲ.①法门寺—金银器（考古）—研究 Ⅳ.①K876.434

中国版本图书馆 CIP 数据核字（2021）第 160742 号

法门寺金银器艺术研究

FAMENSI JINYINQI YISHU YANJIU

著　者：沈　磊

责任编辑：曹美娜　　　　　　　　　　责任校对：张彩霞
封面设计：中联华文　　　　　　　　　责任印制：曹　净

出版发行：光明日报出版社

地　　址：北京市西城区永安路 106 号，100050

电　　话：010-63169890（咨询），010-63131930（邮购）

传　　真：010-63131930

网　　址：http://book.gmw.cn

E - mail：gmrbcbs@gmw.cn

法律顾问：北京市兰台律师事务所龚柳方律师

印　　刷：三河市华东印刷有限公司

装　　订：三河市华东印刷有限公司

本书如有破损、缺页、装订错误，请与本社联系调换，电话：010-63131930

开　　本：170mm×240mm

字　　数：284 千字　　　　　　　　　印　　张：17

版　　次：2022 年 1 月第 1 版　　　　印　　次：2022 年 1 月第 1 次印刷

书　　号：ISBN 978-7-5194-6237-6

定　　价：95.00 元

前　言

　　法门寺地宫出土的金银器遗物，是目前已发现的晚唐金银器中等级最高、质量最精、物主与制作时间等信息最为明确的金银器器物群，为研究中国古代工艺美术的风格演变、设计方法及制作工艺提供了重要的实物资料。

　　在中国古代金银器研究日益深入化、具体化的大背景下，本书选择法门寺金银器为主要研究对象，从艺术学的角度对法门寺金银器的历史背景、艺术外显、艺术内延及其相关问题进行了系统地研究。全书围绕法门寺金银器的艺术风格及其形成机制这一论点，构建起时间（年代）与空间（区域）多维度的比较系统，对法门寺金银器的造型艺术、纹饰艺术及制作工艺三方面进行了详尽地梳理与分析。本书的研究主旨始终指向金银器作为中国古代造型艺术的身份属性，而非考古学范畴的重复考证，前人在法门寺金银器的考古学、历史文献学研究中所取得的成果是本书重要的理论指引及论证基础。对法门寺金银器艺术本体的探究实为本研究的意义所在。

　　金银器作为中国古代工艺美术的重要成员，其艺术风格主要由造型、纹饰以及制作工艺来体现，而其艺术风格的形成机制则与时代背景、社会文化、科学技术等因素密切相关。因此，本书采用以表及里的论证步骤与研究程序，在对其造型、纹饰及制作工艺进行全方位考量之后，总结与推导出本书的核心论点。在正文的论证过程中，以盛唐时期的何家村金银器和中唐之后的丁卯桥金银器两个器物群作为主要参照体系，运用比较研究的方法使法门寺金银器的艺术特征更加清晰。通过法门寺金银器艺术的个案研究，以期达到以点带面的研究目的，为中国古代金银器艺术研究的深入开展做出贡献，并对现代金属艺术创作与生产起到一定的理论指导作用。

　　关键词： 法门寺；金银器艺术；造型；纹饰；工艺

目　录
CONTENTS

第一章　引言 ································· 1

　第一节　研究的背景 ······················· 1

　第二节　研究现状及相关研究成果评述 ··········· 4

　第三节　研究的意义 ······················· 11

　第四节　研究的方法 ······················· 12

　第五节　研究对象、范围的界定 ··············· 13

　第六节　本研究的创新点 ··················· 15

　第七节　本研究的流程图 ··················· 16

第二章　法门寺金银器艺术概述及其形成的背景 ······· **17**

　第一节　法门寺金银器艺术概述 ··············· 17

　第二节　晚唐的社会概况与审美风尚对法门寺金银器艺术的影响 ··· 34

　第三节　唐代密宗佛教对法门寺金银器艺术的影响 ··· 38

　第四节　唐代茶文化对法门寺金银器艺术的影响 ····· 48

　第五节　本章小结 ························· 54

第三章　法门寺金银器的造型艺术 ··············· **55**

　第一节　唐代金银器造型的演变轨迹 ············· 56

　第二节　法门寺金银器中的几何造型 ············· 59

　第三节　法门寺金银器中的仿生造型 ············· 78

第四节　法门寺金银器中的其他典型性造型 ························ 88

第五节　法门寺金银器造型的审美特征 ························ 102

第六节　本章小结 ························ 104

第四章　法门寺金银器的纹饰艺术 **105**

第一节　唐代金银器纹饰的演变轨迹 ························ 107

第二节　法门寺金银器中的植物纹饰 ························ 108

第三节　法门寺金银器中的动物纹饰 ························ 119

第四节　法门寺金银器中的人物纹饰 ························ 127

第五节　法门寺金银器中的佛教纹饰 ························ 137

第六节　法门寺金银器中的其他纹饰 ························ 149

第七节　法门寺金银器纹饰的审美特征 ························ 154

第八节　本章小结 ························ 158

第五章　法门寺金银器的制作工艺 **159**

第一节　法门寺金银器的锤揲与錾刻工艺 ························ 162

第二节　法门寺金银器的钣金工艺 ························ 177

第三节　法门寺金银器的"金筐宝钿"与编织工艺 ························ 184

第四节　法门寺金银器的铸造工艺 ························ 189

第五节　法门寺金银器的其他工艺 ························ 192

第六节　法门寺金银器的工艺特征 ························ 197

第七节　本章小结 ························ 200

第六章　法门寺金银器的艺术风格 **201**

第一节　庄严具足与富丽之色 ························ 202

第二节　柔美飘逸与精巧实用 ························ 205

第三节　三教共融与中土气象 ························ 207

第四节　本章小结 ························ 212

第七章　法门寺金银器艺术风格的形成机制 ······················· **213**

　　第一节　晚唐密宗佛教对法门寺金银器艺术风格的影响 ·········· 213

　　第二节　宫廷审美与皇权意志对法门寺金银器艺术风格形成的作用 ··· 221

　　第三节　时人心象在法门寺金银器艺术风格中的潜在映照 ········ 224

　　第四节　本章小结 ······································· 226

第八章　结论 ·· **227**

插图索引 ·· **228**

附录A　法门寺金银器纹饰分类统计表 ·························· **234**

附录B　法门寺金银器图录 ···································· **240**

参考文献 ·· **253**

第一章　引言

第一节　研究的背景

    金银器作为中国古代工艺美术的重要组成部分，对其进行艺术学的相关研究具有重要的理论和现实意义，不仅可以完善中国古代金银器研究的学术架构，还对当代工艺美术创作与生产实践具有理论指导作用。国内学者对中国古代金银器的研究起步相对较晚，而自 20 世纪 50 年代末以来，随着田野考古发现的持续增多，不断有古代金银器出土面世，其中以唐代金银器的艺术水准为最高。紧跟考古发现的是学者们对其进行的考古学、历史文献学的考证性研究。应该说，中国古代金银器的艺术学研究是建立在考古学、历史文献学研究成果的基础之上的。因此，中国古代金银器的艺术学研究延迟于考古及历史文献学研究。再者，国内对古代工艺美术的艺术学研究方法也还在不断发展和完善的过程中。对中国古代金银器艺术学研究的相关成果，至 21 世纪初方始有增多，且多散见于各类著作及论文的章节之中，专门性的研究成果比较有限。艺术学研究并不等同于美术史或工艺美术史研究，它应该是以艺术本体为主要线索的综合性研究，在对研究对象进行美术史（工艺美术史）上下文考证的同时，更加侧重对艺术形式及创作规律的总结与分析。因此，对中国古代金银器艺术本体的厘定是其艺术学研究的重要课题。

    "中国古代的金银器，发展到唐代才真正兴盛起来，在目前的考古发现中，唐以前的金银器皿，总计不超过几十件，而唐代的数量猛增，已有几千件被发现[10]9。"据考证，我国早在商周时期便已出现少量的金制品，但大多作为青铜器物的附属构件。春秋战国时期已有关于使用金银器皿的记载。至秦汉，金银器出现了第一次繁荣时期，但仍以小型金银饰物为主要品类。魏晋南北朝的金银器开始盛行异域风格。进入唐代之后，金银器展现出绚丽夺目的光彩，彻底改变了其作为青铜器等器物的附属身份，基本形成了中国古代金银器的独立艺术范式。由于政治、经济等诸多原因，唐代之后的金银器虽然在工艺上日益精湛、品类不断增多，但其艺术造诣却始终未能超越唐时的辉煌。

图 1.1　法门寺明代佛塔
（图片引自《法门寺考古发掘报告》彩版 II）

在本书的选题之初，通过对中国古代金银器相关文献的宏观研读，选择了唐代金银器作为基本研究方向，并在此基础上进一步将研究对象具体化，最终确定将法门寺地宫出土的唐代金银器作为个案进行深入、系统地艺术学研究。以某一特定器物群作为个案进行研究，而并不将整个唐代金银器作为研究对象，原因主要在于艺术学研究对象具有的复杂性和差异性，若要获得深入而具体的研究成果，采用以点带面的研究方法实为明智选择。1987 年 3 月至 5 月，考古人员在对位于陕西省西安市西 120 公里处的扶风县法门寺倒塌塔基的清理过程中，意外发现了一座面积超过 30 平方米的地宫。地宫分为前中后三室，以及一条由 20 个台阶组成的隧道。从地宫中出土了大量唐代文物，包括金银器、玻璃器、陶瓷器及丝织品等。同时出土的四枚存放于数重金银、铁函、石之中的佛舍利，一经出土便引起宗教界和考古界极大地重视和关注。法门寺位于皇城之侧、丝绸之路的起点，是当时地位极高的皇家寺院。出土器物多为晚唐皇室供奉，由南北方多地生产，集中体现了晚唐工艺美术的艺术风貌和工艺水平。法门寺地宫及其所藏文物的发现是中国 20 世纪的重大考古发现，特别是其中的 118 件（组）金银器，被学界认定为唐代金银器的标准器物群之一，为中国古代金银器的研究提供了重要的实物资料。在已发现的唐代金银器遗迹中，最重要的是在陕西省西安市南郊发现的何家村窖藏、江苏镇江丹徒县发现的丁卯桥窖藏以及陕西扶风县的法门寺地宫三大发现。何家村窖藏位于北方地区，埋藏的时间是 8 世纪中叶或稍晚，器物的造型和纹样，代表了北方金银器的风格；丁卯桥窖藏位于南方地区，器物的造型和纹样，代表了南方金银器的风格；法门寺为晚唐皇家寺院，其地宫中出土的器物绝大部分制作于晚唐时期，制作者有皇室所属的官办制作机构，也有南方地区的官办与民营作坊，许多器物上还錾刻有纪年和制作者铭文。这三批器物数量多，分别代表了唐代前期和唐代中后期的遗物，反映了唐代金银器制作的南北不同系统，还表现出唐代中央和地方官府作坊产品的不同。

选择法门寺金银器为研究对象的主要原因有三点：第一，对于古代工艺美术作品的艺术学研究需要尽量准确的背景信息作为研究的基础，进而减少臆想与推测的成分。与法门寺金银器同时出土的《监送真身使随真身供养道具及恩赐金银器衣物帐》（见图 1.2），以下简称《衣物帐》。《衣物帐》详载了绝大多数金银器是唐懿宗和僖宗时期的供养物，衣物帐所提到的器物大都能与实物相对应，且有些器物自身还錾刻有铭文，使法门寺金银器的时代背景和器物归属等信息准确翔实，便于对其进行艺术风格等方面的判别与分析。第二，法门寺金银器制作并使用于晚唐时期，已有的考古及历史文献学研究成果显示，其装饰风格与工艺特征已形成显著的本土化面貌，是研究唐代金银器艺术演变和中国古代金银器艺术本体的绝佳选择。第三，法门寺出土的一百多件（组）金银器具有一定的数量，拥有进行统计学研究的基本条件。此外，法门寺金银器涵盖食器、容器、熏香器、茶具、盥洗器、供养器、法器、首饰等众多器物类别，其形制与用途的多样性为艺术学的比较研究提供了先决条件。

2014 年 3 月 27 日习近平主席在联合国教科文组织总部的演讲中提及法门寺出土文物时谈道："不能只满足于领略它们对以往人们生活的艺术表现，更应该让其中蕴藏的精神鲜活起来。"[1]党的十八大以来，以习近平同志为核心的党中央对中华优秀传统文化的传承发展高度重视，提出从国家战略资源的高度继承优秀传统文化，从推动中华民族现代化进程的角度创新发展优秀传统文化。习近平同志在中国共产党第十九次全国代表大会上所作报告中提道："文化自信是一个国家、一个民族发展中更基本、更深沉、更持久的力量。必须坚持马克思主义，牢固树立共产主义远大理想和中国特色社会主义共同理想，培育和践行社会主义核心价值观，不断增强意识形态领域主导权和话语权，推动中华优秀传统文化创造性转化、创新性发展，继承革命文化，发展社会主义先进文化，不忘本来、吸收外来、面向未来，更好构筑中国精神、中国价值、中国力量，为人民提供精神指引。"[2]法门寺金银器凝结着我国古代劳动人民的聪明才智，是中华民族优秀传统文化的物质载体，对其进行深入研究，对弘扬与创新发展传统文化，提升文化自信具有积极的理论和实际意义。

图1.2 法门寺地宫出土的《衣物帐》碑文
（图片引自《法门寺考古发掘报告》）

第二节 研究现状及相关研究成果评述

一、研究现状

目前学界关于法门寺金银器的研究成果主要集中在考古学与历史文献学方面，文献集中于考古报告和各类相关论文。而以艺术学为主要研究方向，从造型艺术、纹饰艺术和制作工艺的角度进行研究的课题及成果并不多见，且大多散见于论文与相关著作的章节之中，未见有对法门寺金银器进行专门、系统的艺术学研究及成果。

已有的法门寺金银器艺术学相关研究及成果主要可以分为四种形式：第一种是作为唐代金银器整体研究的组成部分，法门寺金银器是唐代金银器的重要组成部分，在诸多对唐代金银器整体性研究的论丛中或多或少地涉及了法门寺金银器，其中不乏对其艺术风格、工艺美学等方面的分析与总结；第二种存在于一些以特定器物门类为研究对象的课题中，如中国古代舍利容器研究、汉唐熏香器研究等；第三种是以法门寺金银器中的个别器物为研究对象，进行的艺术学个体分析与比较研究；第四种散见于有关法门寺文化的著作与论文之中，如韩金科所著的《法门寺文化史》[3]等。以上四种形式的研究及成果虽然已大致勾勒出法门寺金银器艺术学研究的轮廓，但大多浅尝辄止，未能对法门寺金银器艺术进行系统而全面的理论梳理和深入探究。

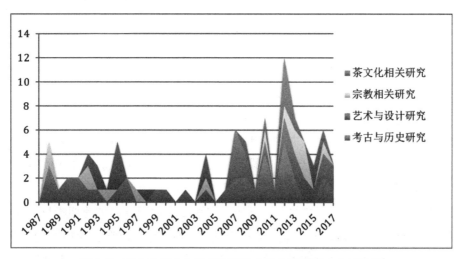

图1.3　国内法门寺金银器相关论文发表数量不完全统计图

法门寺地宫的考古发掘至今已有 30 年时间，在此期间，学者们对法门寺相关的各项研究从未中断，研究遍及考古、历史、宗教、文学、艺术等众多领域。在考古发现后的十几年间还曾在学界一度形成法门寺研究热潮，更有学者倡导建立"法门寺学（法门学）"的新学科，以期加入与"敦煌学""吐鲁番学"等并驾齐驱的显学阵营。出土文物作为法门寺文化重要的实物呈现，对它们的研究始终是法门寺研究的重点，金银器是法门寺文物系统中的大宗，在《衣物帐》的记载中处于非常显要的位置。可以说，法门寺金银器的学术价值体现在法门寺文化和唐代金银器艺术的双重语境之中，这也是众多学者三十年来不断对其进行研究的原因之一。"著作常常侧重于整体阐述、综合讨论，而出版周期较长；论文往往论证新观点、刊布新发现，而面世时间较短。因此，学术前沿往往由论文体现，期刊和研讨会文集是学人必须紧密追踪的读物。"[4]13 在本文的撰写之初，笔者对 1987 年至 2017 年间国内发表的有关法门寺金银器研究的论文

（包括期刊论文、学位论文和论文集论文）进行了不完全统计，所得出的数据显示出国内学界对法门寺金银器关注点的变迁，以及相关选题的变化趋势。从这些数据中，可以看出对法门寺金银器的考古与历史文化的研究均匀地贯穿于整个统计时域；与法门寺金银器相关的宗教和茶文化研究虽然也基本没有间断，但却经历了若干次高峰期与平淡期；艺术与设计相关研究在 2003 年之前几无涉及，而 2003 年之后的文献数量却逐渐攀升。由此可见，对法门寺金银器的艺术学研究正在成为新的研究重点。其原因应该与国内艺术学研究水平的整体提升和研究范围的不断拓展有关。同时也体现出近年来学界对传统文化，特别是传统手工艺文化的研究热忱。

二、相关研究成果

与法门寺金银器艺术相关的学术著作：

由陕西省考古研究院编著的《法门寺考古发掘报告》[5]对法门寺地宫及出土文物进行了翔实的披露，对塔身、地面遗存以及考古日记做了整体公布。全书不仅图文并茂展现了以法门寺金银器为主的文物信息，而且将 20 年来的考古成果运用到报告之中，对器物命名、器物尺寸与重量、形制与用途等进行了权威性的厘定，为法门寺金银器的艺术学研究提供了全面而准确的前期资料。韩生编著的《法门寺文物图饰》[6]是迄今最为全面和系统地辑录兼论述法门寺文物的著作，该书由绪论、真身宝塔、唐代地宫、石刻文物、地宫文物、唐密佛舍利供养曼荼罗、法门寺文物的装饰艺术六章组成。图录部分辑录了众多的文物图饰，并且突出文物图饰的细部，全方位多视角地展现了文物的外观，是法门寺金银器艺术学研究不可或缺的图像资料。韩金科主编的《法门寺文化史》[3]以时间为纵轴，全书分为续篇、源头、初传、鼎盛、衰落、复兴六个篇章，在诸多篇章中都涉及法门寺金银器的造型、装饰艺术以及工艺技术，并将这些内容置于整个法门寺文化的线性论述之中。李新玲主编的《法门寺唐代地宫金银器》[7]一书专门性地介绍了法门寺金银器的造型、装饰及部分制作工艺。姜捷主编的《法门寺文化研究新论》[8]一书收录了多篇有关法门寺历史、考古、文化方面的近期论文。韩伟主编的《陕西珍贵文物集成：金银器卷》[9]一书以陕西出土的金银器为研究对象，其中包括法门寺金银器，并就我国古代的金银历史、开采过程、金银器工艺技术、器物种类和造型、装饰题材等方面进行了较为系统的研究。书中按金银器皿与非金银器皿进行归类，并择取个别器物从考古学的角度进行了描述，对金银器的工艺技术依据文献进行了一定的推理。齐东方编著的《唐代金银器研究》[10]一书收集了唐代及唐以前近千件金银器，对唐代金银器在艺术、考古、历史等方面进行了翔实的论述和研究，并对器物的造型、纹样、制作工艺及东西方文化交流方面都做了比较深入地探讨，且附有线图或照片，是迄今国内外资料最为全面、研究最为深入的中国古代金银器著作。龚国强的《与日月同辉——中国古代金银器》[11]一书从中国古代金银器的发端到唐代后期中国古代金银器的成熟，分别做了图文叙述，提出了"中国古代金银器文化"的概念。张静、齐东方编著的《古代金银器》[12]一书，详细论述了近一个世纪以来我国金银器的考古发现，并就不同历史时期的金银器在艺术风格和制作工艺等方面的异同，进行了较为深入地梳理与分析，为法门寺金银器艺术研究提供了翔实的前后史料。王烨编著的《中国古代金银器》[13]一书介绍了中国古代金银器的发展脉络，特别是其制作工艺的变迁与进步。陆九皋、韩伟编著的《唐代金银器》[14]一书，以图版为主，并收录了5篇金银器研究论文。韩伟编著的《海内外唐代金银器萃编》[15]一书收集了新中国成立后历次唐代考古发掘中出土的金银器，也收集了部分欧、美、日等国珍藏的唐代金银器。谭前学编著的《盛世遗珍：唐代金银器巡礼》[16]一书以发掘文物的历史文化内涵为主要研究方向，较为全面地介绍了唐代金银器的基本风貌。申秦雁主编的《金银器：陕西历史博物馆珍藏》[17]一书将陕西历史博物馆珍藏的金银器按生活器皿、宗教用具、服饰、动物状装饰品等方面进行了相关论述。杨小林所著的《中国细金工艺与文物》[18]一书以现代细金工艺为基础，对国内相关出土文物进行分析，是一部将文物与工艺相结合进行论述的专著。杨伯达主编的《中国美术全集·工艺美术编·10 金银玻璃珐琅器》[19]和《中国金银玻璃珐琅器全集·金银器》[20]，陈晓启主编的《中国金银珐琅器收藏与鉴赏全书》[21]，贺云翱主编的《中国金银器鉴赏图典》[22]，贺云翱，邵磊主编的《中国金银器》[23]，金维诺主编的《中国美术全集·金银器玻璃器》[24]等图书资料从不同角度描述和分析了中国传统金银器的器物种类、出土与收藏情况、造型特征和装饰纹样的内涵等，为本课题的研究起到了一定的参考作用。

与法门寺金银器艺术相关研究的学术论文：

与法门寺金银器艺术相关的论文成果按研究方向基本可分为四种类型，分别为考古与历史文化研究、艺术与设计研究、宗教文化研究、茶文化相关研究，其中也不乏一些跨越两种以上研究领域的论文。艺术与设计研究方向的论文成果与本课题直接相关，其他三类亦对本课题有着重要的参考价值。

考古与历史文化研究的论文成果中含有一定的艺术学研究内容，但更为重要的是其作为艺术学研究的先导作用。卢兆荫的《关于法门寺地宫金银器的若干问题》[25]一文介绍了法门寺地宫金银器的基本情况和相关重要的考古问题。齐东方的《法门寺地宫的发现与唐代金银器研究》[26]一文详细分析了法门寺地宫金银器的重要学术价值。程旭的《从何家村到法门寺：金银器工艺的进步与发展》[27]一文详细比较了何家村窖藏金银器与法门寺窖藏金银器的制作工艺、艺术价值和文化内涵。韩伟的《法门寺地宫金银器錾文考释》[28]一文以严谨详细的统计学数据整理考释了法门寺金银器錾文的内容与内涵。王仓西的《浅谈法门寺地宫出土部分金银器的定名及用途》[29]一文用考据学的方法研究了法门寺金银器的定名，并以此分析推断其用途。梁子的《法门寺文物研究的几个问题》[30]一文研究和论述了法门寺金银器的产地、工艺特点、文化内涵、用途与唐代度量衡。气贺泽保规撰写、王维坤翻译的《试论法门寺出土的唐代文物与"衣物帐"》[31]详细介绍了法门寺"衣物帐"的内容与释义，对法门寺金银器研究提供了重要的统计学数据和历史背景文献。林培民的《法门寺唐代茶具审美简论》[32]介绍和研究了法门寺出土茶具（包括金银器茶具）的基本工艺面貌和造物特点。

艺术与设计研究使用的是艺术学的研究方法，相关的论文成果大多问世于近十几年间，说明此类研究的起步偏晚，论述的着眼点与研究方法较为新颖。万映频撰写的《从法门寺佛指舍利八重宝函的设计探讨中国传统设计文化》[33]一文以法门寺地宫出土的舍利容器组合——"八重宝函"（其中六重为金银器）为研究对象，通过对其组合关系、制作工艺与艺术表现形式等的分析，探讨了其所蕴含的中国传统设计文化。王丽梅的《形式与意蕴——释法门寺佛指舍利八重宝函的艺术美》[34]一文同样以"八重宝函"为研究对象，重点探讨了器物具有的独特艺术美及其呈现方式。李妃德的硕士学位论文《唐密宗装饰艺术研究初探》[35]涉及法门寺金银器的装饰艺术特征，以及唐代密宗佛教装饰艺术对法门寺金银器艺术的深刻影响。钱进的硕士学位论文《错彩镂金——唐代金银香炉装饰艺术表现形式研究》[36]涉及法门寺金银器中的熏香器，并对其装饰艺术表现形式做了较全面的介绍与分析，并且将其置于整个唐代金银香炉的艺术比较体系之中。杨海霞的硕士学位论文《汉唐时期熏香器具设计研究》[37]亦是涉及法门寺金银器中的熏香器，将汉代与唐代的熏香器具进行了分类研究，并将熏香风俗、神仙思想、佛教文化同古代设计思想的关联进行了分析与论述。宋玉立的《试论唐代造物的艺术风格》[38]一文以安史之乱为分界点,将唐代造物的艺术风格分为两个部分分别进行阐释,其中作为晚唐代表性器物群的法门寺金银器亦是此文的论述重点。王雪的硕士学位论文《唐代金银器造型艺术研究》[39]从造型艺术的角度对唐代金银器的审美特征、文化内涵以及工艺思想进行了较为系统的论述。陈妍言的硕士学位论文《唐代金银器角隅纹样研究》[40]系统梳理和研究了唐代金银器角隅纹的艺术特征与装饰思想。段丙文的硕士学位论文《论唐代金银器中的錾刻与锤揲工艺》[41]从艺术创作的角度整理和研究了唐代金银器最常用的两种制作工艺。

法门寺金银器中包含众多佛教供养器与法器,其他金银器物也一同作为佛骨舍利迎送仪式的供养品瘗藏在地宫之中,再加上法门寺本身的皇家寺院属性,使得宗教文化研究始终是法门寺金银器研究的重要组成部分,也是法门寺金银器艺术研究的理论基础和参考文献来源。任新来的《法门寺地宫文物与唐代佛教密宗文化》[42]一文介绍了唐代密宗佛教文化的概貌及其与法门寺金银器等文物的关系。林培民的《法门寺佛教文化的美学特征》[43]一文深入剖析了法门寺佛教文化的美学特征,提出了法门寺佛教文化以舍利供养为中心的审美呈现样态,对研究法门寺金银器的审美构成具有重要意义。齐东方的《中国寺院金银器》[44]一文从宏观上对中国寺院金银器的艺术风格和造物思想进行了分析与总结,并从宗教仪规、宗教审美和金银器本身的精神内涵等方面探讨了金银器与宗教的密切联系。

法门寺金银器中的金银茶具是目前世界上出土时间最早、等级规格最高的古代茶具,其所蕴含的唐代宫廷茶文化思想影响深远。因此,与法门寺金银器相关的茶文化研究亦是法门寺金银器艺术研究的重要组成部分。孙机的《法门寺出土文物中的茶具》[45]一文是对法门寺出土茶具较早的研究文章,介绍并初步探讨了法门寺出土茶具的造型、装饰及功用。王郁风的《法门寺出土唐代宫廷茶具及唐代饮茶风尚》[46]一文则从对器物本身的研究拓展至对唐代饮茶风尚的探讨。梁贵林的《〈茶经〉·〈茶酒论〉与法门寺茶道研究》[47]从文献入手,深入论证了法门寺茶道的程序及美学意味,为法门寺出土茶具的艺术研究提供了翔实的文献基础。任新来的《唐代茶文化与法门寺地宫茶具》[48]分上、下两篇,系统而全面地梳理了唐代茶文化的演进过程及其在法门寺地宫茶具中的体现。李刚的《唐密茶道研究》[49]一文探讨了唐代茶道同唐代密宗的内在关系,将宗教文化研究同茶文化研究统一起来，使对法门寺茶具的研究内容更加丰富。李新玲的《法门寺地宫出土金银茶具及其工艺价值》[50]一文更为系统地阐释了法门寺金银茶具的审美特征、制作工艺及文化内涵，强调了其作为唐代金银器与唐代茶具的双重身份。

　　与工艺美学、手工艺文化及工艺美术史等艺术学相关研究的学术著作：

　　田自秉先生的《中国工艺美术史》[51]以时间为轴线，将原始社会直到20世纪80年代工艺美术的史料做了系统的论述，并阐释和分析了不同时期的风格特点，对中国工艺美术的理论研究起到了重要作用。雷圭元先生的《新图案学》[52]、《图案基础》[53]和《中国图案作法初探》[54]是纹样图案学方面最重要的参考文献，其中，《新图案学》[52]成书1947年，以图案艺术创作实践为研究基础，全书分为图案与人生、图案的源泉、图案的内容、构成、形式、格式等七部分，对研究法门寺金银器的纹饰艺术起到了重要的方法论指引。张道一的《造物艺术论》[55]一书论述了工艺美术的基本概念问题，也涉及了美术与工艺美术的关系问题。杭间的《中国工艺美学思想史》[56]一书对我国历史上各个时期的工艺美术思想作出了考据和总结，例如墨子的工艺美学观、儒家强调"仁"的工艺美学思想、道家"自然无为"的工艺美学思想，以及秦、汉、唐、宋等不同历史时期的工艺美学进行了梳理与研究。高丰的《中国器物艺术论》[57]一书分为上、下两篇，上篇以通论的形式阐释了器物的功能、艺术、审美、文化和风格特征，下篇则分门别类地介绍和论述了陶器、青铜器、金银器等器物艺术。呼志强编著的《中国手工艺文化》[58]一书图文并茂地介绍了多项传统手工技艺的发展历史和工艺程序，是一本关于中国传统手工艺文化的通识著作。李砚祖编著的《装饰之道》[59]一书以工艺与装饰、工艺文化与现代美术思潮等16篇文章，分别论述了装饰的表现形式与文化内涵；其另一部著作《工艺美术概论》[60]论述了造物的文化与艺术、工艺美术起源和形态范畴、艺术与工艺技术、工艺与装饰、工艺设计、工艺美术经济学等内容，全面解读了工艺美术的外显与内延。

　　外文文献：

　　瑞典的学者 Bo Gyllensvard 编著的 *Gold and silver ware in the Tang Dynasty*[61]以收藏于海外的中国唐代金银器为研究对象，对唐代金银器的装饰风格和器物特征进行了详尽的论述，并配有大量的照片和线图。日本雄山阁出版社出版的中国学者冉万里的著作《唐代金银器文様の考古学的研究》[62]用考古学的研究方法，对唐代金银器的装饰纹样进行了严谨详细的考证。日本審美書院出版的《東瀛珠光ヒカシウミタマヒカリ》[63]及1957年出版的《国华馀芳：正仓院御物》[64]等外文古籍文献，有助于加强我们对流失海外的中国古代金银器的认识和解读，从而使法门寺金银器艺术的比较系统更为充实。

第三节　研究的意义

由于中国古代社会推崇"形而上者为之道，形而下者为之器"的文人士大夫思想，金银器等工艺美术的设计与制作往往沦为"形而下者"而不被正史所记载，被称之为"雕虫小技"或"奇技淫巧"，不足以言之。当下，随着经济与社会的发展，传统工艺（美术）成为国家和民族的重要文化遗产，是体现国家与民族精神的重要载体。在工业化、信息化快速发展的今天，深入研究古代优秀传统文化，建构传统工艺研究体系，已成趋势。

唐代是中国金银器艺术发展的高峰时期，而法门寺金银器代表了晚唐金银器的最高技艺水平，对法门寺金银器的研究是对唐代金银器乃至整个中国古代金银器研究的重要组成部分。目前，法门寺金银器的研究主要集中在历史文献学和考古学领域。由于中国古代工艺美术缺少与之相对应的古代文献体系，文物的艺术价值需要进行多方位的考据与分析方能展露真容。考古学和历史文献学的研究重点是对器物的形制、分期、功能，以及其所透露出的历史文化信息的考证与探究。而艺术学研究则是将金银器作为艺术作品，通过对其造型、纹饰、色彩、工艺等方面的分析进而揭示其艺术特征及演进规律。考古与历史文献学研究是艺术学研究的基础，而艺术学研究获得的成果也会反向助力于前两种研究。

概括来说本课题的研究意义分为两个方面：

一为理论意义，本课题全面系统地梳理了法门寺金银器艺术的外显与内延，通过对法门寺金银器的造型、纹饰、制作工艺的考证与分析，搭建起法门寺金银器艺术的构成体系，厘清晚唐金银器在中国古代金银器艺术发展进程中的历史价值，通过以点带面的方式使中国古代金银器的艺术本体清晰地呈现出来。同时也为法门寺金银器研究体系的完善有所增益。二为现实意义，借古开今，古为今用，通过研究具体的古代器物遗存使其审美思想、艺术表现手法和制作工艺成为现代艺术创作（设计）的有效参照，特别是为我国当下的金属艺术创作、生产提供学术支持。

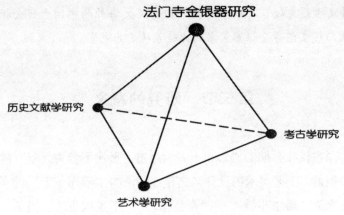

图1.4　法门寺金银器的研究格局

第四节　研究的方法

实地考察法：

对法门寺金银器进行实物观测、细节研读，在借鉴技术考古学方法的同时，重点针对器物的艺术性和工艺性进行考察。对当地的文物研究部门进行走访，与研究人员进行交谈。

文献研究法：

对于古代工艺美术的研究，文献占有的多寡直接影响到研究的深度与质量，与法门寺金银器艺术相关的各类文献具有丰富且繁杂的特点。因此，对文献的分类与筛选亦是本课题研究工作的重要组成部分。

以《法门寺考古发掘报告》为基础，对有关法门寺金银器的相关古今文献进行研究并梳理出以艺术学为主线的文献体系。

工艺实践法：

重点采用"古今工艺对比"与"古代工艺还原"的方法。根据自身对金银器的锤煤工艺、錾刻工艺、花丝珐琅工艺、焊接工艺等基本技能的掌握情况，通过技术实践，寻找同种工艺在不同器物对象上的技艺流程和技巧，并分析和研究工艺之间的差异和不同工艺所形成的器物造型体系。根据课题进度和需要进行相关工艺实验，并采集和整理相关数据。

统计学研究法：

面对实地考察和工艺实践所收集的大量原始资料，再结合现有金银器相关的考古文献和学术研究资料，要对所出现的知识点进行统计，进而得出相关数据。

比较研究法：

法门寺金银器艺术作为晚唐时期金银器艺术的代表，与初唐、盛唐时的金银器艺术具有传承和演进的关系。既要有同一时间段不同器物的形态、工艺、纹样、文化等横向上的比较，还要对不同时代的同类器物进行比较。同时，法门寺金银器的产地涵盖南北两方，其制作机构分为以"文思院"为代表的北方皇家制作机构和南方地区非皇家制造单位两处。因此进行时间和空间两种纬度的比较研究就显得尤为重要。

图像学研究法：

艺术学研究离不开图像，通过同一器物不同角度的图像资料或不同器物不同图像的信息分门别类地找到器物的造型语言、装饰风格和工艺特征，并要理解图像中器物资料背后所涵盖的各种历史、文化、宗教、政治、经济、人文等信息。

图案学研究法：

在精准采集相关器物上的图案信息的基础上，按照图案学通用原理分析法门寺金银器纹饰的图案美感，并结合统计学方法进行系统研究。

第五节　研究对象、范围的界定

本书是立足于中国古代金银器艺术研究层面的个案研究。以法门寺出土的118件（组）金银器为基础研究对象，并结合唐代和其他朝代金银器的比较研究，其中以唐代何家村出土金银器、丁卯桥出土金银器为主要参照系。由于金银器的概念具有广义与狭义之分，广义上讲，凡是以金、银为材质的艺术品（包括局部为金、银材质的艺术品）皆为金银器，包括：器皿、首饰、雕塑以及各类金银材质的物品；而狭义上的金银器只包括瓶、碗、碟、壶等金银器皿。本文的研究对象为广义的金银器，重点针对其艺术层面进行研究。以典型性器物研究为出发点，并进行与之相关的纵向和横向研究。金银器的艺术性和工艺性是相辅相成的，脱离制作工艺单谈艺术或是片面强调工艺技术都是片面的，所以本课题的研究内容既包括法门寺金银器的艺术审美研究，同时也包括其制作工艺研究，并且二者相互交叉，互为佐证。同时，将法门寺金银器的研究范围扩展至与其相关的其他工艺美术门类，如陶瓷、玻璃等，以形成多维度的综合研究系统。

"金银器艺术"一词基于金银器作为古今传承不绝的工艺美术门类与人类艺术总类的从属关系，是将金银器放置于艺术学研究范畴的专门性称谓。本文的研究范围即是法门寺金银器艺术的涉及范畴，具体包括：

艺术审美研究：

艺术审美研究包括造型艺术研究和纹饰艺术研究两部分。造型艺术研究包括对器物的形制与器型、雕塑构件造型、典型性器物的空间形态、器物的组合性美感、与同时期（邻近时期）其他门类器物的造型艺术比较等的研究。纹饰艺术研究包括器物的纹饰布局、装饰纹样的分类、装饰纹样的风格及其美感的生成、中国传统装饰思想的体现等的研究。

法门寺金银器作为晚唐君主及权贵、高僧向寺院的捐赠品，具有典型的宗教艺术特征，对其进行的艺术审美研究亦包括宗教艺术研究板块。鉴于法门寺金银器与晚唐密宗宗教仪轨及其审美存在显著和深刻的内外在联系，对晚唐密宗宗教的背景性研究也不可或缺。此外，法门寺金银器中的一套金银茶具作为目前存世的唯一一套唐代金银茶具，对其造型、装饰和制作工艺的研究也不能缺少对唐代茶文化的探究。

制作工艺研究：

金银器作为中国古代工艺美术体系中的一个组成部分，其艺术审美与制作工艺相互依存，这也是所有工艺美术门类的一致特征。因此，对法门寺金银器的艺术学研究必然离不开制作工艺研究。对中国古代金银器制作工艺的研究仅仅依靠有限的古籍文献和考古资料势必趋向表面化和概念化。由于中国古代对工艺理论的长期漠视以及师傅带徒弟式的技艺传授方式，金银器的制作工艺并没有专门的著述存世，想要深入解读古代金银器制作工艺需要将遗物、文献置于现代工艺的语境之中进行推演和分析。制作工艺的研究不仅包括具体的工艺技法研究，还包括蕴藏在工艺内部的手工艺文化研究。具体分为：法门寺金银器的工艺统计学研究、工艺特征研究、基于现代金银器制作工艺的还原与推演等。

第六节　本研究的创新点

本研究的创新点主要分为两个方面：

一、在研究方向与方法上的创新。目前国内学界对中国古代金银器艺术的研究，多以时间为线索，以地域分布为导向，主要探讨金银器物的历史发展沿革及民族审美差异，而对其发展轨迹上的重要节点，缺少全面、深入的个案研究。金银器的概念主要限定在历史文化及工艺美术史的范畴之内，这种状况导致古代金银器艺术与现代金属艺术创作（生产）实践缺乏理论联系。因种种社会和历史原因，中国传统金银器艺术在当代出现严重的理论和实践的断层现象。对古代优秀金银器艺术个案的艺术学理论研究实为填补这种缺失的最有效方法。作为古代遗物的法门寺金银器，并不缺少考古学与历史文献学方面的研究与成果，运用前人的相关研究成果、建立和完善针对古代金银器个案的艺术学研究模式与方法，实为本研究在研究方法上的创新。

二、具体研究内容的创新。本研究以法门寺金银器的艺术风格及其形成机制为主要研究线索和论点，通过对法门寺金银器的造型艺术、纹饰艺术及制作工艺的梳理与分析，总结出法门寺金银器的艺术风格，进而推导出其艺术风格的形成机制。希望以法门寺金银器艺术研究为契机，为充实中国古代金银器艺术学研究做出一定的贡献。

图1.5　法门寺鎏金双鸳团花大银盆
（作者自摄于法门寺博物馆）

第七节 本研究的流程图

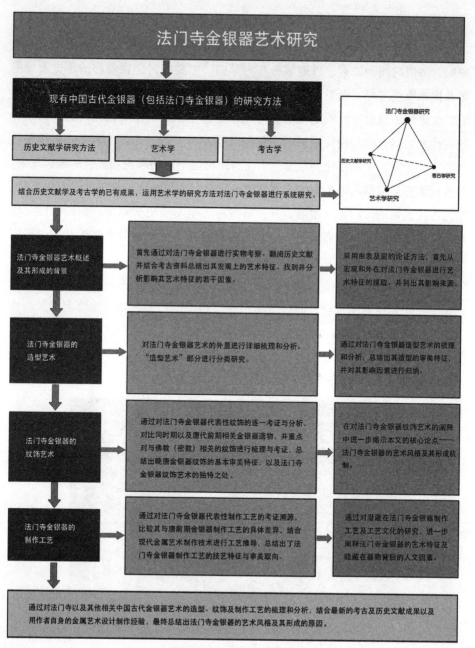

图 1.6 本研究的流程图

第二章　法门寺金银器艺术概述及其形成的背景

第一节　法门寺金银器艺术概述

出土于法门寺地宫的遗物，多数为唐懿宗、唐僖宗向佛祖供奉的奇珍异宝。这些高等级、高质量的遗物代表了唐代高度发达的设计与制作水平。据统计，法门寺地宫出土遗物有："金银器 118 件（组）；已整理丝织品 35 件（物账所载各类丝织品七百多件）；琉璃器 20 件（组）；瓷器 16 件（其中秘色瓷器 14 件）；铜铁器 70 件；地铜货币万余枚；漆木器 26 件（组）；石器 11 件（组）；珠玉宝石 40 件（组）；还有 4 枚佛骨舍利，共计 340 件（组）。"[5] 112 这些遗物的特点为：上千件珍宝全部集中存放在不到 35 平方米的空间中（主要在地宫后室），地宫由石材砌成，无后世扰动，遗物的保存环境相对稳定，文物保存均完好如初（丝织品与漆木器除外）；器物组合分类明确，用途清楚，体现了唐代皇室宫廷生活的基本面貌；器物（以金银器为最）多有錾文，制作时代与地点确切；地宫出土的唐代衣物帐为勘对遗物名称、数量、材质、重量及供奉人等重要信息提供了可靠的依据。

金银器是法门寺地宫中的主要供奉品，为唐懿宗、唐僖宗先后供奉，亦有佛教诸头所进奉的器物。基本可划分生活用具、供养器、法器和首饰四类。器物自身多带有錾文，从而极大提高了其史料价值。

法门寺金银器从时间上看属于唐代晚期的产物，因此其应该具备晚唐艺术的普遍特质，这种特质来自时代精神，而时代精神受到社会经济、政治等因素的影响。晚唐时期政权的羸弱、社会经济的颓败以及持续的战乱深刻地影响了文化艺术的整体面貌，柔弱、忧郁的艺术气息体现在造型艺术的各个领域，但唐代毕竟是中国古代历史中强盛与繁荣的代表，即使在它的尾声依然唱响着华丽尊贵的艺术之音，法门寺金银器艺术便是其中之一。纵观法门寺金银器艺术，它依然保有一定的盛唐遗风，只是豪迈的奋进之象退减，华丽隽秀的风貌显存，这些都可从其造型与纹饰中窥见一斑。从器物的物主（供奉者和使用者）来看，法门寺金银器多来自皇室，皇家御用品的艺术特征体现得淋漓尽致。从器物的用途来看，法门寺金银器中含有很大比例的宗教用品，它们鲜明的宗教艺术特征亦成为法门寺金银器艺术的重要组成部分。

由于艺术学研究注重考察器物整体的艺术样态，因此本书在对法门寺金银器进行数量统计时采用独立的计数方法，将成套和成组器物统一计为一件（组）。本书上述的 118 件（组）的计数来自 2007 年出版的《法门寺考古发掘报告》[5]，下文的论述中将统一采用本文独立的计数方法，为共计 103 件（组）。

一、中国古代金银器艺术的发展脉络

作为目前唐代金银器三大考古发现之一的法门寺金银器，在整个中国古代金银器艺术发展历程中的位置与作用亦是本书研究的重要部分。以往的研究中，多将法门寺金银器置于法门寺文化研究或唐代金银器研究体系之中，而其对于整个中国古代金银器艺术演进的影响也不容忽视。晚唐的文化艺术因比邻盛唐的光辉而略显暗淡，但是其承上启下的历史意义同样值得探究。中国古代金银器有着自身独特的发展路径与演进模式，从其艺术发展的脉络中可以发现法门寺金银器艺术存在的历史必然性和前后关系。

金银器是中国古代工艺美术的重要门类，是指以黄金、白银为主要原材料加工制作而成的器皿和饰物等，它是中国传统文化和艺术思想的重要载体。金银作为贵金属，其硬度适中，具有良好的延展性，易锤打成型，色泽亮丽，不易氧化。金银材料被人类认识之后，便开始将其加工成各种物品。一部中国古代金银器的发展史，体现了中国劳动人民在长期的实践中，不断融合各民族工艺思想与技术，借鉴和改良异域先进文化的历程。"可以说，金银器自诞生起便以具有审美价值的艺术品形式出现，它不像铜器、铁器等制品，以兵器、农具、礼器的面目最先出现，经历之后的漫长发展才渐渐从具有功利性的器物品类中脱离出来，变为侧重审美功能的艺术作品。金银器的实用价值与审美价值紧密而又明显地结合在一起，原因在于人们一开始便赋予它的特殊意义，往往超过了金银器皿本身的实用价值，在一些观念领域体现着其特有的功能。"[65]

图2.1　商代金冠带
（作者自摄于成都金沙遗址博物馆）

商、西周时期，简约小巧，南北分化。商代及之前的金银器主要为金制品，距今约3000年前，商、西周金器主要分布在商周文化中心区域——中原地区，以及位于商周王朝北部、西北部及西南部的少数民族聚居地区。这一时期的金器，形制与工艺皆较为简单，器形小巧，多素面无饰，以装饰品为主。商、西周的金制品基本可以分为南北两个系统。中原地区流行的金饰多为贴于其他物品上的附属物。北方、西北方流行将金饰直接作为人体的缀饰物，更倾向于对人体本身的装饰。商、周时期发现的南方金器系统中，最为特别的是出土于四川广汉三星堆遗址的一批金器，其形制别具一格且数量众多。古蜀人的黄金加工与制作工艺达到了很高的水平，三星堆出土的金面具、金杖、金虎以及成都金沙遗址出土的太阳神马金箔饰、金面具、金冠带等金制品，以其奇异而独特的艺术风格为中国古代金银器艺术平添了一抹亮色。

春秋战国时期，金银容器始现，纹饰华丽、艺术风格清新活泼。社会变革使生产与生活方式产生重大变化，这个时期的青铜工艺出现了许多新的变化，商周礼乐制度的崩坏造成千篇一律、形式呆板的王室之器趋于没落，造型新颖、方便实用、华丽轻巧的日用器开始盛行。金属工艺中的包、镶、镂、错、鎏金等工艺得到很大的发展，增强了金银器制作工艺的多样性，使其装饰效果更加辉煌华丽。特别是错金银工艺的出现，成为这一时期金属工艺水平高度发展的标志之一，也对金银工艺的发展与进步产生了重大的影响。从出土的地点来看，此时金银器的分布区域已明显扩大，实物发现遍布南北方。金银器的形制与用途增多，金银器皿的出现，及相当数量银器的出现，格外引人注目。从金银器的艺术风格与制作工艺上看，此时南北方的差异十分明显。中原与南方地区以器皿、带钩，以及与铜、铁、玉、漆等结合的物品为主，而出土于北方匈奴墓的金银器及其细金工艺的发展水平，尤其令人瞩目。

图 2.2　战国鹿型金怪兽

（作者自摄于陕西省历史博物馆）

　　秦汉时期，装饰富丽，器类繁多，工艺走向独立。此时的青铜器已经走向衰落，金银器结束了作为青铜器附庸的地位，成为一种专门的工艺美术门类。此时金银器制作工艺在传统范铸工艺的基础上，加入了锤揲、焊接等成型技术以及掐丝、堆累、炸珠等新的装饰工艺。随着金银开采与制造业的发展，秦汉时期金银器的种类和应用范围逐渐扩大，包括装饰品、带钩、车马器、印章、玉衣金银缕、医疗器具、权衡器、器物铺首、食器等，涉及社会生活的各个方面。秦代金银器的制作已经综合运用了范铸、嵌铸、焊接、掐丝、抛光、锉磨、胶粘及机械连接等技术。金银器的制作工艺在汉代逐渐发展成熟，并最终从青铜工艺中脱离出来，走向独立的发展道路，汉代金银器的造型、纹饰与色彩较之前代更显精巧玲珑、瑰丽多姿，为之后金银器走向繁荣奠定了基础。

图2.3　西汉龙凤纹银铺首

（作者自摄于河北省博物馆）

图2.4　北朝牛首马首金步摇

（作者自摄于内蒙古博物院）

魏晋南北朝，工艺兼收并蓄，崇尚异域风情。魏晋南北朝时期，政权更替频繁，社会经济遭到了严重的破坏。但此时期的民族融合，使对外交流得到进一步的发展，再加上此时佛教由印度传入中土，促使魏晋南北朝在文化艺术方面得到了空前的发展。此时的金银器像其他艺术门类一样形成了独特的艺术面貌。这一时期的金银器仍以小件饰品为主，金银器皿仍较少见，且为数不多的器皿大多呈现出浓重的外来艺术风格[66]。另外，随着佛教的传播，此时的金银器形制和用途亦产生变化，例如金佛像牌等金银器物的出现。总体来说，魏晋南北朝时期的金银器仍然以饰物为主，金银容器较少见到，中亚和西亚地的输入品数量渐多，西方的形制和工艺在这一时期的金银器上有明显反映，对之后隋唐金银器的艺术风格影响深远。

图2.5 唐鎏金舞马衔杯银壶
（作者自摄于陕西省历史博物馆）

隋唐时期，金银璀璨夺目，盛世之辉尽显。隋唐时期是中国封建社会的鼎盛时期，国家政治经济得到进一步发展，各民族间的交往日益加强，在农业及手工业领域，部分科技成就达到世界领先水平。隋统一全国之后，统治阶级对安逸生活的追求，催生了大量金银饰物的生产，使金银器手工业得到了长足的发展，但因隋王朝只存在短暂的37年时间，金银器出土较为稀少。迄今仅有西安李静训墓中出土金杯、金手镯、金项链、金戒指、银杯、银筷、银勺等[67]。金银器皿往往是金银器最高艺术及工艺水平的代表，中国古代的金银器皿直到唐代才真正兴盛起来，独立制作的器物在唐代金银器中成为主流，大型器物的数量大增。唐代的金银器制作工艺，既总结和继承了前人的成就，又能以包容的心态吸收和消化外来文化的丰富养分，使金银器艺术呈现出一种璀璨夺目、雍容华贵的独特艺术样态。造型精美、装饰富丽、结构巧妙的金银器在唐代工艺美术中独树一帜，成为可以代表时代精神的器物门类。其工艺技术和审美趣味对之后的金银器制作具有深远的影响。唐代金银器的制造部门分为"行作"和"官作"两类，并以后者为主。"行作"即为民间金银行匠人制作，质量逊色于官营手工作坊。"官作"金银器由少府监中尚署所管辖的金银作坊院以及中、晚唐时期新设的文思院制作。唐代的金银器制作工艺涵盖锤揲、錾刻、浇铸、切削、焊接、抛光、铆接、鎏金、镂空等，工艺技术已达到很高的水准，一些工艺至今还在使用。唐代文化艺术的雄健、华美和自然灵秀在金银器中显露无遗。值得注意的是，唐代金银器独特的艺术风格是建立在继承传统、对外来艺术的借鉴和转化的基础上的。在唐代初期，工匠们曾对西方传入的金银器物进行大规模的模仿，但不久之后便剔除了与本土文化相斥的诸多艺术元素，并对借鉴来的艺术成分进行择优吸取，并未在艺术主体上失掉自身特色。

图 2.6 南宋银鎏金云龙纹箸瓶
（图片自摄于浙江省博物馆）

宋元时期，民族融合，清新素雅，以画入器。宋代，国家从分裂割据再次走向统一，经济重心向南转移，城市商品经济大为发展，民族融合得到进一步加强。这一时期的金银器制造业也得到进一步的发展，金银器的使用者不再局限于皇室和王公大臣，富甲贵商甚至富有的平民、酒肆也开始大量使用金银器物。民间始有专门制作和销售金银器的商铺，金银世俗化、商品化日益显著。宋代金银器的造型和纹饰已不见唐代的雍容富丽，而更加注重器物的轻薄精巧和典雅隽秀，强烈的中土风格日渐形成。尤其在造型的处理上更为讲究，花式进一步增多。宋代金银器出现将绘画引入其中的装饰手法，文人阶层的审美趣味开始介入金银器的制作。元代金银器继承了宋代的艺术风格，陈设品增多。但元代某些金银器的纹饰也有向华丽繁复转变的趋向。辽、金、西夏三代的金银器虽然各具特色，但总体受汉文化的影响日浓，逐渐产生相互融合的趋势。

图 2.7　明代金镂空凤纹坠
（作者自摄于河南省博物院）

明清时期，造型精巧细腻，装饰华丽浓艳，宫廷气息日盛。明清时期是中国古代封建社会的尾声，文化艺术总体趋于保守。金银器的艺术风貌与唐宋时期的丰满富丽、生机勃勃、清秀典雅大相径庭。越发趋向华丽浓艳，精巧细腻。器形追求复杂精巧，器身多见色彩斑斓的宝石镶嵌，象征高贵与权势的龙凤图案在金银器纹样中处于主导地位。反映世俗生活的装饰纹样在明清两代的金银器中比较少见。明清时期是我国古代金银器制作工艺极为繁荣和成熟的历史阶段，华丽而繁缛成为明清金银器主要的艺术特征，总体上说，明代金银器依然保有一定的前代遗风，从一些器物上仍能感受到古朴与活泼之气，而清代金银器依然尽显工整华丽。在制作工艺上，清代金银器的细腻精工比明代更甚。

作为晚唐时期金银器艺术的代表，法门寺金银器总体上沿袭了中唐及以前的艺术风格，同时又在此基础上有所演变。纵观中国古代金银器整体发展脉络，法门寺金银器恰恰处在艺术风格转变的节点附近，新的艺术风格尚未完全确立，但却已露端倪，为之后的五代十国及更为重要的宋元金银器艺术登上舞台做了铺垫。

二、法门寺金银器的形制分析

对器物形制的分析是运用考古类型学的方法对研究对象进行分类的基础性研究工作，其对艺术学研究也具有重要的意义。"器物的形制，既与人们的生活方式相联系，也与审美情趣紧密相关，反映着时代的变化。器物的形制与纹样的变化，绝非毫无根据的主观臆造。唐人的起居生活由传统的席地而坐，发展到晚唐所流行的高桌、椅类家具，反映出不同的生活方式对日用器物形态的影响，唐代的胡化之风及饮食结构的变化，也影响到器皿的制作[10]37。"齐东方先生在《唐代金银器研究》[10]一书中将唐代金银器的形制分为杯、盘、碗、壶、盒、瓶、香囊、炉、锅、铛、豆、匜、盆、茶碾子、茶托、茶罗、笼子、盐台、香宝子、波罗子、羹碗子、蒲篮、温器、龟形盒、筹筒、龟形盒、器盖、支架、棺、椁、塔等。此分类方法综合了器物的用途、形状、文献记载以及考古学界的约定俗成等因素，本书对法门寺金银器的形制分析基本采用此形制分类方法，并在此基础上查漏补缺，增加了法门寺金银器中特有的形制。

盘。盘和碟的形制相近，在各类研究文献中经常混用，一般将形体较大者称盘，较小者称碟。为了对古代器物进行综合性考察，学者常将二者归为一类。据《安禄山事迹》中载，玄宗曾经赏赐安禄山"金花大银盘四"[68]9。王建的《宫词一百首》有"一样金盘五千面，红酥点出牡丹花①"的诗句。古代文献及诗文中反映出金、银盘形制的器物在唐代非常流行。盘的形制在整个唐代金银器中都比较常见，且形制本身的区别较大，主要有圆形盘、葵花形盘、菱花形

---

① 全唐诗：第五函第五册［M］．上海：上海古籍出版社，1994：762．

盘、海棠形盘及不规则形盘等。法门寺金银器中仅有葵花形银盘一种，具体为：鎏金十字折枝花纹葵口小银碟（见图2.8）和鎏金团花纹葵口圈足小银碟。葵花形银盘主要流行于8世纪前半叶至9世纪后半叶，其葵花形盘沿的分瓣总体呈现出越来越弱的趋势，法门寺银盘（碟）作为9世纪后半叶的标准器物形制较之前更为简化，体量在已发现的唐代同形制器物中明显偏小。

图2.8　鎏金十字折枝花纹葵口小银碟
（图片引自《法门寺考古发掘报告》）

　　碗。碗也是唐代金银器中发现最多的器类之一。《旧唐书·王播传》载，唐文宗大和元年（公元827年），淮南节度使王播进奉"大小银碗三千四百枚①"，可见当时的银碗制品之多。此外，钵盂在考古等学术研究中也常常归为碗的一种。碗的形制在唐代金银器中变化较大，主要分为有折腹碗、带盖碗、弧腹碗、圜底碗、平底碗及多曲碗等。法门寺金银器中碗的形制有圜底及平底金银碗、多曲银碗两种。唐代的圜底及平底金银碗造型变化较多，且多为孤例，已知的此类器物主要为7世纪后半叶至9世纪后半叶之间的品种。法门寺金银器中的迎真身纯金钵盂、迦陵频伽纹小金钵盂、鎏金团花银钵盂（见图2.9）皆属于圆底及平底金银碗类别。唐代的多曲金、银碗的器壁多为五曲，也有四曲，多带圈足，部分器物圈足较高。始终流行于唐代的多曲形金银器，在8世纪中叶以前的分瓣较多，且分瓣处凹陷明显，而时代较晚的同类器物其器壁多分为五

---

　　①　刘昫. 旧唐书［M］. 北京：中华书局，1975：4277.

曲，少数分四曲，有的器物分瓣（曲）仅表现在口沿处，器腹分瓣不明显，甚至未分瓣[10]75。法门寺出土的仰莲瓣银水碗虽属于多曲碗，但其形制较为特殊，碗壁为双层莲瓣，口沿由瓣尖组成，再加上翻卷状的荷叶形圈足，使其区别于同类形制的器物。

图2.9 鎏金团花银钵盂
（图片引自《法门寺考古发掘报告》）

盒。作为唐代金银器中发现数量最多的器类，其沿用时间也最长。《旧唐书·李德裕传》载："（长庆四年）七月诏浙西造银盝子妆具二十事进内。"①《安禄山事迹》中载：太真赐予安禄山"金镀银盒子二、金平脱盒子四"[68]11。盒的形制特征为由上下两部分组成，且具可开启，但已发现的唐代金、银盒的大小不一，用途各异、形制差别较大。从器物造型可分为圆形盒、花瓣形盒、方形盒、不规则形盒及蛤形盒五类，其中以圆形盒和花瓣形盒出土最多。齐东方先生将唐代金银器中的圆形盒分为两式：I式的盒盖与盒身造型相同，顶、底隆起成漫拱形，均无圈足，尺寸较小；II式多带圈足，尺寸较大。8世纪中叶之前I式为主要流行样式，II式则主要流行于9世纪[10]79。法门寺出土的素面圈足银圆盒具有显著的II式特征。花瓣形盒的顶、底亦微隆起，器身呈多曲的花瓣形，曲瓣数量不等，法门寺出土的鎏金双狮纹菱弧形银盒为此品类。唐代金银器的方形盒以法门寺出土数量为最，包括：鎏金四大天王盝顶银宝函、素面盝顶银宝函、鎏金如来说法盝顶银宝函、六臂观音纯金宝函、金筐宝钿珍珠装纯金宝函、鎏金双凤衔绶纹御前赐银方盒（见图2.10）、素面委角方银盒、鎏金四十五尊造像盝顶银宝函、智慧轮纯金宝函、智慧轮壶门座盝顶银函。与法门

① 刘昫. 旧唐书 [M]. 上海：上海古籍出版社，1993：2694.

寺出土金、银方形盒形制相同的唐代金银器有何家村方形银盒及大阪方形银盒等。法门寺还出土了一件不规则形盒，即双鸿纹海棠形银盒。

图 2.10　鎏金双凤衔绶纹御前赐银方盒
（图片引自《法门寺考古发掘报告》）

　　瓶。瓶在唐代金银器中的发现较少，且器物的造型存在较大差异，缺少形制上的联系。法门寺出土的四件鎏金摩羯三钴杵纹银阏伽瓶（见图 2.11）为唐代密宗佛教专用器物，"阏伽"（Arghya），意为香水，是佛教修法仪式中置于法坛四隅的器物。

图 2.11　鎏金羯摩三钴杵纹银阏伽瓶（图片引自《法门寺考古发掘报告》）

炉。唐代银炉发现较多，主要功用为熏香、煮茶和取暖等，器物形制因功能不同而有所差异。韩愈的《奉和库部庐四兄曹长元日朝回》有"金炉香动螭头暗，玉佩声来烂尾高"的诗句，诗中的"金炉"应指用于燃香的金、银熏炉。目前已发现的唐代银炉，都具有明确的时代信息，主要出土于何家村窖藏、法门寺地宫、丁卯桥窖藏以及水邱氏墓等。法门寺出土的五件银炉形制各不相同，按其形制特征可分为：五足银香炉、高圈足银香炉、盆形银香炉、碗形银香炉及如意柄银香炉。《法门寺考古发掘报告》中对此五件银炉的定名分别为：鎏金卧龟莲花纹五足朵带银香炉（见图2.12）、壶门座高圈足座银香炉、鎏金鸿雁纹壶门座五环银香炉①、素面银香炉并碗盏、如意柄银手炉。有学者认为其中的壶门座高圈足座银香炉是茶炉，即陆羽《茶经》中记载的"风炉"，也有认为其为香炉②。鉴于学者考证时间的先后及论证的合理性，本文赞同其为香炉的说法，在后文中予以详述。另外四件银炉，学界已无异议，当属香炉无疑。

图2.12　鎏金卧龟莲花纹五足朵带银香炉
（图片引自《法门寺考古发掘报告》）

① 《扶风法门寺塔唐代地宫发掘简报》（1988）、韩伟《从饮茶风尚看法门寺等地出土的唐代金银茶具》（1988）、吕维新《陕西法门寺唐代宫廷茶具综述》（1994）、韩金科《法门寺文化史》等。
② 王仓西《浅谈法门寺地宫出土部分金银器的定名及用途》、陈香白《法门寺地宫出土茶具——风炉质疑》，《法门寺地宫发掘报告》（下）中将此物定名为"壶门高圈足座银香炉"。

图 2.13　鎏金雀鸟纹镂孔银香囊和鎏金双蜂团花纹镂孔银香囊
（图片引自《法门寺考古发掘报告》）

　　香囊。唐代金银器中的"香囊"是一种十分别致的金属球形器物，内外分为三层，器体带链钩。最外层由两个半圆体组成，以子母口扣合，装饰以镂空的花纹。其内设有两层双轴互连的同心圆形机环，大机环连于外层球内壁，小机环置有香盂，香盂亦与小机环以轴相连。受重力和机环活动的作用，任凭外层球体随意转动，中心的香盂总能保持平衡，不会将香料、火星及香灰溢出。设计非常巧妙。此形制器物，过去常被称为"熏球"或"熏炉"，按照一般的语言理解，囊的形状扁平近袋，与球毫不相干。应当为着避免歧义，唐人还把这种宜携的圆形金属焚香器具称为"香球"，"香球"显然更能揭示造型特点，在后世，这个称谓也被通用，"香囊"之名反而不彰[69]。法门寺出土的两件此种器物在《衣物帐》上明确记述为"香囊二校重十五两三分"，与出土器物吻合，更加印证了谓之"香囊"的合理。法门寺的鎏金雀鸟纹镂孔银香囊和鎏金双蜂团花纹镂孔银香囊（见图 2.13），一大一小，形制与唐代香囊一致，但后者因其硕大的形体而倍显独特。

　　盆。唐代银器中的盆均为敞口，形态与碗基本相同，只是器体较大。王建《宫词一百首》中有"归到院中重洗面，金花盆里泼银泥"①的诗句，可见唐时银盆体量较大，且为较流行的器形。但银盆的考古发现较少，已发现的丁卯桥摩羯纹银盆与法门寺出土的鎏金双鸳团花大银盆（见图 2.14）形制接近，但后者体量更大，为已发现的唐代银盆中最大的一件。

---

　　①　全唐诗：第五函第五册［M］．上海：上海古籍出版社，1994：762．

　　龟形盒。唐代金银器中的龟形盒发现较少,法门寺出土的鎏金银龟盒与繁峙寺龟形银盒,器体皆仿龟形,形象较为生动、写实。另外,丁卯桥银筹筒,形制虽然不同,但器物中的龟造型亦与上述龟形盒相似。

图 2.14　鎏金双鸳团花大银盆
（图片引自《法门寺考古发掘报告》）

　　棺、椁。我国考古发现中的金银棺、椁均在寺院塔基的地官遗迹中,也有少量传世收藏品,大多为供奉舍利的器具。齐东方先生将棺、椁的形制分为二型。A 型棺、椁的前高低差十分明显,其盖顶呈陡坡形,底座多带有栏杆或壶门造型。B 型棺、椁前后高低差较不明显,过度平缓,也有的呈长方的箱形。底座较为简洁。法门寺出土的鎏金迦陵频嘉纹银棺和鎏金双凤纹宝盖银棺皆为 A 型棺、椁（见图 2.15）。

图 2.15　鎏金迦陵频嘉纹银棺
（图片引自《法门寺考古发掘报告》）

除上述形制以外，法门寺出土的金银器中还有一些形制的器物在已发现的唐代金银器中暂无同类。其中，鎏金鸿雁流云纹银茶碾子并鎏金团花纹银碢轴、鎏金仙人驾鹤纹壶门座茶罗子、摩羯纹蕾纽三足架银盐台、盘丝座葵口素面小银盐台、鎏金飞鸿毬路纹银笼子、金银丝结条笼子为一整套金银茶具，这套茶具为世界范围内已发现的年代最早、级别最高的茶具。而香宝子、羹碗子、调达子、臂钏、塔、锡杖、造像、银藻井、银芙蕖、如意等属于佛教专用供养物和法器，其形制与法门寺密宗佛教背景密切相关，在古代金银器系统中具有特殊的研究意义。另外，法门寺还出土了波罗子、香案子、勺、箸及金银首饰等形制的金银器物，其形制或为孤例，或特征不明显，此处不再赘述。

三、法门寺金银器的功能分析

对"功能"的研究在不同的研究范畴内具有一定的概念差异。在考古学研究中，功能往往作为一种佐证，用以分析文化遗物的历史及人文信息。而功能分析法作为考古类型学的补充，是在考古类型学研究的基础上的一种研究方法。功能分析法与考古类型学（及文化因素分析法）的区别在于："功能分析法主要以文化遗物的内部功能系统的结构及其变化规律为主要分析对象，探究人类生产及生活方式、生产技术、观念意识的变化。"[70] 在艺术学的大框架下，"功能"的性质与意义也不尽相同，但总体上的特征是：往往将功能与"美"挂钩，即强调研究对象的功能美。比如在 20 世纪 50 年代初至 80 年代初的"美学大讨论"中，王朝文先生便提出了"功能具有优先性"的观点："别致也许是美的，但别致的不一定是美的。"[71] "任何装饰艺术，其题材的选择及处理，都须符合适用的要求。"[72] 20 世纪 80 年代初至 90 年代中期，技术美学兴起，其将"功能"同"技术"紧密相连，强调设计中的社会功用，其对"功能"的研究是以现代工业产品为主要研究对象的。而更晚出现的设计美学是在现代设计理论及其应用基础上，结合美学与艺术学研究发展起来的一门新兴学科，其对"功能"的诠释与技术美学近似。"功能"虽为现代设计实践与理论研究中的常用词，但在中国，对功能的认识自古便有着优良的传统。"自先秦开始，功能便被中国古代思想家所重视，儒家崇尚'礼制'，表现为对'六艺'的重视；法家从国家利益的角度注重生活日用的质量；道家对技术有着深刻的理解，以及后世发端于儒家思想的实学传统以及'经世致用'的思想，皆属于广义的'功能'范畴。"[56]11 将古代工艺美术纳入艺术学研究体系，势必需要应用诸如工艺美学、技术美学及设计美学等的研究方法，而这些研究方法中最为核心的研究内容便是"功能"。金银器作为中国古代工艺美术的重要组成部分，其在功能上亦存在自身的特点及演化路径。法门寺出土的金银器作为皇室向寺院的供奉物，其功能结构具有一定的复杂性与特殊性，因此，厘清其功能构成，总结其功能主旨是其艺术学研究得以深入开展的前提之一。

金银器，是用贵金属黄金、白银为原料加制成的器皿与饰物，由于其材质的稀缺性，历来为皇家贵族所独享。其不仅具有极高的经济价值，也蕴含着丰富的审美价值。由于金银器特殊的材料属性，使它不仅具有一般器物的实用功能，也具备艺术品的审美功能，并同时拥有贵金属特有的保值甚至货币功能，从古代统治阶级的主观意愿与思想意识的角度来看，其还兼具礼教与养生功能。

法门寺地宫出土的金银器从总体上看皆属于佛教供养物，是晚唐君主唐懿宗、唐僖宗及佛教诸头向释迦牟尼佛指舍利的物质供养。因此，它们普遍具有宗教供养物的功能属性。而从这批金银器自身的角度，又分别具有生活用品、宗教用品的功能特征，并且这些功能间还存在着互通与从属的关系。例如其中的金银茶具，既具有生活日用的实用功能，同时也和密宗护摩供养品（见本章2.3.2 法门寺金银器与密宗佛教"供养"）中的茶供紧密相关。再如多件盝顶宝函上配有的银锁具，它们既可从属于舍利盛装器物的一部分，也可归为日用品范畴。

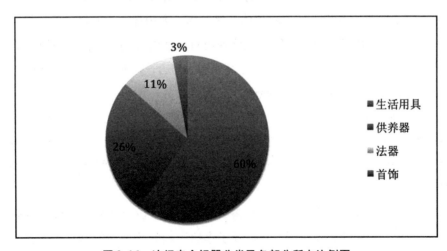

图2.16 法门寺金银器分类及各部分所占比例图

从宏观上来看，法门寺金银器的功能是由实用、审美、礼教三个方面共同构成的，而这三者又是相互交融，不可分割的。具体而言，法门寺金银器的功能又可分为生活用具和宗教用品两大类。继续细分，生活用品又包括食器、容器、茶具、熏香器、盥洗器及首饰。宗教用具又包括供养品和法器。每件器物具体功能（实用功能）的确定，需根据多方因素进行考证与推断，前辈学者已在这方面进行了大量的研究工作，在本文后续章节中将针对个体器物予以详述。

第二节　晚唐的社会概况与审美风尚对法门寺金银器艺术的影响

一、晚唐的社会概况

唐玄宗执政后期出现的"安史之乱"（755 年 12 月 16 日—763 年 2 月 17 日）是李唐王朝由盛转衰的分水岭，从此之后唐王朝逐渐没落。历史学家一般以唐玄宗天宝十四年的"安史之乱"作为分界线，把唐代的社会历史划分为前后两个时期。而将唐朝划分为初唐、盛唐、中唐、晚唐的"四唐"分法最初源自学者对唐诗的分体与分期，在此之后学界对唐代文化艺术、政治经济等方面的研究常常借用此分期方法。宋代的严羽最早将唐诗进行了分体，他在其《沧浪诗话》中把唐诗分作五体：初唐体、盛唐体、大历体、元和体、晚唐体[73]。虽然这是一种诗体的分类，但同时也体现出对唐诗的分期。明代的高棅最早明确地提出了唐诗的"四分法"：武德至开元初为初唐，开元至大历初为盛唐，大历至元末为中唐，开成至五季为晚唐[74]。现今学界一般以大唐开国至唐玄宗先天元年之间（公元 618—712 年）为初唐；以唐玄宗开元至天宝年间（公元 713—755 年）为盛唐；以唐肃宗至德元载至唐穆宗长庆四年之间（公元 756—824 年）为中唐；以唐敬宗宝历元年至唐昭宣帝天祐四年之间（公元 825—907 年）为晚唐。

在中晚唐时期，皇帝在政治、经济、军事上几乎没有实权，导致藩镇割据的局面形成。长年的藩镇割据严重动摇了李唐王朝的统治，各地的藩镇节度使掌握着地方政权及大部分的兵权，并自行将权力改为世袭制，实际上已经脱离了唐王朝的统治。因此，平息叛乱成为晚唐政权的首要工作，对经济文化等事物的发展已无暇顾及。安史之乱的严重冲击，导致唐朝的国力变得每况愈下，从而一蹶不振。特别是当时黄河中下游的大部地区饱受战争破坏"东周之地，久陷贼中，宫室焚烧，十不存一。百曹荒废，曾无尺椽，中间歌内，不满千户，井邑荆棘，豺狼所嗥，既乏军储，又鲜人力，……人烟断绝，千里萧条"[75]。战争不仅给人民带来巨大的身体苦难，更使心灵上遭受难以抚平的创伤。李唐王朝自此始终未能恢复之前的盛世景象。唐肃宗（756—762 年在位）和其之后的唐代宗（762—780 年在位）、唐德宗（780—805 年在位）等皆为昏庸无能、疏远贤良、宠信奸臣的帝王，使得唐帝国走向越发恶化的统治局面。加之回鹘、吐蕃等外族的不断威胁，更加使唐王朝内忧外患，积重难返。公元 806 年，唐宪宗（806—821 年在位）李纯登基，在朝臣的协力帮助下，夺回由藩镇占据的淮西等地，暂时恢复了唐朝政权的统一。但宪宗好大喜功，独断专行，宠信宦官，终被宦官所害。之后，宦官的势力渐起，甚至与皇帝不分上下，掌握了唐帝国的政治实权。宦官专权亦是唐王朝步入衰落的原因之一，曾为晚唐宰相的崔撤曾奏曰："国初承平之时，宦官不典兵预政。天宝以来，宦官浸盛。贞元之末，分羽林卫为左、右神策军以便卫从，始令宦官主之，以二千人为定制。自是参掌机密，夺百司权，上下弥缝，共为不法，大则构扇藩镇，倾危国家；小则卖官鬻狱，蠹害朝政。王室衰乱，职此之由，不薙其根，祸终不已。"[76]1979 年，西安西郊南二府庄西南出土一件银酒注，器底刻有七行六十一字铭文[77]，其中提到"监造番头品官""都知高品""使高品"的官衔称谓，从银酒注的刻铭来看，"监造番头"即为"品官"，"都知""使"皆是"高品"，"品官""高品"皆属于宦官，而晚唐的文思院作为新设立的皇家金银器制作部门，其中的"判官""使"皆属"高品"，亦以宦官为主[25]641。之后，唐穆宗即位。自穆宗以后，唐皇多迷信服食"长生药"，在其后的十代皇帝里，服食丹药至死的就有三人，这更加促使李唐王朝的最终消亡。公元 874 年，黄巢等人起兵反唐，其中有些反乱坚持长达十余年，使唐王朝的统治受到沉重的打击。自此以后，唐朝政权实际掌控的区域仅限长安周边很小的范围之内，唐帝国的统治岌岌可危。公元 907 年，梁王朱全忠逼迫唐哀帝退位，建立梁王朝。至此，李唐王朝结束了对中国的统治，晚唐时期亦告终结，历史进入了新的分裂阶段，五代十国时期开始。

晚唐时期，由于北方地区的连年战乱，导致土地荒芜，人口锐减。而相对时局比较安定的南方逐渐成为当时的经济中心。与北方经济结构不同，手工业在南方经济中拥有了更为重要的地位。中唐以后的南方手工业，在前代的生产基础上继续发展，以造船业、铸造业和丝织业来看，在技术上皆超越了初唐。随着手工业的发展及其技术的进步，促使商业贸易得到蓬勃的发展。长江中下游的许多新兴城市多以商业为其主要经济来源，如苏州、洪州等城市都是当时重要的商贸中心。中晚唐时期的中央财政紧张，国库中的黄金白银储备也极为匮乏，但是皇室对金银器的热情却并未消退，并且为了满足自身需求，不断加大对南方各地的进贡规模，除了日常的基本进贡，甚至进行特定器物的宣索。南方的淮南道日渐成为中央朝廷重要的金银器供应地。唐大历时期，淮南道所出的金银器就已很多，《旧唐书·田神功传》载："因刘展反叛，邓景山引神功助讨，至扬州，大掠百姓商人资产，郡内比屋发掘略遍，商胡波斯被杀者数千人。……大历三年（公元 768 年）三月，朝京师，献马十匹，金银器五十件，缯彩一万匹。"① 从文中记载可以明确得知，田神功所献金银器取自今扬州地区，9 世纪中央朝廷对金银器的需求更加依赖淮南地区，文献记载仅王播担任淮南节度使期间就向朝廷进奉三次，"长庆四年（公元 824 年）淮南节度使王播进宜索银妆奁二。"② 宝历元年（公元 825 年）"又进银楄百枚，银盖椀一百枚，散椀二千枚。"③ 太和元年（公元 827 年）淮南节度使王播入朝，"进大小银碗三千四百枚。"④ 大历时田神功返京时进献的金银器物数量远少于王播时所献数量，充分证明时代越晚，进奉的金银器物数量越多。

二、晚唐的审美风尚

魏晋南北朝以来的南北方对峙局面至隋代宣告结束，之后的三百余年里，南北文化逐步融合。唐代的文化艺术延承了两汉的雄浑、魏晋的自觉，其博大的气势和宽广的胸襟体现在社会生活的方方面面。辉煌璀璨的唐代艺术反映了当时的社会风尚和集体审美，作为唐代文化艺术重要组成部分的金银器亦是大唐精神的物质载体，它既是社会审美风尚的构筑者之一，同时也受到其反向影响。

唐朝前期充满活跃的创造精神，使创造主体的人性与理想中的神性完美融合，产生了一种积极进取的文化崇尚。经过了唐朝开国之后近半个世纪的发展

---

① 刘昫. 旧唐书 [M]. 北京：中华书局，1975：3533.
② 王钦若等编修. 册府元龟 [M]. 北京：中华书局，1960：2034.
③ 王钦若等编修. 册府元龟 [M]. 北京：中华书局，1960：6118.
④ 刘昫. 旧唐书 [M]. 北京：中华书局，1975：4837.

与演进，唐代艺术体系呈现出蔚为大观的壮美之态，各个艺术领域皆达到后世难以企及的高度。其中最值得一提的是，盛唐"尚肥喜大"的时风遍及社会生活及文化艺术的方方面面，如开凿于咸亨三年的洛阳奉先寺主像卢舍那大佛，高达 17 米。始凿于开元初年的四川乐山大佛更是高达 71 米，这些开凿于中唐之前的巨型雕刻，体现出盛唐时期所拥有的非凡气魄；人物画领域中出现了以张萱为代表的缯写"绮罗人物"的画家，其画中人物多为体态丰腴的贵族女性，韩干的"照夜白马"画法开创了唐代动物画的崭新篇章，其画中骏马的形象皆浑圆有力，健壮饱满；书法中同样可见时风之象，颜真卿的书法气势开张、雄浑有力，是盛唐书法之代表。盛唐之时不仅尚肥，并且尚艳，整个社会审美呈现出对艳丽色彩的空前迷恋。例如，在现存的敦煌石窟中，色彩变化多样、绚丽异常的往往绘制于盛唐；中唐以后，壁画色彩的艳度降低，色相变化走向单纯。据考古资料显示，"唐三彩"的大批出土都集中于公元 8 世纪初期，可见盛唐时期，在工艺美术领域同样追求这种色彩鲜丽的艺术效果。另外，在"尚肥""尚艳"的同时，刚健有力也是中唐之前艺术风尚的特征之一，这在舞蹈方面体现尤为突出。唐代舞蹈大体上可分为"健舞"和"软舞"两类，"破阵舞"与"胡旋舞"属"健舞"，"六么""凉州"之类属"软舞"，中唐以前健舞相对盛行，而中唐以后则逐渐为软舞所取代，风格由刚健有力转为优美柔婉。[78]

经过长达七年的安史之乱后，唐王朝各个方面均趋于低迷的状态，白居易在其《长恨歌》中写道"渔阳鼙鼓动地来，惊破霓裳羽衣曲"，诗句间尽显此时世人的失落与痛楚的心态。晚唐时期的文学艺术皆不如之前张扬和华丽，审美风尚亦由盛唐的雍容华贵、奋发进取改为纤柔细致、精巧实用，社会整体的审美意趣趋向一种新的统一，更加注重心灵深处的细腻感受和含蓄婉转的情感体验，从此开启了"优美理想"在中国封建社会后期的持续传承。[79]84晚唐时期的绘画领域里，唐代前期居于统治地位的宗教人物画一改其雍容华贵的画风；以金碧辉煌为审美特征的青绿山水逐渐失去主导地位，淡远含蓄的水墨山水日渐流行；此时期的花鸟画发展迅速，晚唐著名的花鸟画家如边鸾、滕昌及刁光撒等人陆续崭露头脚，其绘画题材从宫廷和边塞转移到亲切平淡的日常生活之上，逐渐形成了精巧细腻的笔法特征；在书法艺术领域向来有"唐人重法，宋人重意"的说法，而真正体现这一转折的是晚唐五代时期的杨凝式，其作品以笔墨意趣为特色，破方为圆、删繁就简，增加了书法艺术在品味层面的成分，而减少了直观因素；陶瓷方面，以唐三彩为代表的釉陶，其生产数量逐渐减少，质量也有所下降，而瓷器的设计与制作工艺进步较大，色彩浓烈、造型奔放的唐三彩已开始向典雅淡泊的宋瓷过渡；此时期的雕刻艺术与唐前期也有较大的差异，佛教造像的姿态已不全是正襟危坐，各种充满变化的姿势使它们愈加接近现实生活，雕刻作品的尺度不追求庞大震撼，转而向容易把握的娇小体态发展，例如乐山大佛的雄伟壮观正在向大足石刻的优美动人过渡。唐诗在唐代文化艺术中占有举足轻重的地位，晚唐时期亦不例外。晚唐著名诗人有李商隐、温庭筠、杜牧、陈陶等，其中以"温李"的诗风最为贴合晚唐趣味，"温李"是在当时诗歌界齐名的温庭筠和李商隐二人。温李二人，前者擅词，后者擅诗，贡献各异，成就皆高。两人作品的艺术特色，温词细腻而李诗含蓄，但从美学角度来看，二人的作品是以不同的角度与表达方式反映着相同的审美理想，或含蓄或细腻地表达出一种阴柔之美。

法门寺金银器艺术与晚唐社会的审美风尚具有深刻的内在联系，柔美秀丽已成法门寺金银器的总体艺术倾向。同时，由于金银器独特的价值与文化属性，相对其他艺术门类，其艺术风格对时代审美变化的跟随具有一定的保留性。因此，在法门寺金银器以及其他晚唐金银器物中，仍然可以看到盛唐气象的遗存，甚至某些器物的雍容华丽尚可比肩于盛唐。

第三节　唐代密宗佛教对法门寺金银器艺术的影响

佛教的影响力遍及各个国家，与基督教和伊斯兰教共同成为世界三大宗教。公元前6—前5世纪，古印度迦毗罗卫国王子乔达摩·悉达多创建了佛教，人称释迦牟尼。东汉时，佛教便经由丝绸之路传入中土。在近两千年的时间里，佛教在中国社会发展历程中扮演了重要的角色，特别是在文化艺术领域，形成了灿烂多彩的宗教文化与艺术景观，其对中国古代造型艺术，包括工艺美术具有深远的影响。

显宗和密宗是在佛教自身发展演变中形成的两个宗派，又称显教和密教。"密宗，又称密教，……是大乘佛教的一种重要流派。"[80]"密宗"正如其名，具有极强的神秘性，其教法及经典具有严格的传习规范，人前不可任意显现。印度本土的大乘佛教发展到后期阶段，划分为多个重要宗派，密宗便为其中一支。唐开元年间（公元713—741年），印度高僧善无畏和金刚智来到中国，使唐代密宗教派得以开创。作为中国佛教的八大宗派之一，密宗佛教在唐代迎来了其发展的极盛时期，唐代密宗文化是印度密宗佛教与中国传统文化长期交融的产物。

密宗传入我国后又形成了繁杂的教派分支，这些密宗教派有着不同的传承脉络、传播方式及分布地域，宗派名称亦千差万别。所谓"唐密"一般是指开创并传播于唐代的密宗佛教。"藏密"是指存在于我国西藏、青海等藏族聚居地区的密教宗派。"滇密"是指存在于我国贵州、云南部分地区的密教宗派。此外，日本的"真言宗（真言密宗）""台密"等，皆为唐代密宗的海外支脉，是由弘法大师空海、传法大师最澄于唐时自我国传至日本的，随后形成了日本"东密""台密"两大密宗系统。

法门寺地宫的发现，使沉睡了一千多年的唐密宗曼荼罗①及供养的宝藏得以再现，其中出土的"释迦牟尼佛指骨舍利"堪称世界佛教界的至上圣物。《杜阳杂编》载："懿宗咸通十四年迎取佛骨，'以金银为宝刹，以珠玉为宝帐香升……，计用珍宝，不啻百斛'。四月八日，佛骨迎至长安，'夹道佛声振地，士女瞻礼，僧徒道从，上（即皇帝）御安福寺，亲自顶礼，泣下沾臆。……长安豪家，竞饰车服，驾肩弥路。四方耆老挈幼，来观者莫不疏素，以待恩福'。"②唐咸通十五年（公元874年），在唐密宗大阿阇黎——智慧轮的指导下进行了唐代最后一次佛指舍利迎奉仪式，数千件的绝世珍宝作为供养品封藏于地宫之内。这批文物中，含有大量的密宗法器与供养器（以金银器为主）。

以佛指舍利为中心的唐密供养曼荼罗，是以壁画、雕塑及各类器物供养品并结合儒家礼制、皇家墓葬制度进行结坛，将金、胎两部曼荼罗合二为一，即所谓"金胎合曼"，同时显现了两部密法，辐射遍照，成就唐密大千世界。金刚界曼荼罗象征男性原理，胎藏界曼荼罗象征女性原理，合称"金胎两部"③。法

① 曼荼罗是梵文 Mandala 的音译；曼荼罗又译"曼佗罗""慢怛罗""满拏啰"等；曼荼罗意译"坛""坛场""坛城""轮圆具足""聚集"等；藏语 dkyil - vkhor，音译"吉廓"，意译为"中围"。是密教传统的修持能量的中心。

② ［唐］苏鹗. 杜阳杂编三卷［M］. 石印本. 上海：进步书局，1931：151 - 152.

③ 金胎两部是分别说明大日如来的"理""智"两德。胎藏界曼荼罗强调众生本具理性，属于因位；金刚界曼荼罗强调成就佛陀果位的法门，讲求智德，属于果位，所以又称为"因果两部"。胎藏为发心之始，包含万行，如东方为生长万物之首；金刚为证得之位，显现万德，如西方成熟万物之终，所以又称"东西两部"。

门寺地宫的布坛方式反映出晚唐密宗已经将中国本土文化融会于密教仪轨之中，从鎏金银捧真身菩萨捧的装饰上便显现出了金胎合曼的图像线索。法门寺地宫的发现也证实了唐代密宗经历会昌法难后并未失传，青龙寺惠果一脉仍然在传承并弘扬唐密法门，并由大兴善寺法师智慧轮一系接续传承了其法脉源流，法门寺地宫中的曼荼罗坛城充分证明了这一观点。

一、唐代密宗佛教的发展概述

"密教是由大乘佛教中的陀罗尼发展而来，最初形成的陀罗尼密教即为早期的原始密教。陀罗尼密教到 4 世纪前后又进一步发展成为初具体系的持明密教。持明密教，梵文（vidyadharani－yana），意思是总持明咒之乘。此教中的曼荼罗法、印契、供养法、坛法等，都是来源于大乘佛教中对佛像的崇拜。"[83]17 印度密教于公元六七世纪发展到中期阶段，在持明密教的基本框架上，先后在印度中北部和南印度地区分别发展为真言密教和瑜伽密教，两教的根本经典皆为胎藏界《大日经》，并建立了密教的基本理论体系，尊崇大毗卢遮那佛为统一的密教最高神。《大日经》经过金刚萨埵的集结后，传播到印度各地，达摩掬多传至印度佛教名刹那烂陀寺，此寺便是入唐传法的金刚智与善无畏的密法授传之所。

唐密"开元三大士"即是指善无畏、金刚智和不空，他们与其弟子"一行"和"惠果"在大唐传播的密宗佛法，受到朝廷的优厚待遇和鼎力协助，唐密的建立与发展离不开"开元三大士"所译出的众多密宗经典。

善无畏（637—735），出生于印度中部的摩伽陀国，其为甘露王后裔。唐玄宗在位期间（开元四年，公元 716 年），善无畏从北印度来到唐长安，当时其已年近八十。在唐期间，陆续翻译出多部密宗经典，如《大毗卢遮那成佛神变加持经》，即《大日经》，七卷；《苏悉地羯经》，三卷。其为唐密胎藏界法脉的创立者，也是我国密宗佛教的开创者，与金刚智和不空并称"开元三大士"，中国密宗的主要理论基础皆由此三位高僧奠定[81]269。

金刚智（669—741），生于南印度地区，十岁出家为僧，兼修显、密两教，尤以密法见长，受南天竺国王差请，于唐玄宗时期（开元七年，公元 719 年）进入大唐传法。金刚智译有《七俱胝佛母准提大明陀罗尼经》《金刚顶瑜伽中略出念诵经》等。金刚智是中国密教的创始祖师之一，其传法活动亦奠定了中国密宗佛教的基础，其亦为唐密金刚界法脉的创立者[81]288。

不空（705—774），生于北天竺地区，又说其为狮子国（今斯里兰卡）人。

唐玄宗开元八年（720 年），不空跟随金刚智传法至洛阳，时年 14 岁。其译著的佛教典籍超过一百多部，其中的《金刚顶一切如来真实摄大乘现证大教王经》即《金刚顶经》等著作，对唐密的建立和发展有着重要的影响。[81] 298

一行和惠果继承并发展了善无畏和金刚智的密教思想，并创造性地使唐代密宗得以发展。[84]

一行（683—727），原名张遂，魏州昌乐（今河南省南乐县境内）人，是我国唐代著名的佛学家和天文学家。一行先后受业于善无畏与金刚智，并在善无畏的密法译场中，协助其翻译了《大日经》。除佛学修行之外，一行还精通天文、历法，在天文与大地测量方面的贡献颇多，编制了《大衍历》等历法著作，还曾从事过制造天文仪器和观测天象的相关活动。其密教经典的译著主要有《大日经疏》等。

惠果（752—805），唐长安人士，其对唐密的重要贡献是创立了"金胎不二"之说，即将金、胎两部大法进行融汇。当时的唐密传法道场设在长安青龙寺，青龙寺亦是日本真言宗（东密）祖庭，惠果大阿阇黎长期驻锡在此，众多入唐求取密法的外国僧人，皆受学在此寺，其中以日本僧人空海的佛学成就最为显著。空海于公元 804 年，从日本来到大唐学法，受业于惠果大阿阇黎，后将唐代佛教中的密宗法门及其思想传回日本，同时也将惠果所秘传的曼荼罗、仪轨、法器及唐密建筑样式等悉数带回日本，后参照青龙寺规制与样式兴建密宗道场，建立了日本佛教"真言宗"，弘法授众，其对日本佛教的影响非常深远，至今仍绵延不绝。

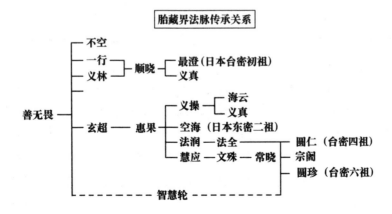

41

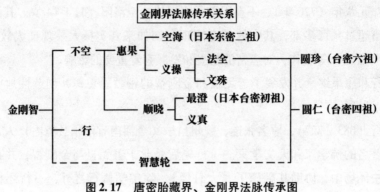

图 2.17 唐密胎藏界、金刚界法脉传承图
（作者自绘）

经过"开元三大士"善无畏、金刚智、不空以及一行、惠果等人的传法立派，唐代密宗得以创立和发展，他们译出的《大日经》和《金刚顶经》成为唐密宗的基本佛典。

自唐玄宗天宝元年（742）开始，密宗进入广泛传播时期，在之后六十余年中，密宗得到了进一步的发展。"一时朝野上下，勤加礼敬，中国密宗在唐代迎来了它的最盛期。"[85]34 "……密宗弥漫朝野，在首都长安兴建了大兴善寺、青龙寺等中心修密道场之后，各大密宗道场迅速在全国各地建成。"[85]24 至唐天宝年间，经过安史之乱，时局持续动荡，民生艰难，为了安定人心，当权者亟须以宗教信仰承担起保国安家、渡劫平难的不二法门和精神支持。密宗的教义恰恰符合当局者的心理需求，遂即迅速向社会的各个阶层持续渗透。密宗在唐代天宝年间的兴盛与发展，一定程度上是社会现实造就的，也与之前"开元三大士"等人的前期传法密切相关。《唐会要》记载，唐宪宗元和年间，凤翔府法门寺的护国真身塔内供奉有释迦牟尼佛指舍利一枚，本为每三十年面世受拜一次，为保岁丰人安，皇帝命将舍利迎送至京城佛寺。[86]

唐武宗会昌年间（845）爆发了一次大规模的"毁佛"运动，使寺院实体与部分典籍遭到严重破坏，史称"会昌法难"。据日本天台宗僧人圆仁撰述的《如唐求法巡礼行记》载："虽是边北，条流僧尼、毁拆寺舍、禁经毁像、收检寺物，共京城无异。况乃就佛上剥金、打碎铜铁佛、称其斤两，痛当奈何！天下铜铁佛、金佛有何限数，准敕尽毁灭化尘物。……天下州县准敕条流僧尼，还俗已尽。又天下毁拆佛堂、兰若、寺舍已尽。又天下焚烧经像、僧服罄尽。又天下剥佛身上金已毕。天下打碎铜铁佛，称斤两收检讫。天下州县收纳寺家钱物、庄园，收家人奴婢已讫。"[87]194-196 在这次"毁佛"运动中，包括密宗在内的佛教诸宗皆受到沉重打击，造像法器、典籍经疏等皆损毁殆尽。自此密宗的兴盛程度已大不如前，且逐渐趋向通俗化。[86] 24

二、法门寺金银器与密宗佛教"供养"

"供养"为佛学用语，又称供施、供给。"佛教的供养对象以佛、法、僧'三宝'为主，'佛'即为佛陀，具体表现为诸佛的造像；'法'乃指佛法，即各类佛教经典；'僧'指在佛门中修行的僧侣弟子。"[87]《十地经论》中对供养划分为三类：一为衣服卧具等，称作"利养供养"；二为香花幡等，称作"恭敬供养"；三为修行戒信行等，是谓"正行供养"。供养从广义上来说，包括对"佛""法""僧"进行的供奉与资养行为。而狭义的供养特指物质层面的贡献，可分为"利养供养"和"恭敬供养"两种。由于佛教的教义与劳苦大众的精神追求相契合，遂渐入人心，供养亦为当时各个阶层逐渐接受和崇尚，佛教作为外来宗教，在唐代逐渐与本土文化相融合，并最终形成属于华夏文明的独特文化景观，包括供养在内的唐代佛教思想体系暗含了诸多中国传统文化的因素。

依照不同的经轨，供佛之物亦有所差异。密宗的主要供养具分作六种：阏伽，即洗佛足之水；涂香，即以涂身之香料；华鬘，妆点其身的万行之花；烧香，作用于人的嗅觉，使其感到适宜；饮食，作用于人的味觉，亦使其感到适宜；灯明，取义为遍照世间幽暗的如来智光。密宗佛教拥有四种修法仪式，即四种护摩（梵文为 Homa），是指用焚烧供品的方式来供奉神灵，祈求神佛护佑，分别为：息灾法、增益法、钩召法和降伏法。法门寺地宫法坛应属于增益法，梵名曰布瑟致迦，是为增添福利之意。密宗护摩的供品种类繁多，主要为护摩木、花、蜜、奶、油、香、茶叶、香水、白芝麻、檀香粉、白糖、黑芝麻、五谷等。每样供品皆有其含义。例如：供花促人观想，令行者身心言行庄严如花。供香，以香普献诸佛，令闻者皆尊敬与护持行者。供灯，一盏灯即为一片光明，令行者的事业和修持远离黑暗，得光明吉祥。供果，普供十方诸尊，是为使行者得偿所愿的善果，象征果报圆满。供茶，茶可代表饮食与法味，供养十方诸尊，令行者获得饮食之感，品法味如意。

唐代的大兴善寺和青龙寺为密宗最主要的传法道场，而法门寺则是密宗供养的最高法界、唐密曼荼罗的重要道场。其供养物的品级、布置皆极为考究。法门寺在唐代的中外宗教与文化交流中具有重要作用。法门寺因供奉释迦牟尼佛指舍利而成为舍利崇拜的中心，而其皇家寺院的身份更加使其地位显赫。"据《扶风县志》记载，于东汉桓灵二帝在位时期始建的法门寺，因其供奉有释迦牟尼佛指舍利，逐渐成为之后历朝及历代帝王迎送舍利之佛教圣地。特别是唐代，先后有八位唐代帝王六迎二送佛指舍利，其声势之浩大，一时轰动朝野。"[3]33 法门寺佛指舍利作为世界现存唯一的"佛指舍利"，其学术价值不言而喻，同时，法门寺主要的供养活动皆是围绕着"佛指舍利"来进行的。"法门寺地宫是唐代密宗佛教文化的集结所在，其所供养的佛祖真身舍利及丰富珍宝确定了法门寺在佛教届的至高地位，法门寺地宫的发现，对我国古代寺院供养物内容和细节的研究提供了难得的实物资料。"[88] 由于法门寺的皇家御用寺院属性，普通百姓难以入内观览，因此，法门寺及其中的供养物一直具有神秘的色彩。

　　法门寺真身宝塔的地宫以及其中的供养物，都是按照密宗仪规布置的，迄今为止的大部分学者认为其布置为唐密曼荼罗（也有少数学者持否定意见）。地宫结合了古印度佛教舍利供养方式和中国古代传统墓葬制度，建制与唐代帝王陵寝无异，内部布置严格依据密宗曼荼罗的布坛方法。地宫的主体建制为一道四室，设四门。具体分为长方形的甬道、前室和中室，以及正方形的后室和密龛（亦称密室）。入宫甬道的地面以金钱（铜币）铺地，为最直接的"财富供养"的体现，也暗示塔基地宫为黄金铺设之理想佛国世界，即庄严佛之居所供养。舍利瘗埋伴有钱币在历史上经常可见，而法门寺地宫中出土的钱币数量惊人、材质优良，且位置分布多样，超出一般金钱供养范畴，这很有可能与唐密供养及法门寺地宫的显赫地位有关。因此，有学者认为此金钱供养方式是按密宗的"遍法界成黄色方坛"的增益护摩法的要求而作。无论从何种角度解释，甬道中的踏步漫道及平台之上的"金钱铺地"皆指向财富供养；《衣物帐》对塔基地宫中的香料记载为："乳头香山二枚，重三斤；檀香山二枚，重五斤二两；丁香山二枚，重一斤二两；沈香山二枚，重四斤二两。"[88]230 可见此组香料为唐懿宗专为法门寺供奉。唐代的佛教活动大量用香，唐时文人常以"香刹"指代寺院。《新唐书·百官志》载："祠部郎中、员外郎，各一人……国忌废务日，内教、太常停习乐，两京文武五品以上及清官七品以上，行香于寺观。"① 唐朝政府还有每年赐寺院衣、钵、香料等物以行香设斋的惯例。《资治通鉴·唐纪六十八》载："咸通十二年五月，上幸安国寺，赐僧重谦、僧澈沈檀讲座二，各高二丈。设万人斋。"② 后僧澈在咸通十四年的迎佛骨舍利仪式中以首座身份

① 四部备要：新唐书：卷四十六百官志 [M]．影印本．上海：中华书局，1936：350.
② ［宋］司马光．资治通鉴（七）：二百五十二卷唐纪懿宗昭圣皇帝 [M]．影印本．上海：中华书局，1936：3052.

主持法事，并撰有《大唐咸通启送岐阳真身志文》记述此次法事。[89]法门寺塔基地宫后室中部所放置的香炉，在出土时盖顶堆积有薰香灰，说明封藏之前有过燃香，即为燃香供养；八重宝函的个别函内，出土时盛放有液体，据专家考证，此液体应为香水供养；地宫四壁部分区域残存有黑色涂料，应为密宗曼荼罗坛城的"黑土涂坛"；四室与四舍利（佛骨舍利与三枚影骨）表征四方四佛；地宫出土的阏伽瓶、天王像、金毛狮、银芙渠、仰莲瓣银水碗、香宝子、茶具、钵盂等供养物，皆以八重宝函为中心，呈四面对称分布，组成密宗舍利供养坛城。法门寺地宫在建制、供养物布置及法器与供养物表面的装饰图像上，都体现了唐密供养的具体内容与仪轨特征。

法门寺地宫，将唐密曼荼罗结坛与儒家礼制相融合，聚集金、胎两部曼荼罗。法门寺地宫的布坛方式反映出晚唐密宗已经与中国传统文化相结合，尤其从捧真身菩萨的纹饰装饰上可以看到"金胎合曼"的现象。由此可知，会昌法难以后，唐密教法并未完全失传，法门寺地宫的唐密曼荼罗坛城及其独特的密宗供养布置，可以充分体现。在供养品中除了"金钱布地"以外，数量最多、质量最精的应为金银器无疑，可见金银器在唐密供养中的重要性，也正因其独特的唐密供养物属性，使其得到了完整的保存。

三、法门寺金银器与唐代密宗宗教审美

从广义上来讲，唐代密宗宗教审美的表现范畴应包括其教法仪规、组织形式、密咒吟诵、经疏行文、寺院营造、绘事造像等诸多方面，而从本文研究对象的角度考虑，重点择其视觉艺术方面进行阐述。从一般意义上理解，密宗佛教在中国宗教发展史上呈现出逐渐式微的发展趋势，传统意义中的佛教教法主要以注疏"经、律、论"而得以传承，而密宗"述而不作"的思想致使其教法传承过于依靠前人经典，经"会昌法难"后，密宗经典损失严重，目前国内关于密宗的研究主要受日本典籍与教义理论影响。此外，密宗的另一显著特征便是善于将佛教经典中的教义与典故以图像的形式表现出来，这些图像密集地出现在与密教相关的建筑、雕塑、绘画以及工艺美术等方面，具有极高的艺术成就，在客观上形成了借助宗教艺术进行教法传播的目的。密宗从印度传入唐朝之后，在佛教造像和壁画等艺术上不断发展。其中以绘画（以壁画为主）最能代表其审美思想与表现手法，典型的范例为敦煌莫高窟中的密宗佛教壁画，如宿白先生曾经提及："盛唐密像图画已不限于主室东壁（门壁），几乎扩展到窟

内所有各壁，甚至如第 165、169 两窟在角道顶布置了孔雀明王。在密教建置中，洞窟顶部往往是安置坛场（曼荼罗）的所在，道顶绘制孔雀明王，可能是在不空译《佛说大孔雀明王画像坛场仪轨》的影响下出现的。"[90]唐密绘画艺术中的线条、色彩、构图、意象等元素都体现出独特的密宗审美，其艺术表征与内在的佛教文化具有高度的统一性，利用绘画等艺术形式暗示密宗教义，引人参悟图像背后的佛法是其根本用意。佛教与艺术往往是不可分割的结合体，正如黑格尔所说："宗教的内容本身包含着一个不仅可以用艺术，并且必须用艺术的地方。"[91] 295

　　法门寺地宫作为唐代帝王的专属修法道场，有着十分丰富的佛教与宫廷文化内涵。法门寺地宫中的各种供养物，除了皇室的进奉之外，还包含密宗高僧及寺院进奉之物，可见，唐代密宗佛教在当时宗教派系中仍占据重要地位。法门寺地宫出土的金银器既有日用器，又有密宗供养器和法器，无论从造型和装饰艺术上都深受密宗宗教审美的影响。同时，法门寺金银器艺术作为唐密宗教艺术的组成部分，亦是唐密宗教审美研究的重要对象，两者联系紧密，且互为依据。

　　唐代密宗宗教审美体现在建筑、绘画、雕塑、工艺美术以及相关宗教仪式的各个方面，总的来说，唐代密宗宗教审美具有"多彩尚金""工美技巧""尊仪守规""慈嗔双相""纹饰繁复""神秘隐晦"及"印韵唐风"等主要特征。以下逐一加以论述：

　　"多彩尚金"即在唐密艺术中多采用丰富的设色，并对金色及黄金材质异常崇尚，无论是寺院建筑、壁画幡绘，或是法器供养皆呈现出一派华丽多彩、金碧辉煌之势。其用意在于体现佛国净土的胜境，亦有表达"金刚不破"和"无坚不摧"的密宗法意。《酉阳杂俎》有载："曼殊堂工塑极精妙，外壁有泥金帧，不空自西域赍来者。发塔有隋朝舍利塔……"[92] 119《辩正论》形容其"像设凭虚，梅梁架迥，璧珰曜彩，玉题含晖，画栱承云，丹栌捧日"①。可见唐代密宗寺院建筑的绚丽堂皇。而法门寺地宫中的"金钱铺地"，以及大量金银材质的法器及供奉品，也从一个侧面印证了唐代密宗"尚金"的审美特征。

　　"工美技巧"是对制作工艺的常见形容，而唐密艺术对制作工艺的苛求在同时期的宗教艺术中体现得尤为突出。以五台山唐密寺院金阁寺为例，《旧唐书·

---

　　① ［唐］释法琳. 辩正论：卷三［M］. 大正新修大藏经本.

王缙传》载："五台山有寺金阁，铸铜为瓦，涂金于上，照耀山谷，记钱巨亿万①。"圆仁《入唐求法巡礼行记》载："阁九间，三层，高百尺余。壁檐椽柱，无处不画，内外庄严，尽世珍异。"[93] 101 可见，唐密宗金阁寺的修建，不仅花费巨大，规模雄伟，其复杂的建筑营造及装饰亦需要极高的工艺水平来支持。再从法门寺出土的法器、造像及其他供养物来看，其制作工艺堪称晚唐时期的典范。

"遵仪守规"，宗教艺术和其他艺术形式的主要区别之一是其具有严格的创作规范，唐密艺术尤甚。密宗的修法仪规极其烦琐复杂，所有装饰皆为其教义服务，这直接影响了其艺术表现的各个方面。唐密艺术的图形布局、纹饰造形等无不依据特定经轨处理。可以说"遵仪守规"贯穿于唐密艺术创作的所有程序。

"慈嗔双相"，即唐密装饰艺术兼具"慈悲平和"和"嗔怒恐怖"的双重审美情趣。唐密艺术的嗔怒形象是用以震慑和教化众生中的恶性，也是对密宗教法的护持。以密教明王部造像为主要代表，《大日经疏》中载："于下方西北隅际，作降三世忿怒持明王尊，首戴宝冠，持五股金刚印，瞻仰毗卢遮那，如请受教敕之状。偈云，不顾自身命者，谓应图作至极愤怒、奋不顾命之容，谓欲摄招法界众生，皆使顺从法王威命。"这种令人生畏的审美特征，主要体现在唐密造像及法器之上。

"纹饰繁复"，唐密艺术的纹饰烦琐而复杂。纹饰类别繁多，根据不同表法又有多种变化，已然形成了强烈的密宗纹饰风格。常见的有三昧耶图形、种子纹、金刚杵纹、各种印契纹等。唐密纹饰具有灵活多变的组合方式，不同的纹饰组合方式，使装饰效果更加多样。如法门寺地宫出土的迎真身银金花双轮十二环锡杖，其上不仅錾刻有宝相莲瓣、忍冬团花等常见佛教纹饰，还錾有五钻金刚杵等密教纹饰，锡杖通身满铺图案，纹饰细密，繁复异常。

"神秘隐晦"，佛教文化一般都具有神秘之美，而密宗则具有更为浓烈的神秘色彩。印度密教是由部分大乘佛教的派别与婆罗门教（印度教）相结合所产生，它具有高度组织化的特征，尤擅咒术、仪轨及民俗信仰，其自称受法身佛——大日如来的深奥密首传授，因此得名"密教"。其传入中国之后，因倡言忠孝之德，奉行神秘主义，拥有复杂仪规，得了皇家的崇奉。唐密"神秘隐晦"

---

① 刘昫. 旧唐书［M］. 上海：中华书局，1975：3418.

的审美特征主要体现在结印、密咒及曼荼罗三方面，其中以曼荼罗之美最为典型。曼荼罗之美即仪轨修法之美，具体表现为依照经轨赋形绘事、造像布坛，供佛徒观像进而体认佛法。[43]27例如，唐密曼荼罗里每尊佛菩萨的造型、位置、法器、印契等，皆表示特定含义，这些构图复杂、秩序井然的图像，使观者骤然无法深晦其意，顿感神秘莫测，而这种特殊的心理暗示，也正是唐密宗教审美的重要特征之一。

"印韵唐风"，唐密艺术深受印度密教的艺术风格影响，在发展过程中又逐步与中国传统艺术相融合，最终形成了具有唐密艺术独特的审美思想。"开元三大士"入唐传教之初，将包括密教艺术在内的整套印度密教系统照搬过来。因此，唐密造像与法器等皆以印度样式为蓝本。或因密教的传入历史相较显教短暂，其本土化的程度相对较低，外加密教独特的教义，使得唐密艺术呈现出明显的印度韵味。

第四节　唐代茶文化对法门寺金银器艺术的影响

法门寺出土的金银茶具是法门寺金银器系统中的重要组成部分，亦是体现法门寺金银器艺术特征的重要器物组合。其与一同出土的其他金银器存在着功能和形式上的密切关联。毋庸置疑，法门寺出土的金银茶具受到唐代茶文化的深刻影响，因而唐代茶文化亦是法门寺金银器艺术的重要文化背景。

一、唐代的饮茶风尚

《神农本草经》中记载："神农尝百草，日遇七十二毒，得茶而解之。"此典故在《史记》《本草衍义》《淮南子》中也有记载。中国最早关于茶的文字记载出自《诗经》。其中，《邶风·谷风》中载"谁谓茶苦，其甘如芥"，《郑风·出其东门》中载"有女如茶"，《豳风·七月》中载"采茶薪樗"，《豳风·鸱鸮》中载"予所捋茶"，《大雅·绵诗》中载"堇茶如饴"，《周颂·良相》中载"以蒸茶蓼，茶蓼朽止"。而明确表示茶之含义的文字记载，史学家公认为秦汉年间成书的《尔雅》，《尔雅》中载"槚，苦茶"。晋代郭璞在《尔雅注》中写道："树小如栀子，冬生，叶可作羹饮，今呼早采为茶，晚取者为茗。"西汉王褒的《僮约》中已有反映中国早期茶事活动的语句，即"武阳买茶""烹茶尽具"。魏晋之前，茶一直是上层社会专享的奢侈品。南北朝时期，佛教逐渐兴起，其倡导坐禅时饮茶，以驱除睡魔，从而利于清心修行。当时的寺院多建于名山秀水之间，环境及气候皆适宜植茶，因此，唐代的许多寺院都有植茶之习。同时，僧人认为茶与精神密切相连，饮茶有助精神修养等。此后饮茶之风逐渐普及，南方的饮茶之习已深入民间，"坐客竞下饮"成为南方社会交往中的普遍礼仪。而在北方，因茶的价格昂贵，仍然只有上层社会的皇家贵胄方能品尝。进入唐代，随着经济的发展，商路的畅通，茶树栽培技术持续进步，加之佛教僧侣的引领，皇家的推崇，饮茶风尚逐渐向南北方各个阶层蔓延，进而促使唐代茶文化得以形成并迅速发展。在我国饮茶历史上，一直有"茶兴于唐，盛于宋"的说法。"茶"字在唐之前存在多种别称，如荼、萍、茗、诧等，最终在唐玄宗所撰《开元文字音义》中被定夺为"茶"。

古代的饮茶方法，一直在发生变化。汉魏时代，煮茶时会同时加入一些药物，当时的饮茶方法属于"药茶"阶段。此种加入药物的饮茶之法，被唐代陆羽所鄙，在其所著《茶经·六之饮》中批评了这种饮茶之法，书中记有："或用葱、姜、枣、桂皮、茱萸、薄荷之等，煮之百沸，或扬令滑，或煮去沫，斯、沟渠间弃水耳。"中唐开始，人们煮茶只加入以盐为主的少量佐料，传为宋代苏轼所著的《物类相感志》中载："芽茶得盐，不苦而甜。"说明始自中唐的"盐茶"法直至宋代仍在沿用，此间可称作"盐茶"阶段。元代之后，随着茶叶焙制方法的改变，饮茶时不加入任何掺合物，明代时把投盐于茶的饮茶方法称为"茶厄"，以视之青翠、闻之幽香、吸之甘润者为上乘，逐渐趋同于今日之饮茶，中国的饮茶方法从此方进入"清茶"阶段。

与法门寺金银茶具同时期的饮茶方法为唐代普遍流行的"盐茶"法，而除了茶的烹饮方法之外，茶叶的形制也与现今的茶叶不同，当时茶叶的主要形制为"蒸青饼团茶"。茶饼形状多样，《茶经》有云"茶有千万状"即是此意，但以圆形和方形为主，茶饼的重量及尺寸规格各异。茶饼基本制法为：将采来的新鲜生叶用蒸气杀青，然后捣碎，装入模具，拍压后出模，焙至半干后穿起来再烘到足干，最后封藏待运。关于茶饼制作，《茶经·三之造》中有载："采之。蒸之，捣之，拍之，焙之，穿之，封之，茶之干矣"，这七道工序，"自采至于封七经目"。烹饮的基本过程为：首先将茶饼复烘干燥，即所谓"炙茶"，炙茶的过程也是透发茶饼香气的过程，然后将炙焙过的茶饼用纸包裹保香，候冷后取出打碎，倒入茶碾，碾成茶粉，碾后过罗细筛，将罗下的茶粉放入茶盒备用。

烹茶时，预烧开水，并加入食盐、姜末或椒粉，用茶匙（则）取适量茶粉，徐徐散洒，并以长柄茶匙"环激汤心"，谓之"击拂"。最后将三沸煮成的稀茶汤，连汤带茶粉一道饮下，此为当时的"吃茶"过程。陆羽所讲的烹茶还有许多微妙技巧，唐代皇室烹饮，虽缺少记载，但可想势必比《茶经》中的烹茶过程更为复杂严谨。

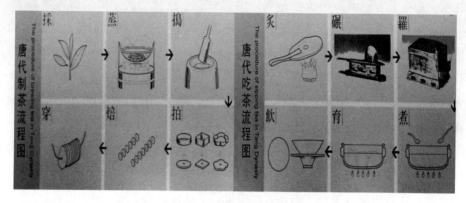

图 2.18　唐代制茶流程图
（作者摄于法门寺博物馆）

　　唐代皇室崇尚饮茶已至狂热的程度，其茶叶的来源分为两方面：一为民贡，二为官焙。《新唐书·地理志》记载，民贡方面，当时全国 17 个郡都向长安进贡茶叶，相当于现在的川、鄂、浙、陕、苏、赣、皖、闽、豫、湘等十省。官焙方面，于唐大历五年（公元 770 年）设置皇家"贡茶院"，地址在顾诸山（今江苏宜兴、浙江长兴一带），建茶厂 30 间，以造紫笋茶为主，每年早春时节，湖、常二州的太守准时赶赴"境会亭"以督造贡茶。白居易有诗云："遥闻境会茶山夜……紫笋齐尝各斗新。"其中的头纲茶，限清明节之前进贡至长安，即所谓"急程茶"。吴兴太守张文规的《湖州焙贡新茶》一诗中写有"凤辇寻春半醉回，仙娥进水御帘开，牡丹花笑金钿动，传奏吴兴紫笋来"之句，形象地描写了紫笋茶贡到来的喜悦之情。杜牧的《题茶山》诗中言："山实东吴秀，茶称瑞草魁，剖符虽俗吏，修贡亦仙才。"除了赞美的诗句，亦有描写贡茶劳役之苦的诗句，如太守李那的《茶山贡焙歌》中言："凌云触露不停采，官家赤印连帖催，半夜驱夫谁复见，十日王程路四千。"除了唐诗中对唐代饮茶风尚的描述，唐代绘画中亦有大量有关煮茶饮茗的图像记录，如唐代绘画大家阎立本的《萧翼赚兰亭图》，此画描绘了谏议大夫萧翼向唐太宗进献《兰亭集序》的故事。在画卷的左半部,绘有唐人煮茶的场景,生动反映了唐代的饮茶生活。画中左下有一长者,头戴纱帽,续有长须,蹲坐于风炉之侧,炉上置一长柄茶釜。长者似正撒下茶末,并欲用竹夹搅拌茶汤。风炉另一侧的童子正躬身而立,手端茶托和茶碗,似正待取釜内茶汤向宾主奉茶。炉边竹几上还置有碾茶的茶轮和盛茶叶的罐子。此外,唐代著名画家周昉的《调琴啜茗图》描绘了唐代贵族仕女闲散享乐的生活情景,其中从一个侧面反映出当时饮茶在文娱活动中的重要地位。晚唐时期的《唐人宫乐图》描绘了后宫嫔妃和侍女十余人围坐、侍立在长方形桌子周围,吹奏、饮茶、摇扇的场面。画中未出现烹茶场景,乘装茶汤的大釜放置于方桌中央,从画面中可以感受到当时宫廷饮茶的风行程度。[94]47-48

二、法门寺金银器艺术与唐代茶文化

茶文化作为我国传统文化的一部分,集中体现了历史文化、民族精神和大众心理。唐代茶文化兼具儒、释、道诸家思想,将高雅文化与通俗文化、市井文化与贵族文化有机地融合在一起,其既能与书画乐舞共处,亦可与社情民心相连,体现了中国传统文化的高雅品位与积极向上的生活哲学。唐代茶文化是构筑大唐气象的文化基石之一,并对后世产生了深远的影响。

文化表现为一定历史阶段中物质的精神化及精神的物质化,具体包括社会整体意识形态、社会成员的生活方式以及精神的物化三个方面。意识形态引导社会发展,它是统治阶级建立的精神文化系统,其控制权在统治者手中,对社会文化起着引领与支配作用。在文化系统的内在结构中,意识的载体是文化,意识形态存在于各种文化之中,所以意识能够推动文化,也控制和影响着文化的发展方向。

唐代茶文化的形成得益于饮茶风尚的盛行,而独步一时的唐代饮茶风尚又源于以下四种力量的聚合:佛教禅宗尚茶,引领饮茶之风形成,促使唐代茶文化的确立;皇室与朝廷崇茶,提供了制度的保障;文人墨客与贵族誉茶,将饮茶活动与文化艺术相互融合,使茶文化的精神内涵得以提升;民众扬茶,把茶作为日常生活的组成部分,使茶事具有了更为丰富的民俗特色,使茶文化得到普及与推广。经过以上四种力量相互作用与协力推动,使植茶、制茶、烹茶、饮茶的过程具有鲜明的文化属性,并赋予其修养教化和审美的功能。

佛家认为茶与舍己、持戒、进取、隐忍、智慧、禅定的"六波罗蜜"本义

相通，便在寺院周边广植茶树，设置茶堂，定制茶礼，选定茶头，举办茶事活动。随着佛教影响力的不断增大，人们对佛教文化的认可也增强，茶被佛家赋予的精神内涵亦为信众所接受。怀海大师所著《百丈清规》中规定"丛林茶礼及其作法次第，讲经说法擂法鼓，集众饮茶敲茶鼓"，从此茶会便成为佛事活动中的重要内容。另外，禅宗认为饮茶易使人进入禅境、消除功利之心，借助饮茶来体悟佛性。《妙法莲华经》有言："阿罗汉，诸漏已尽，无复烦恼，逮得己利，尽诸有结，心得自在。"[95]68

茶文化勃兴于唐，与皇室及朝廷的大力提倡关系密切。也正因为此，唐代茶文化的表现形式和精神特征，或多或少带有贵族色彩。也源于此，唐代茶文化始终能在高雅与精致的范畴内得以丰满的发展。唐代皇室将茶用于祭祀、赏赐及礼佛之用，并制定了"宫中礼仪，茶艺先行"的仪规，这些举措使茶具有了文化消费的含义，并促使茶叶经济的繁荣，加速了茶文化发展，也为其他社会阶层树立了消费导向。

唐代的文人雅士多与茶有着深厚渊源，他们品茶评水，爱茶咏茶，使饮茶成为艺术的享受，并以茶为主题吟诗作赋，名词佳句迭出，使茶诗成为唐诗中的重要类别之一。文人们对饮茶的认可和推崇，使茶具有了丰富的精神与文化内涵，并将饮茶同精神追求、审美活动和人格理想联系起来，对唐代茶文化的发展具有积极而重要的影响。

唐代茶事在民间的盛行程度是前代皆所未及的，可谓"比屋皆饮""不问道俗"。贩卖私茶一时间蔚为盛行，以至出现官商联合进行茶叶贩卖的局面。唐代大众化、多样化的饮茶习俗使茶文化得以普及发展。唐代已出现靠卖茶饮为业的茶馆、茶肆，见证了民间饮茶之风的兴起。茶肆逐渐成为民众文化娱乐与休闲的场所。唐代的民间茶事颇具市井文化的特点，且发展出多样化的茶事样态，如"采茶盛会""茶会""喊山""斗茶"等民间茶事活动，其与民俗文化相结合，形成了独特的民间茶俗文化。

茶从强调药用功能的"药茶"阶段发展到品味怡情的"盐茶"阶段，在此过程中，逐渐具有了特定的精神含义，并在唐朝形成空前的社会风尚。这个过程既反映出盛世开明的大唐之风，也揭示出唐代茶文化复杂的形成因素，即受到社会、经济、政治诸因素的共同影响。唐代的制茶与饮茶程序（仪式）既重视科学合理，又关照礼仪伦常，并将茶的养生价值、保健价值和欣赏价值有机地结合起来，使之成为物质和精神文明和谐共融的文化载体。茶在唐人的日常生活中已经成为生活必需品，涵盖于"开门七件事"之中，有"无异米盐"之说法。

　　茶具作为唐代茶文化的物质载体，是茶文化重要的显性表达。我国古代的茶具亦称茶器，伴随茶文化从形成到鼎盛的全过程。汉代王褒《僮约》中所载的"烹茶尽具"是对茶具最早的描述，唐代诗人白居易亦有"此处置床绳，旁边洗茶器"的诗句。唐代的茶具，民间多用陶瓷制品，而金、银等金属茶具以及当时十分稀有的秘色瓷、琉璃茶具多流行于皇室及权贵阶层。茶具的级别差异，客观反映出唐代同时并存着两种不同的茶文化类别，即民间茶文化和宫廷茶文化，前者以僧侣、文人为主体，后者以皇室贵族为主体。民间茶文化崇尚自然与俭朴，宫廷及贵族茶文化崇尚精致与奢华，这两种茶文化具有不同的精神内涵，分别体现了"和"与"敬"的精神追求，并共同构成了唐代茶文化的整体面貌。

图2.19　法门寺出土的一套金银茶具（复制品）
（作者自摄于法门寺博物馆）

　　陆羽在其《茶经》中将茶具划分为"二十四事"，即为二十四种，并对每种茶具的形制、制作方法与用途做出具体说明。据法门寺地宫出土的《衣物帐》记载，法门寺地宫瘗藏的茶具包括"笼子一枚重十六两半，龟一枚重二十两，盐台一副重十一两，结条笼子一枚重八两三分，茶槽子、碾子、茶罗、匙子一副七事共重八十两"①。这套茶具为我们展示了烘焙、研磨、过筛、贮藏、烹煮、饮用等唐代制茶工序及饮茶过程，其配套相对完整，功能性与艺术性兼具。按陆羽所说，法门寺出土的茶具仍不够完整，主要茶具中还缺少煮茶用的风炉和茶釜（茶锅）等。因入藏地宫的器物皆为奇珍异宝，而风炉与茶釜多由平常

①　见《监送真身使随真身供养道具及恩赐金银宝器衣物帐》石碑。

质料所做，或因此故而不具有入藏资格。但仅就出土的茶具而言，已经可以对当时的宫廷茶文化有所窥见。由这些茶具比陆羽《茶经》中介绍的茶具晚一百余年，其设计与制作应有重大改进。其中的金银茶具，工艺精湛，设计匠心独运，纹饰流畅优美。既具有实用价值，亦是唐代金银器中的艺术精品。法门寺地宫出土的茶具属于典型的皇家茶具，是目前对唐代宫廷茶文化最为全面的实物再现，其中的金银茶具作为此套茶具的主要部分，对唐代茶文化的研究具有重大的理论价值。

第五节　本章小结

对法门寺金银器的艺术学与考古学研究的目的皆是理解这批重要的历史遗存，考古学主要使用地层学和类型学等方法，记录和分析整体遗存中的相关信息，而艺术学（美术史）研究则更关注具有较强艺术性的特殊遗存和物品，强调视觉性的作用和意义，并对其所蕴含的思想性和社会性内涵进行探究。对于古代工艺美术的艺术学研究来说，考古学所获得的量化研究成果以及与历史文献学所整理出的古代文献体系实为不可或缺的研究基础。

本章在对中国古代金银器艺术的发展脉络进行简略梳理后，基本确定了法门寺金银器所处的阶段坐标。然后，结合考古学与历史文献学的相关研究成果对法门寺金银器的形制与功能进行了基础性分析，勾勒出了法门寺金银器艺术的基本轮廓。为了便于下文对法门寺金银器艺术进行具体而深入地研究，本章还对其历史文化背景进行了论述，主要包括三部分：其一，晚唐时期的社会状况与审美风尚；其二，唐代密宗佛教对法门寺金银器艺术的影响；其三，唐代茶文化对法门寺金银器艺术的影响。通过对这三方面的论述，基本厘清了法门寺金银器艺术的历史文化背景。

第三章　法门寺金银器的造型艺术

"器物艺术之所以被称为艺术，是因为其具有了作为艺术品所包含的许多艺术审美因素……从整体上来说，器物的艺术之美，应包括器物的造型、装饰和材质等要素。"[57]72

"造型"是指塑造物体的独特形象，也指被创造出的物体形象，而"造型艺术"则是指利用一定物质材料及手段创造出静态可视的空间形象艺术，主要包括建筑、绘画、雕塑、工艺美术、书法等具体门类。18世纪德国著名哲学家莱辛在其《拉奥孔》中始用"造型艺术"一词，在德语中，造型（bilden）原义为"模写"（abbilden）或者"制作似像"（eild machen），在新中国成立后此词由苏联传入，并长时间与"美术"互用①。"造型艺术"一词在17世纪的欧洲被使用之初，主要泛指具有极高美学意义的绘画与雕塑等艺术样式，其概念的提出是为了与具有实用功能的工艺美术等门类相区别，但这种狭隘的概念划分很快便得到了纠正。

本章题为法门寺金银器的造型艺术，这里的"造型艺术"特指法门寺金银器在造型方面的艺术表征，且主要以器物整体的造型为主要研究对象。"工艺美术中的器物造型，是指器物基本的形态，主要包括器物的外在形态（器形）与内在结构。当然，按照设计形态学理论，造型研究应该包含形态、空间、色彩、质感、时间的研究，但形态无疑仍是器物造型系统中最关键的要素。"[57]73本章

---

① 《中国工艺美术大辞典》中提道："造型艺术是在平面或立体空间内，运用一定的物质材料和手段，塑造可视的静态艺术形象的艺术，造型是构成美术的主要特点，它主要体现在绘画、雕塑、工艺美术和建筑艺术上。"除绘画以外，其余三者的造型具有实际的三度空间（高度、宽度和深度）。造型艺术的特征是用可视物质材料来表现自然对象的"型"与"态"，是创作在真实或者虚拟的空间中，以静止的形式表现动态过程，或者以动态的形式传达观念。

的研究是围绕着法门寺金银器的立体形态而展开的。之所以采用"造型"一词，而非"器形"，原因在于法门寺金银器系统的复杂性与多样性，以及本文的研究主题"艺术"与"造型"的内在关联。"造型"相对应的是更为多元的审视范围与角度，且更加贴近"艺术"的考察尺度，使研究方向和方法有别于考古学研究。

造型是人为创造出来的形象与形体，是造型艺术的重要特征。格罗塞在《艺术的起源》中指出："把一件用具打磨的光滑平整，最初的用意往往更多是为了使用上的便利，其审美价值并不占主导地位。一件对称的武器，用起来比一件不对称的更具杀伤力，但几乎在每一个原始民族中，都可以发现许多器物的精细制造有着实用以外的目的……如果断定制作者希望同时满足实用和审美上的需要，也应是很稳妥的。"[96]89 这里所说的整齐、对称、光滑实际上便是具有艺术审美因素的外在形式。古代工匠常常选择具象或抽象的表现形式来完成器物的造型艺术创作。

法门寺金银器的造型艺术，既体现了制作者个体的创作意图，更是统治阶级思想与时代审美的外化。对它的研究需要同时考虑唐代金银器造型的整体发展规律，以及其特有的时代背景和功能属性。工艺美术的造型更多地与使用功能相联系，而装饰（纹饰）则更加侧重审美欣赏，因此，本章对具体器物的功能与造型的关系亦作为论证的重点。本章的研究对象为法门寺金银器中的代表性器物造型，以及器物中具有典型性的造型样式，具体研究对象的选取原则以金银器的审美与工艺属性（可以体现金银器的审美与工艺特征的器物）为出发点，因此本章并未涉及对诸如金铜造像等的造型研究。

第一节　唐代金银器造型的演变轨迹

"毫无疑问，唐代金银器乃至整个中国古代金银器艺术都存在着发展演变的规律。并且，金银器艺术的发展演变并不是孤立的，其形制、纹样与壁画、石刻、陶瓷器等遗物的发展演变具有内在的联系。"[10]168 在分析器物的造型和纹饰时可以发现，造型、纹饰的各种样式及风格都会在一定时间跨度内形成相对统一的样态。每一件器物的造型与纹饰都具有特殊性，将这些器物按时间先后集中为群体进行考察，便可以分析出各种造型、纹饰的流行时限与总体特征，所得结论反过来又可以作为标尺考量某件器物。器物的造型和纹饰以艺术化的形态反映着社会风俗、宗教信仰及审美情趣，是客观存在的物质史，更加直观地体现了社会文化的嬗变过程。作为唐代金银器三大重要发现之一的法门寺金银器，其造型的艺术特征势必与唐代金银器的演变轨迹密切相关，在对其进行具体分析之前，有必要对唐代金银器的总体演变轨迹进行归纳。

前文提到，对于法门寺金银器的艺术学研究是建立在考古学研究及其成果的基础之上的。因此，对唐代金银器造型演变轨迹的总结必定需要参考前人对唐代金银器的考古学分期。本书主要采用了齐东方先生对唐代金银器的分期成果作为对唐代金银器造型演变的分析基础。齐东方先生将唐代金银器分为3期，即8世纪中叶以前为第1期、8世纪中叶和后半叶为第2期、9世纪为第3期。

第1期，8世纪中叶以前。此期的金银器多为圆形器口，器壁多以若干等分装饰面组成，外壁的装饰区间多在九瓣以上，如何家村云瓣纹弧腹银碗，弗利尔莲瓣纹弧腹银碗、沙坡村折腹银碗等。后期金银器的装饰面逐渐以六、八等分取代了九瓣以上的等分做法。初唐时期，金银器受波斯、萨珊及粟特金银器的影响较重。带把杯、高足杯、蛤形盒、五曲以上的多曲长杯以及折腹碗为主要器类，壶、铛、锅、瓶等形制器物亦为常见，其中的高足杯、多曲长杯、带把杯等器物为中国传统器形中所未见。盘、盒形制器物的整体造型以圆形为主，也有一些菱花形和葵花形的造型。器物体积普遍较小，器壁厚实，质量较重。圆口形、球形、圆形造型在本期使用较为广泛，大量圆形（球形）造型的盘、碗、盆、杯、香囊等器物在本期流行。体现出此时期金银器造型追求对称、圆满完整的艺术特征，既对应了追求团圆、美满的中国传统审美取向，又体现了外来文化对此时期金银器造型的深刻影响。

初唐时期的金银器造型是在大一统的盛世局面下形成和发展的，恢宏博大的大唐气象与兼收并蓄的开放气度融入此时期金银器的造型里。"唐代前期，国家统一，各民族和睦共存，中外文化交流频繁，此时的大唐帝国，熔铸南北，糅合中外，创造出了辉煌灿烂的工艺文化。"[97] 141 唐代初期，李唐王朝通过军事行动以及开放包容的治国理念，使与西方各国的通商之路畅通无阻，金银器作为文化使者经由丝绸之路大量流入中土。从此，金银器一改前代的单一造型，数量不断增多起来。从造型上看，这些充满异域风情的外来金银器，极大地推动了当时本土金银器的制作水平和造型艺术的多样化。

第2期，8世纪中叶和后半叶。这一时期，唐代社会对外来文明的猎奇心态与推崇思想已经开始淡化，人们对纯粹的外来造型的兴趣日减，转而开始与我国古代传统的青铜器、漆器、陶器的造型相结合，并对萨珊、波斯及栗特器物的造型进行本土化改良。在这一时期，金银器中的带把杯、高足杯及五曲以上的多曲长杯已很少见到。新出现了各种样式的壶。葵花形盘开始流行，各类器皿的平面多为四曲或五曲的花形。少数器物上虽然仍残留西方金银器的造型元素，但普遍在第1期器物造型特征的基础上有所发展。器物的许多形制既区别于西方器物，也与之前的中国传统器物有所不同。此期是唐代金银器造型的成熟时期，已经基本摆脱了外来造型样式的直接影响。此时期金银器的器形开始变大，出现三足盘造型，例如直径达55厘米的裴肃进银双凤纹盘。此期金银器造型最为明显的变化，即大量仿生形态器物的出现，且以植物为仿生对象较多，如宽城鹿纹菱花形银盘、八府庄狮纹葵花形银盘、喀喇沁双鱼罐形银壶等。许多具有浓郁生活气息的器物出现，仿生造型最为直接地体现了这一时期金银器的生活化艺术风格。许多植物形象在中国传统文化中具有吉祥、喜乐及安康的寓意。金银器仿生造型的增多是唐代金银器艺术发展的重要转折，对后世具有深远的影响。"人们在艺术审美领域逐渐摆脱了宗教意义与神化思想的束缚，以自然花草为主要欣赏对象，从而获得了思想上的解放。"[10]130自此，植物造型与纹饰在中国工艺美术领域，开启了繁荣发展之路。

8世纪中叶，唐朝经历了初唐的稳定发展阶段之后，社会经济得到飞速发展，人们生活丰足富裕，奢侈之风渐起，并形成了地方官员向中央进奉金银器的风气。唐朝在政治、军事和经济诸方面的繁荣皆达到顶点。文化艺术出现各种流派和风格，如此的社会背景对金银器艺术产生了重大的影响。在金银器的制造工艺方面，唐朝工匠已经熟练掌握了西方的锤揲等工艺，并经过前期的生产实践，使金银器的造型与纹饰完全摆脱了外来输入的模式，开始向民族化的方向演进。此时期的工匠受盛唐文化的熏陶，其艺术创作一改上初唐的"胡化之风"。但受8世纪中叶安史之乱的影响，金银器的创新与繁荣受到严重打击。故第2期，特别是8世纪中叶以后的金银器遗物发现和确定数量较少。

第3期，9世纪初至唐末。在这一时期的南北方墓葬及窖藏中，均有大量金银器出土。这一时期，金银器的器形种类进一步增多，以食器、容器、饮器、药具等为主，组合成套的金银器物出现增多；器物造型种类更加多样，主要流行花口和高圈足器物，菱弧状、云头状等新造型出现，仿生造型较之前更多；大型器物增多，但部分器物较为轻薄粗糙。这一期为唐代金银器进入普及与多样化时期，除了皇室和贵族以外，地方官员与富裕百姓也逐渐使用金银器物，以南方经济发达地区为盛，器物的造型、纹饰向更加大众化的方向发展。

晚唐时，南方的商业发展迅速，促进了金银器的商品化。由于当时的经济重心转向南方，使当地出现了个体金银器工匠和民营作坊，促使金银器造型更加多元化，造型艺术风格也从唐代前期的饱满大气转为柔美俊逸。晚唐时期，李唐政权衰弱，但统治阶级的骄奢淫逸却比以往更甚，使金银器的制造数量不降反增，其中不乏良工精造之物。在目前唐代金银器三大主要（何家村窖藏金银器、丁卯桥窖藏金银器、法门寺地宫出土金银器）发现中，有两个都在这一时期，法门寺金银器便是这一时期金银器艺术的代表。

第二节　法门寺金银器中的几何造型

"几何"一词源于古希腊，最早应用于土地测量，其希腊文原义为"测地术"。公元前330年，古希腊学者欧几里德（约公元前330—275年）完成了其经典著作《几何原本》，宣告了几何学的诞生。几何是数学的重要分支，它与化学、物理、工程、经济、生物、艺术等学科皆存在密切的联系，并作为重要的工具与方法不断推动着这些学科的发展。几何学最早的研究内容是平面几何，即研究二维平面上的直线与二次曲线，之后延伸到三维空间中的立体几何。人们在自然界中所观察到的具有确定形状的事物，经由视觉系统反映到大脑中便形成了"形"的观念，人们以所观察到的"自然形"为最初的造型依据，结合生活、生产活动的需要，逐渐制造出了具有规则几何形态的物体。从大量的人造物体中总结其在形状上的共性，便得到了"方形""圆形""三角形"等几何形的概念。人类生活、生产活动与客观世界中的物象共同组成了几何概念的来源。几何在人们的日常生活中可谓无处不在，从艺术的角度来说，几何是艺术创作中最基本的思考环节，也是考量一件艺术品的重要观察与分析角度。

"几何"的概念虽然出自西方，但是在中国传统思想体系中早已存在，《荀子·礼论》中有"规矩诚设矣，则不可欺以方圆"的说法。"几何"在中国古代造物思想中也占有重要的地位，例如在"制器尚象"① 的理念驱使下，"天圆地方，资始资生"的宇宙观常常以一种几何化的形态体现于器物造型之上。如商周时期的青铜器饮酒"觚"的造型，即为上圆而下方，"有置顿安稳之功用及正位之含意，其稳固感和秩感既象征了王权的稳定，也暗示统治的正当。教化众生观其形、用其器便应，遵其礼、思其义。以感性的艺术化存在来强化理性的统治力凝聚，将社会规范转化为内在自觉，利用造型的象征促使社会秩序井然。"[98] 不同的几何形态所具有的文化、政治及伦理等含义也不尽相同。当然，几何化的造型语言在中国古代器物中也不全是为了礼制教化，同时也具有单纯的审美功用，它往往是在器物的整体形象上起到"轮廓"性的作用，一定程度上决定了器物的审美基调。在漫长的生产、使用与审美互动中，人们逐渐形成了对几何形态的群体性审美偏好，对这种偏好的总结是建立在民族构成、时代更替以及生产力发展等的基础之上的。

金银器作为工艺美术中的器物艺术，是在三维空间中的艺术塑造，它与建筑、雕塑等艺术形式一样，同时占有物理空间与立体空间。因此，对法门寺金银器造型艺术的研究，是建立在三维立体空间概念之上的，对其几何造型的分类与论述亦应采用立体几何的相关概念与方法。立体几何形态的基本构成元素是点、线、面，并由它们组成的具有质量和体积的物体。立体几何形态具有较强的规则性和封闭性，例如立方体、棱柱体、球体、圆柱体等。以往对金银器造型的研究，多聚焦于其形制的演变与分析，缺少从几何形态的角度进行深入梳理与解读，而几何形态恰恰是造型艺术的基础审美元素。法门寺金银器的几何形态相较于唐代金银器的其他发现，其样式种类更多、几何特征鲜明。法门寺金银器中所包括的几何形态主要为圆（球）形、方形、锥形、圆柱形等，这些几何形态多具有中心对称的造型特点。

一、圆形造型

华夏先民们在远古时期便提出了"天圆似张盖，地方似棋局"的"天圆地

---

① "制器尚象"一词，最早出自《易传》。《易传·系辞上》说："《易》有圣人之道四焉：以言者尚其辞；以动者尚其动，以制器者尚其象，以卜筮者尚其占。"通观《易传》，充满了"象"，"象"是《周易》的重要构成因素。《周易》中的"制器尚象"实际上是将有形之器同"卦"一样作为一种抽象的符号，通过对自然事物的模拟、类比和象征，以体现形而上的"道"。

方"之说，虽然此说法并不符合现代天文学理论，但是却体现出中华民族尚"圆"的审美偏好。自然界中的事物，包括生命体在内大都趋向圆形。如太阳、月亮既属于球体，亦可从中提取出圆形的轮廓。圆形是具有均等中心力作用的图形，其视觉效果完整而和谐。以阴阳共存的太极图为例，"阳"代表洁白、清澈与明亮，象征上升之力。"阴"则有厚重、混沌之义，象征下沉之力。在中国传统文化中，阴阳并非对立，而是互相吸纳、产生无止境的相持与流动。太极图的核心含义即为互补互融、圆融共生、循环往复。古人从静止的圆形中观察到了旋涡流动般的事物状态，并在文化基因中注入了一条传承不断的概念线索，使圆形具有了深刻的社会文化属性。饱满流畅的圆（球）形造型贯穿了整个中国古代的造物传统。

唐代金银器的整体与局部造型中含有大量的球形、圆形及圆口形造型，包括形制多样的圆形盒、盘、碗、盆、杯，以及精巧实用的球形金银香囊等器物。圆（球）形造型规整而对称，具有极强的装饰性，与时人的使用习惯相适应，同时也对应了国人追求团圆、圆满的生活理想。贡布里希在其《秩序感》中曾提到简单而纯粹的图形难以得到观者的注意，而如果图形过于复杂也会影响对它的欣赏。反映在器物上，我们可以发现圆（球）形造型的古代器物往往被付之于华丽的表面装饰，或者在圆（球）形器物的局部造型上进行一定的切割、旋转、位移和交叠处理，这一点在唐代金银器上表露无遗。

法门寺金银器中的圆球形、圆形及圆口形器物主要有：鎏金雀鸟纹镂孔银香囊、鎏金双蜂团花纹镂孔银香囊迎真身纯金钵盂、迦陵频伽纹小金钵盂、鎏金十字折枝花纹葵口小银碟、鎏金团花纹葵口圈足小银碟、鎏金团花银钵盂、素面圈足银圆盒、鎏金双鸳团花大银盆、鎏金鸿雁纹壹门座五环银香炉、素面银香炉并碗盏、鎏金团花纹银碨轴、鎏金摩羯三钻杵纹银阏伽瓶、三钻杵纹银臂钏、摩羯三钻杵纹银臂钏、仰莲瓣银水碗、盘丝座葵口素面小银盐台、鎏金银戒指等。其中最具代表性的是球形香囊、钵盂、银碟与银盆这四种器物的造型。钵盂与银碟接近唐代金银器中大量发现的碗与盘的形制，或者说就是碗、盘造型的变体。其他如银盆、香炉、盐台、碨轴、圆形盒、圆环状法器与首饰等圆形金银器物，一些极为罕见的孤例，一些与之前的器物无明显区别，还有的器物并非以"圆"为其主要造型特色，故在此处不加详述。

（一）圆球形香囊

法门寺金银器中，整体或主要部分为圆（球）造型的器物有：迎真身纯金钵盂、鎏金十字折枝花纹葵口小银碟、鎏金团花纹葵口圈足小银碟、素面银香炉并碗盏、鎏金团花银钵盂、素面圈足银圆盒、迦陵频伽纹小金钵盂、鎏金双鸳团花大银盆、鎏金鸿雁纹壹门座五环银香炉、鎏金雀鸟纹镂孔银香囊、鎏金双蜂团花纹镂孔银香囊、鎏金团花纹银碢轴、三钻杵纹银臂钏、摩羯三钻杵纹银臂钏、鎏金摩羯三钻杵纹银阏伽瓶、仰莲瓣银水碗、盘丝座葵口素面小银盐台、鎏金银戒指等。这些器物的数量是法门寺金银器几何造型中最多的，可见圆形具有极强的适用性。

其中的鎏金雀鸟纹镂孔银香囊和鎏金双蜂团花纹镂孔银香囊为完整的圆球体造型，是法门寺金银器圆（球）形造型的代表性器物。唐时的"香囊"又称"香毬"，最早记载于记述汉代生活的《西京杂记》，"长安巧妇丁缓者，为常满灯，七龙五凤，杂以芙蓉莲藕之奇，又作卧褥香炉，一名被中香炉。本出房凤，其法后绝，至缓始更为之，为机环转运四周，而炉体平，可置之被褥，故以为名。"[99]6球形金属香囊是唐代工艺美术的代表性器物。中国古代的球形香囊大多为金银材质，可分为四类：一为被中香囊，主要为薰被而用，其下常置有托盘；二为手持式香囊，具有暖手炉的功能，因此又称暖手炉。以日本正仓院藏唐代银香囊最为典型；三为袖香囊，一般在小私囊中放置，因此又称"香袖"；四是悬挂于房梁之上的悬挂香囊，这种香囊一般也为银制，用以熏屋、熏床等。法门寺出土的鎏金双蜂团花纹镂孔银香囊，体量硕大。另外，古代的皇室贵族在出行时将其悬挂在车上，西安沙坡村花鸟纹鎏金银香毬即当属此类。

法门寺出土的鎏金雀鸟纹镂孔银香囊，采用钣金成型，纹饰鎏金。上半球体为盖，下半球体为身，以铰链相连，子母口扣合。通体镂空，上下对称。半球体上散点分布三个圆形规范，錾有四只鸿雁，球冠有弧形等边三角形三枚。盖顶铆接环纽，上套莲蕾形环节，其上再连长链，司前控制上下球体之开合，香盂铆接于双层持平环上。香盂内底有鎏金团花一朵。径长5.8厘米、持平环径为3.8厘米×4.8厘米、盂深1厘米、盂径长2.8厘米、链长17.7厘米。重92.2克。

另一件，鎏金双蜂团花纹镂孔银香囊（见图3.1），采用钣金成型，通体镂空，部分纹饰鎏金。香囊为镂空球体，上下半球体用合页铰链连接，香囊中部有钩状司前。下半球体内设有两个持平环，铆接香盂于其中并与球体相连。球冠有圆钮，上接U形结构长链。链端套有环钩，链下端有莲蓉饰物。香囊内之香盂铆接于双层持平环上，环又与下半球形铆接，使香盂面始终保持平衡。上下球体均饰五朵双蜂纹团花，冠饰四蜂纹团花。球底饰折枝团花，通体为镂空的阔叶纹样。径12.8厘米、持平大环径10.5厘米、小环径9.5厘米、盂径7.2厘米、盂深2.3厘米、链长24.5厘米。重547克。

图 3.1　鎏金双蜂团花纹镂孔银香囊开启图
（图片引自《法门寺考古发掘报告》）

　　法门寺的两件银香囊，何家村窖藏中的银鎏金蜂鸟纹香囊，银葡萄花鸟纹香囊以及正仓院银香囊，此五件器物的造型基本相同。后三件器物皆属于唐代前期之物，相较法门寺出土的银香囊，其做工更加精细，装饰线条灵活纤细，动感强烈，纹样疏密有致。相比之下，法门寺银香囊的器体较薄，纹饰相对粗糙，镂孔细小，缺少唐前期的玲珑之美。在器物整体造型无异的情况下，比较其审美特征，唯有从装饰布局、纹饰造型及工艺美感进行考量。而镂孔的面积、数量和分布则是球形香囊装饰布局中的重点要素，它是调节圆球体空间闭合性的最有效方法。法门寺银香囊中镂孔形态的弱化，既源于时代审美的复归保守，也象征着工艺美感的取向改变。从唐代早期的球形香囊中可以看到，整个圆球形造型主要是由植物的"花、叶、茎、蔓"组合而成，且以"茎""蔓"为主要组成元素，纤细的"茎""蔓"产生强烈的线条感，并因此而产生了更多、更大的镂孔。而法门寺的两件银香囊却是以植物的"叶"为主要造型元素，宽大的叶片相互穿插、遮叠，仅在叶片之间留有少量镂孔，从而缺少了由"茎""蔓"带来的线条感，转而具有了更为强烈的闭合感，其整体造型在一定程度上也更加接近完整意义上的圆球体。许多学者认为法门寺银香囊的艺术美感与唐前期相去甚远，本文亦同意此观点，但不可否认的是，功能与工艺的变化很可能是导致这种现象发生的重要原因。法门寺银香囊体积的增大，表示其使用功能产生了部分改变，同时也导致其制作工艺产生相应的革新。如鎏金双蜂团花纹镂孔银香囊，此物应是悬挂于室内，为室内空间提供熏香的香囊，因此不仅需要其具有较大的体量以存放更多的香料，还必须保证香料的燃烧速度得到一定控制，因此或可推断，香囊表面镂孔越少，香囊内的空气流通越慢，燃香时间自然更为持久。此外，随着香囊体积的增大和器壁的相对变薄，工匠在进行镂孔操作时，势必需要考虑到器壁的耐受力，镂孔的面积越大，器壁越容易发生形变，因此减少镂孔的数量与面积或是为了在使用中保持器体造型稳固的设计方法。

（二）金银钵盂

法门寺出土的金银钵盂有：

鎏金团花银钵盂（见图3.2）。铸造成型，局部錾刻花纹、鎏金。直口，圆唇，鼓腹，平底。外壁中心饰有一朵阔叶团花，围绕其四周又散点分布五朵扁团花，口沿錾饰一周莲瓣。高3.3厘米、口径为9.1厘米，重82克。

图3.2 鎏金团花银钵盂
（图片引自《法门寺考古发掘报告》）

迦陵频伽纹小金钵盂。模铸成型，直口微敛，纹饰平錾，方唇，平底，腹外壁斜收，通体錾刻纹饰。内壁装饰有三重结构的纹饰，口缘饰有联珠纹一周，其下錾饰二方连续的卷草纹一周，腹壁錾有四只捧莲的迦陵频伽鸟纹饰，衬以缠枝蔓草纹和鱼子地纹。底部以一周莲瓣及莲蓬组成莲台状装饰，外壁口缘錾饰有二方连续缠枝蔓草纹，近底处錾饰仰莲瓣一周，高 3.3 厘米、口径 9.4 厘米、底径 3 厘米、器重 161.5 克。

鎏金团花银钵盂。铸造成型，局部纹饰鎏金。钵盂整体呈半球形。外壁中心錾有一朵团花，四周分散装饰五朵扁团花，口沿錾饰一周莲瓣。高 3.3 厘米、口径 8 厘米。器重 110 克。

迎真身纯金钵盂。锤揲与钣金成型。唇圆，斜腹下收，平底。通体光素无纹。高 7.2 厘米、口径 21.2 厘米、壁厚 0.12 厘米。器重 573 克。

齐东方先生在《唐代金银器研究》一书中将法门寺出土的金银钵盂归为圜底及平底碗类，是仅从器物的造型来划分的。如果抛开器物的使用功能不谈，单看造型，其确与唐代此形制的金银碗类一致。唐代金银器中的圜底及平底碗中，部分器物的口部微敛，也有的口部外侈，部分腹壁较直，也有的腹壁较斜，这些器物大都为孤例，很难从造型上判断其时代特点[10]73。在这些器物中，以凯波桃形纹圜底银碗、白鹤龙文圜底银碗、白鹤十字花纹平底银碗等与法门寺的金银钵盂造型接近。

器物的使用功能及更为隐匿的精神文化内涵对其造型有着重大的意义。法门寺出土的金银钵盂虽然与某些一般碗类造型近似，但其造型艺术的内在本质却与之截然不同。钵盂属于佛教法器中携行类道具（从属比丘六物及比丘十八物），一般为食器。古代常见的钵盂造型为圆形、略扁、钵口略小、平底。其材料、大小、颜色均有所定律，又作应器与应量器，是出家行者必用的制定之钵。《太于瑞应本起经》中载："如意所念，石中自然出四钵，香净清无秽。四天王各取一体，还共上佛。佛念取一钵不快余三意，便悉受四钵，累置左手中，右手按之，合成一钵，令四际现。"可知佛家钵盂是源自释迦牟尼佛的用物，佛祖涅槃后，其钵盂在印度逐渐演变为佛钵信仰。这种将佛钵视为佛祖本身的信仰与供奉形式，后亦传至中土。佛钵信仰中的钵盂与僧尼皆所持有的法器钵盂，性质并不相同，其造型也应有所差异。法门寺金银器中的钵盂，从其高贵的材质、精湛的工艺及供养无属性来看，应具有一定的佛钵信仰属性。出土于法门寺地宫后室的鎏金团花银钵盂，其器体较小，专家推断此类小型钵盂不仅是用作高僧的法器或食器，更可能是以其珍贵的材质及精致小巧的造型传递出一定的象征性，以其来供奉佛指舍利。另一组同时出土于后室的纯金钵盂（出土时为套叠放置），其中的迦陵频伽纹纯金钵盂，器高仅 33 毫米，其外层的素面纯金钵盂口缘有"文思院准咸通十四年三月二十日敕令造迎真身金钵盂……"的刻铭，这更充分指明其是专门用于迎奉佛舍利真身的特定仪式中的[100] 103。也基于此，法门寺金银器中的钵盂主要是用于供奉，因此其造型更多地体现外观的精巧，而非日常的实用，这便与唐代大部分金银碗类相去甚远。

（三）银碟

银碟的整体造型最接近平面上的圆形，因其具有极强的实用功能，因此得以在唐代金银器中占有很大的份额。碟与盘的形制相近，各类考古报告与相关论述中经常混用，从生活使用的角度，一般将形体较小的称碟，较大的称盘。法门寺共出土两组（造型相同，各10件）银碟，分别为：

鎏金十字折枝花纹葵口小银碟。钣金成型，局部纹饰鎏金。碟的边缘为五曲葵形，平底，浅腹。腹壁借凹棱造型分作五瓣，每瓣之内皆錾刻有一朵十字形折枝花，银碟中心位置錾饰阔叶团花一朵，口沿处錾有一周较为简单的莲瓣纹。单件通高为1.3厘米、口径为11.3厘米。

图 3.3　鎏金团花纹葵口圈足小银碟
（图片引自《法门寺考古发掘报告》）

鎏金团花纹葵口圈足小银碟（见图 3.3）。钣金成型，局部纹饰鎏金。碟沿为五曲葵口造型，平底，浅腹，有圈足。腹壁借凸棱造型分作五瓣，每瓣之内錾刻有团花一朵，银碟中心亦錾饰团花，口沿錾刻一周简化的莲瓣纹，圈足向外微撇。单件通高 1.9 厘米、口径 11.1 厘米、足高 0.7 厘米、足径 7.5 厘米，重 118.5 克。

法门寺金银器中两组银碟的造型皆为葵花形，葵花形盘（碟）的造型特点是盘口边缘为漫圆弧状。齐东方先生将唐代的葵花形盘分为四式：Ⅰ式为窄沿，平底，分瓣明显。Ⅱ式为宽沿，盘底多带有足。Ⅲ式为宽沿，分瓣较不明显，仅留有小幅度内凹。Ⅳ式盘的形制比Ⅲ式更趋简化，平面为四到五个不明显葵花瓣，盘体加深，部分带圈足，部分盘沿极窄甚至消失不见。这三式的葵花形盘（碟）的演进过程具有时间上的线性关系。法门寺的两组银碟属于第Ⅳ式，此式器物均属于 9 世纪的金银器物，这些盘（碟）的造型因葵花瓣不明显而显得更加趋向于圆形。法门寺的银碟整体器形较小，器壁也较薄，造型明显不如唐前期的工整，纹饰也较为简单，其造型风格轻巧、柔弱，与盛唐时期的雍容华贵对比鲜明。从几何形态来看，葵花形虽然接近圆形，但如与正圆形盘（碟）相比，其视觉张力偏弱，散发出一种含蓄内敛的阴柔气息，这与晚唐社会的整体审美非常一致。

（四）银盆

鎏金双鸳团花大银盆。器物主体浇铸成型，盆壁分作四瓣，每瓣内錾饰有石榴团花两朵，花间衬有流云纹。团花中錾刻出一双呈鼓翼之态的鸳鸯，两两相对。盆底模冲、锤揲出大团花一朵，团花由一对嬉戏中的鸳鸯与阔叶石榴组成，四周施有鱼子纹，团花具有明显浅浮雕效果。盆壁内外的纹饰完全相同，如透雕而成，此种装饰手法与苏绣中的双面绣效果一致。盆外壁的两侧各设有一兽面铺首，铺首用铆钉固定在器壁纸上，铺首上皆錾刻"王"字标示，口衔有圆环，环上接提耳，圈足向外微撇，外饰莲花纹。盆底的外壁錾刻有"浙西"二字，浙西即唐代"浙西道"，办公驻地在今江苏镇江（唐称润州），是中晚唐时期南方金银器制作的中心。此银盆是目前国内出土的银盆中体积最大的一个。

"唐代筵席上多以盆为盛酒之器，其口径多大于三十厘米，法门寺地宫出土的这件银盆的造型与内蒙古鄂尔多斯出土的银金花摩羯戏珠纹四曲盆十分接近。文献中记载玄宗赐给安禄山的金花大银盆，也应是这一类器物。"[101]172-173北宋的王钦若、杨亿等编纂的《册府元龟》中也有关于以大银盆盛酒的事例。《法门寺考古发掘报告》[5]中将此银盆归于盥洗器类别，目前关于此盆究竟为盛酒器或是盥洗器并无定论。将其定性为盥洗器的根据主要来源于其上的纹饰，如盆底遍布细密的鱼子纹、器底中心与器壁上的鸳鸯与石榴团花图案，都是以多子多福、幸福美满为主题。一些学者由此推测其可能是宫中专为婴儿洗身仪式所用的器具。再者，此银盆出土前在地宫中的位置为后室中部，其四周各置有一尊盛放香花水用的阏伽瓶。由此种摆放布局，可推测此银盆可能是被当作了浴洗佛像用的"浴佛盆"。相传释迦牟尼佛降生之时，大地震动，空中九龙口吐香花之水，为佛沐浴。各国佛教徒常用洗浴佛像的仪式来纪念佛祖诞辰。

此银盆体形硕大，整体造型厚重、饱满，与晚唐金银器纤细、柔美的整体造型风格似有冲突，应作为个例对待。目前发现的唐代金银器实物中，此种形制的器物极少，仅丁卯桥摩羯纹银盆与之相似，但其艺术效果远不及法门寺银盆，可见此器物应为宫中的珍宝，以此器供奉于佛寺，反映出当时皇室对佛教的极力推崇。

二、方形造型

方形（矩形），由四条直线（或弧度偏弱的弧线）构成，方形一经构成，还会产生四个直角，加上闭合图形及其外部空间，所得整体远大于局部之和。由于金银器属于三维实体，故本文主要的研究对象实际上是由平面的方形所组成的长方体或立方体。长方体即底面为长方形的直四棱柱体。长方体由六个面组成，相对两面的面积相等，其中可能存在两个面为正方形（可能有四个面同为长方形，也可能全部六个面皆为长方形）。立方体，又称正方体，它是由六个正方形面组成的正多面体，故也称为正六面体。长方体和立方体都有十二条边和八个顶点。正方体实为特殊的长方体。

中国古代有"天道成规"与"地道成矩"的说法，"矩"即为"方"之意。中国传统文化中"天"与"地"的地位象征并不相同，"地"是"天"的基层单位。中国封建社会的最高统治者——"天子"即以"天"为象征，其权力号称天授。"地"作为"天"的统治对象，具有极强的秩序感，这种秩序感是禁锢世人思想、约束臣民行为的重要方式。如唐代长安城的整体布局，以方形为基本结构，形成秩序感极强的方形建筑序列。此外，中国的汉字也具有方形的秩序感，文字作为思想文化的载体，其视觉形象与语法逻辑一同体现着民族意识的本质特性。方形既代表秩序，也代表专制。儒家思想中的"立地之道，刚柔并济"体现在造型上，即为方与圆的辩证关系，"方正与中庸之道"是方形所体现的社会文化心理，其深植于中国古代的器物造型之中。

　　在唐代金银器中，方形造型的器物在数量上远不及以圆形造型的器物。方形造型的器物在唐代金银器中多以函、盒的形制出现，且以法门寺地宫出土的金银宝函为大宗。因此，方形造型成为法门寺金银器造型的重要类型，也是构成法门寺金银器造型艺术风格的重要因素。法门寺金银器中，整体或主要部分为方形（长方体、立方体）造型的器物有：鎏金双凤衔绶御前赐银方盒、金筐宝钿珍珠装纯金宝函、六臂观音纯金宝函（见图 3.4）、鎏金如来说法盝顶银宝函、素面盝顶银宝函、鎏金四天王盝顶银宝函、鎏金鸿雁流云纹银茶碾子、鎏金仙人驾鹤纹壶门座茶罗子、素面委角方银盒、鎏金四十五尊造像盝顶银宝函、智慧轮纯金宝函、智慧轮壶门座盝顶银函等。

图 3.4　六臂观音纯金宝函
（图片引自《法门寺考古发掘报告》）

　　法门寺金银器中的方形器物，除茶罗子外，其他皆为收藏、保存物品的器具。其中的五具金银宝函从属于专门为珍藏佛指舍利而打造的"八重宝函"。这类具有容纳功能的方形器物从广义上讲皆属于家具中的皮具范畴。皮具，即为具有收纳物品功能的家具。从造型的角度划分，唐代的皮具又可分为橱柜与箱盒两大类。唐人住宅的室内陈设经常因时节、礼仪等因素进行调整与改变，因而对具有收纳功能的家具需求迫切，各种大小不一的皮具成为唐代社会生活中不可或缺的器物。法门寺金银器中的方形器物因属于唐代皮具中的箱盒之类，其造型风格与艺术特色亦与同时期的其他箱盒类皮具相一致，但因其还具有特殊的宫廷与宗教的身份和背景，且材质贵重，必定卓然于同类。

　　箱盒一般指平底无脚，上部设有可开合盖子的皮具。一般把大型的箱子皆称为"箱"，小型的则多以"盒""箱"混称。其中大型的箱子多为木质，功用以容放衣服等生活日用品为主，小型箱盒的质料种类更加多样，金属、木、石等皆有运用，且多以容放贵重物品为主要功用。小型箱盒携带方便，制作更为精致。盒盖与盒身以合页相连，且多见配锁。唐代的小型箱盒还有多个别称，如"笥""箧"等，多用竹藤类材料编制成型，轻便易用，常作收藏衣物、妆奁、文书、财物等用。《新唐书》中载："景龙二年，后自言衣笥有五色云，巨源倡其伪，遂劝中宗宣布天下，帝从其言，因是大赦。"[102]4376《煎茶水记》有云："余醒然而思往岁僧室获是书，因尽箧，书在焉。"[103]以木及金属制作的小型箱盒，又常被称作"匣""奁""函"等。《旧唐书·李令问传》中载："凤翔府司录参军，诣阙进高祖，太宗所赐卫国公靖官告、敕书、手诏等十余卷……其佩笔尚堪书，金装木匣，制作精巧。"[104]2482-2483《东观奏记》中载：唐肃宗"因命左右便殿中取一怪木小函子来，扃锁甚固，谓敏中曰：'巧郎说卿文字，便以赐卿，若听颢言，不任卿如此矣。'归后，益感上聪察宏恕，常置函子于佛前，焚香感谢"①。从古籍文献中箱盒的称谓可见，唐时对此类器物的称谓是以其自身和所装藏物品的珍贵程度而定的，所以"函"应属于极高的品类，法门寺金银器中的"宝函"即属此类范畴。现存可见的图像与实物资料中的方形箱盒，大多为盝顶造型，部分器物的下方带有壶门造型。"盝顶"是中国古代传统建筑中的一种屋顶样式，其顶部设有四个正脊围成平顶，下接庑殿顶。"壶门"是中国古代建筑、家具、器物中常见的造型与装饰样式，本章下文中将予以详细论述。出土于陕西乾县永泰公主墓的石椁上，有仕女手捧小箱的线刻图像，画面中的小箱带盝顶，下部有壶门形底座。在西安唐高祖李渊之女房陵公主的墓中壁画上，亦绘有手捧盝顶小箱的仕女。与法门寺方形金银盒、函同时出土的檀香木银棱盝顶木函（出土时已残），函体檀香木呈深褐色，其正面装饰有象鼻，设有曲锁，背面的上下口沿以两个银质圆环相连，并用银质圆头铆钉把八

_____

① ［唐］裴庭裕. 东观奏记三卷［M］. 石印本. 上海：进步书局，1931：154.

个银质錾金花饰片固定包镶于宝函的边角上。将木质皮具的边角用金属饰件包镶，为明清常见的家具制作与装饰工艺，具有装饰和加固结构的双重功效，同时也具有防撞抗磨的作用，此函类器物显示出该工艺早在唐代即已成熟。"八重宝函"中的木函更加印证了方形金银宝函与唐代木质家具的联系，其造型的高度一致说明金银函实为唐代皮具的一种，只是鉴于其材质的高贵，其所容纳的物品可能比金银的价值更高。

唐宋时还常将带有盝顶的方形箱盒称为"盝子"。《旧唐书·李德裕传》中载："昭愍皇帝童年缵历，颇事奢靡。即位之年七月，诏浙西造银盝子妆具二十事进内。德裕奏曰：'……去二月中奉宣令进盝子，计用银九千四百余两。其时贮备，都无二三百两，乃诸头收市，方获制造上供。"[104]4511-4512《中国文物大辞典》中解释为："盝顶盒"又名"盝子"，古代的小型妆具，以髹漆器具为多，常常多重套装，盖与盝状体相合，方形，盖顶周围四面下斜。[105]696唐代的"盝子"之所以常常做成多重套装形式，主要是为了显示其最内层乘装之物的宝贵，这与法门寺乘装佛指舍利的"八重宝函"在器物内在价值属性上颇为一致。另一方面，以"八重宝函"中的盝顶金银函为代表的法门寺方形金银宝函主要功能为盛装佛舍利，即"舍利容器"，目前学界对于此类盝顶方函的造型来源仍在讨论之中，其造型的社会与宗教象征是讨论的重点。有学者认为，古人将方函与盝顶盖组成的结构视作一个"宇宙模型"，它源自东汉以来所流行的"覆斗顶"方形墓室，此建筑形式多与墓室壁画相结合用来象征宇宙。[106]之后又有学者根据陕西耀州的神德寺石函及其表面纹饰，认为方形石函具有的四方造型能与其纹样图像所呈现出的方位意识相结合，从而表现出中国传统思想中的宇宙观念。[107]这两种观点本质上都源自学界对于中国古代墓葬传统中覆斗形墓室空间的象征性解释。[100]85"宇宙模型"的概念仅可适用于瘗藏舍利的盝顶方函，而作为日用器物的妆具，"盝子"必不具此意。无论盝顶方函的造型来源究竟为何，此种造型在法门寺金银器所处的唐代必定是较为常见的器物造型样式。

在《法门寺考古发掘报告》[5]中，对诸金银宝函的造型描述基本相同，大体皆为：钣金成型，外壁抛光或纹饰鎏金，函身方正，盖作盝顶，盖与身用铰链相连，司前贯有锁钥等。可见，法门寺金银器中的方形器物造型彼此几无分别，而且方形器物的造型特征即为简练、周正，无须大加语述，研究者们往往将研究重点放在这些方形器物的表面纹饰上。但是，如细窥其造型的局部细节，仍可发现些许端倪。唐代的方形金银器基本皆为箱盒类，除法门寺金银器外已发现的还有何家村孔雀纹盝顶银宝函，以及藏于日本大阪市立美术馆的大阪方形银盒，后两者的用途皆与佛教无关。从这两件器物上可以发现，其方形造型相较于法门寺出土的同类器物，造型更加硬朗，函（盒）体棱线更显笔直，组成方体的各个平面更加平整。反观法门寺金银器中的方形器物，其函（盒）体棱线大多向外微凸，各平面皆凹凸不平（个别素面器物除外），方形整体造型趋向圆融，鼓胀感明显。再同唐之后的同类器物相比较，亦可发现法门寺方形器物造型的不俗之处，如辽代的鎏金兔纹盝顶银宝函等，其造型特征皆与唐前期的何家村孔雀纹盝顶银宝函等相近。究其原因，不外有三：首先，法门寺金银器的制作时代为晚唐时期，受此时期社会动荡、国家财政日紧的影响，工匠数量急剧减少，无法与盛唐时期金银器的精工细作相比，可能导致可供用料减少、工时缩水、放松工艺要求的现象；其次，由器物特殊用途（密教供养）所决定的器物表面装饰，要求在方体各面用锤揲、錾刻的手法制作复杂的浮雕状图案，导致金属片材的不规则延展；最后，可能设计与制作者刻意追求饱满、圆融的视觉效果，以体现佛教教义与供奉着的虔诚之心。有关制作工艺，将在本文第五章进行详细论述，单从造型艺术的角度看，即便当时的设计与制作者未考虑上述问题，仅从器物本身的造型特征来讲，其具有方正与圆融兼备的艺术特征。佛教关于圆相的特征，在天台宗的经典《辅行记》中有云："圆者全也，……即圆全无缺也。"《四教仪》中又有"圆以不偏为义"的说法，即圆相为圆满无缺，乃一切形状之中最为完美的形状。佛教崇尚"圆"之美的观念表现出对世俗审美的认同和随顺。由此或可推断，以"八重宝函"中的金银方函为代表的法门寺方形金银器，其造型之所以方中带圆，与其独特的佛教功用或有着内在关联。

另一件代表性方形器物为：鎏金仙人驾鹤纹壶门座茶罗子（见图3.5）。其采用锤揲与钣金成型，局部纹饰鎏金。器物造型为长方体，整体由盖、罗、屉、罗架及器座组成。盖顶为盝顶状。罗、屉均作匣形。罗分为内外两层，罗体内中夹罗网（出土时，此茶罗中有残存纱罗，落网极细密），屉面有环状拉手。罗架下焊接台形器座，四面有桃形镂空壶门。

法门寺出土的这件银茶罗是目前发现的唯一一件唐代银茶罗，珍贵异常。关于罗茶的记载，最早可见到的相关文字便是在《茶经》中的记述。《茶经·五之煮》有云："末之上者，其屑如细米。末之下者，其屑如菱角。"意思是说，茶末需细，又不可太细，细如细米为好，细如缥尘就已废掉了。唐朝吃茶用烹茶法，茶末入水烹煮时，太粗易沉于水底，太细则会随风而飘。法门寺茶具诞生于晚唐，据学者考证，当时已出现"点茶法"① 的雏形，这一时期正是烹茶法与点茶法并用时期，法门寺银茶罗细密的残罗底正印证了这一观点。

图 3.5　鎏金仙人驾鹤纹壶门座茶罗子
（图片引自《法门寺考古发掘报告》）

法门寺银茶罗与陆羽《茶经》中的罗合相比，其质料与造型更显典雅华贵，极具皇家风范。此茶罗的长方形结构迥异于陆羽用竹节制作的圆茶合，从中可看出宫廷茶具与民间茶具的区别，同时也反映出陆羽对自然主义造物观的尊崇。② 而从另一个角度来看，陆羽《茶经》的成书年代比法门寺茶具诞生早将近一百年时间，也或许这期间茶具的造型会有所变化。

法门寺银茶罗的整体造型与同时出土的方形金银宝函十分相似，皆为方形、盝顶。不同点为，银茶罗整体造型为长方体，金银宝函则大多接近正方体；银茶罗焊接有带镂空壶门造型的底座，金银宝函中除智慧轮壶门座盝顶银函之外

---

① 宋代，中国的饮茶方式发生了变化，点茶法成为时尚。和唐代的烹茶法不同，点茶法是将茶叶末放在茶碗里，注入少量沸水调成糊状，然后再注入沸水，或者直接向茶碗中注入沸水，同时用茶筅搅动，茶末上浮，形成粥面。此种方法要求茶末极细，如此方能入水着盏了无水痕。

② 《茶经校注·前言》："在《茶经》中，陆羽秉着自然主义的态度，以林谷山泉隐逸生活为基点，以器具和饮用程式的规范化为载体，追求社会的秩序化与人们行为的规范化。"

均无底座；顶盖开启方式不同，银茶罗为向上直开式，器身没有铰链和锁扣；银茶罗一侧有环状屈扭。

银茶罗的造型反映出盝顶造型在唐代方形金银器上的运用之广，几乎到了但见方形金银器物必配有盝顶形顶盖的程度。此外，从器物上的铭文来看，除"八重宝函"制造时间不能确定以外，其余三件金银宝函均造于咸通十二年，而银茶罗的制造时间为咸通十年，仅相隔一年。由此可提出推论：法门寺银茶罗的造型有可能借鉴了金银宝函的造型语言，但是这种借鉴更多的是因为二者具有一致的工艺基因，造型的挪用相对便利。而这种造型在当时工艺美术领域（包括家具等）的全面风行才是问题根本。我们可以从唐代家具中找到与法门寺银茶罗造型更为接近的例子，如日本正仓院所藏的漆缘篷簇双六局龛，以及苏州瑞光塔楠木黑漆嵌螺钿经箱（见图3.6），这两件长方形家具的整体造型与法门寺银茶罗如出一辙。总结这些长方形的器物的造型与功能的联系，可以得出如下结论：长方形（体）造型的物品一般都具有较强的实用价值，这一点古今相通，无论是家具中的床榻、几案还是建筑中的窗扇、门板皆以长方形为基本造型。法门寺银茶罗是一件实用性很强的器物，其造型充分体现了器以致用的造物设计原则。

图3.6 苏州瑞光塔楠木黑漆嵌螺钿经箱
（作者自摄于苏州瑞光塔）

三、圆锥形造型

圆锥又称圆锥体，是一种三维几何体，是由平面上的一个圆以及它所有切线与平面外一个定点所确定的平面围合成的形体。平面上的圆形被称为圆锥的底面，平面外的定点称为圆锥的尖端或顶点，顶点到底面所在平面的距离称为圆锥的高。"圆锥"一词通常用来指代正圆锥，即圆锥顶点在底面上的投影为圆心的形体状态。正圆锥亦可被定义为一个直角三角形以其一条直角边为轴旋转一周所得到的几何体，本文涉及的圆锥概念皆为正圆锥。

圆锥形造型相对于圆形及方形造型更具方向感。当圆锥的顶点在上、底面在下时，广阔的底面作为接触面向下（地面、桌面等）传递重力，因此会产生极强的稳定感；与之相反，顶点在下、底面在上时，物体的重力凝聚于尖端，产生向下的方向感及强烈的紧张感。这些造型所包含的力的关系与人们日常经验中的重力场联系密切。前者所呈现出的稳定关系体现了机械的物理力，后者的紧张感体现了生物的生长力，即是对重力的反抗。

在中国古代器物中，以圆锥形为器体造型的器物很多，但其造型多在标准圆锥体的基础上有所变化。如出土于甘肃定西市陇西县吕家坪的彩陶旋涡纹尖底瓶。尖底瓶，流行于距今 6500 年前的新石器时代，属于仰韶文化的一种陶器，一般为细颈小口、斜肩鼓腹、器体瘦长、尖底、腹部两侧有对称双耳。彩陶旋涡纹尖底瓶的造型即属于顶点在下底面在上的圆锥体。其造型具有明显向下的视觉引导性，再加上器体表面的旋涡状纹饰，展现出原始社会特有的自由与律动的审美取向。除了新石器时代的尖底瓶，中国古代器物中很少再能见到顶点向下的器物造型，这既与生产、生活方式的改变有关，同时也体现了社会文化心理及集体审美意识的变迁。在中国漫长的封建社会时期，圆锥形造型主要以其稳定感和向上的升腾感为器物造型的摄取要素。

法门寺金银器中的鎏金卧龟莲花纹五足朵带银香炉并鎏金双凤纹五足朵带银炉台、壶门高圈足座银香炉（见图 3.7）、鎏金银羹碗子虽然并不是标准的圆锥体，但具备圆锥体的基本形态特征，是法门寺金银器造型艺术多样化的具体体现。这些器物皆给人一种稳定、庄严、升腾之感。其中前两件器物皆为香炉，后一件有学者认为其亦为香炉，可见法门寺金银器中的圆锥形造型多少都与佛教的熏香器有关，这体现了器物的功能与造型的关联。这种近似圆锥形造型的器物，更能体现当时工匠对器物整体造型的把控能力。

图 3.7　壶门高圈足座银香炉

（图片引自《法门寺考古发掘报告》）

四、圆柱形造型

圆柱体是由上下两个底面及一个侧面组合而成的。在同一平面内有一条定直线和一条动线，当这个平面以这条定直线为轴旋转一周时，动线所形成的面称作旋转面，这条定直线称作旋转面的轴。圆柱体的上下两个底面为完全相同的圆面。两底面间的距离为圆柱体的高。圆柱体的侧面为一个曲面，侧面展开后是一个正方形、长方形或平行四边形。

圆柱形造型的器物一般以正圆柱体（侧面展开后为正方形或长方形）的造型为主，也有上下两个底面并不完全相同的近圆柱形造型。圆柱体具有纵向的视觉方向感，容易使人联想到建筑中的立柱形象，无论西方的罗马柱还是中国古代建筑中的立柱，其主体造型皆为圆柱体。一定数量的圆柱形造型并置在一起，可以产生强烈的秩序感，而以单体存在的圆柱形造型则具有一定的向心性。

法门寺金银器中属于圆柱形造型的器物主要有：鎏金壶门座银波罗子、鎏金伎乐纹香宝子和鎏金人物画银香宝子等。

图 3.8 鎏金壶门座银波罗子

（图片引自《法门寺考古发掘报告》）

鎏金壶门座银波罗子（见图 3.8）组合后的整体造型为典型的圆柱形造型，其形制亦可称为多层带榍套盒。其出土时为五件一组，共两组。采用锤揲、切削成型，器腹外壁鎏金，相邻两件以子母口扣合。浅腹，直口，平底，带壶门座的圈足。器内底部焊有十字形的格架，圈足设有镂空的六扇壶门。每件通高为 3.8 厘米、口径为 10.3 厘米、底径为 11.2 厘米，重 250 克。此器可供分别乘放不同类别的食物，既显美观，又一定程度上降低了不同食物间的相互影响，实际上既是一种多层多榍式的套装食盒，便于套叠挪运，也便于进食时分散摆放。从造型及功能来看，其应是由魏晋南北朝广为流行的多子盘榍演化而来，其起源更早则可追溯到战国与两汉时的多子套奁。扬之水先生以及刘呆运、王仓西老师认为"波罗子"应称作"曡子"更为准确。[108]94-96 从目前考古发掘出土的实物情况来看，这种盛食器最早或出现在西晋时期，到东晋及十六国时期开始盛行。进入隋唐后，这种器物重新出现，不过已不是寻常百姓所用之物，而多作为佛教寺院中的供佛用具，这一点在敦煌文书记载及法门寺出土的这十件波罗子（银质金花曡子）中都可得到印证。[109]286-292 组合状态下的鎏金壶门座银波罗子具有典型的圆柱体造型特征，几何美感强烈，同时此种造型也体现出设计者对使用功能的高度重视。

第三节 法门寺金银器中的仿生造型

与几何造型相对应的，是自然界中客观存在的自然物（以动植物为主）的造型。唐代金银器具有丰富多样的造型语言，除了规整且力量感十足的几何造型之外，还有许多具有浓郁生活气息、自然美感的仿生造型。自然界中存在着各种符合人们审美需求的形态，人们在造型活动中通过对自然物形态的模拟，创造出别具美感与实用功能的器物。运用于工艺美术中的"仿生"，是将自然生物的外在特征和内在结构用外化的形式语言展现出艺术化、个性化的创造性活动，具有强烈的生命特征。[110]"仿生"虽然是现代设计中的概念，但早已存在于中国传统造物活动中。在考古学及历史文献学研究中常用"象生""肖形"等词语形容模拟自然形态的器物，并作为划分古代器物形制的因素之一。仿生造型在唐代之前的陶器、漆器、青铜器等工艺美术门类中早有应用，并且已经形成了一种以动物造型为主要仿生对象的设计范式。在距今 5000 年左右的新石器时代中期，就已出现原始的仿生造型。动物仿生范式的集中体现是在商周时期的青铜器上，此后从未间断，贯穿了整个中国古代工艺美术（器物艺术）发展历程。唐代金银器的仿生造型沿着前代各工艺美术门类中仿生造型的发展轨迹，在传承前代造型经验的基础上，结合时代审美、材料特性、工艺革新等因素进行了独具特色的创新与发展。

"天人合一"是中国古代哲学思想的基本信念，古人善于将自然万物与自身相关联。以比德、寓意等方法赋予自然之物以高尚的品格，用吉祥美好的寓意来互致祝福。唐代金银器造型艺术也体现出这种精神理念，以形表意，借形喻理，使器物成为寄托生活理想的物质载体。从整体上看，唐代金银器的仿生造型以植物类仿生造型为主，一改前代（特别是商周青铜器）以动物仿生造型为主的造型范式。具有喜乐、安康等吉祥寓意的植物形态遍布于唐代金银器造型的整体与局部之中。唐代金银器的仿生造型，反映出唐代工艺美术的艺术追求开始回归自然与现实生活，是唐人对中国古代金银器艺术发展的突出贡献，并对后世金银器造型演产生了深远的影响。

现代的仿生设计理论将仿生类型大体归纳为："形态仿生、质感仿生、肌理仿生、功能仿生、结构仿生、和意象仿生。"[111]唐代金银器中大部分仿生器物都是将自然生物的形态进行抽象，进而用凝练后的视觉符号与人记忆系统中的事物产生关联性认知，这也是图案化视觉表现的特征之一。因此唐代金银器大多以"形态仿生"与"意象仿生"相结合的方式进行器物造型设计。而在法门寺金银器中，"意象仿生"的成分正在减弱，器物有走向单一的"形态仿生"的趋势。

法门寺金银器中的仿生造型虽然数量不多，但却是法门寺金银器造型艺术的重要组成部分。其中属于植物类仿生造型的有：鎏金银羹碗子、摩羯纹蕾纽三足架银盐台、仰莲瓣银水碗、银芙蕖。属于动物类仿生造型的有：鎏金银龟盒、鎏金卧龟莲花纹五足朵带银香炉。在这些器物当中，一部分器物的整体造型为仿生形态，最为典型的便是鎏金银龟盒；另一部分器物的局部为仿生形态，此种仿生造型在法门寺金银器乃至唐代金银器中最为常见，如鎏金卧龟莲花纹五足朵带银香炉。

一、植物类仿生造型

唐代工匠们将具有动人之姿和悦目之色的植物形态融入金银器的造型之中，可谓独具匠心。这些被模拟的植物以花卉、瓜果等形象为主。这些造型生动、充满世俗情趣的器物，让我们感受到了唐代五彩缤纷的现实生活以及欣欣向荣的文化艺术。唐代金银器中的植物造型之所以得到飞速发展，与唐人对花卉、果木的深入认识关系密切，也反映了社会生产力的发展与提高。"唐朝开国以来，人们的宗教信仰与思想观念日趋多元，社会审美逐渐摆脱了神化思想和宗教意义的束缚，转而以自然界中的植物为欣赏对象，获得了思想上的解放。另外，富足的生活致使普通百姓也开始参与到美的创造之中，进而又反向影响了王公贵族的审美趣味。"[10]130在这种时代和社会文化的大背景下，植物无论是作为造型手法还是装饰纹样，都开启了其繁荣发展的道路。

植物类仿生造型是将植物的外在形态运用于器物整体或局部造型上的一种造型艺术类型。唐代金银器中的植物类仿生造型主要有海棠形、菱花形、葵花形、莲荷形、菊花形、叶子形及瓜果形等。其中的海棠形器物包括：西安摩羯纹金长杯、法门寺双鸿纹海棠形银盒、凯波高足银长杯、西安鹦鹉纹银长杯等；菱花形器物包括：西安金背瑞兽花枝镜、河北宽城银菱花形鹿纹三足盘等；葵花形器物包括：何家村飞廉纹葵花形银盘、何家村熊纹葵花形银盘、八府庄狮纹葵花形银盘、正仓院鹿纹葵花形银盘等、法门寺鎏金十字折枝花纹葵口小银碟、法门寺鎏金团花纹葵口圈足小银碟等；莲荷形器物包括：法门寺鎏金银羹碗子、法门寺摩羯纹蕾纽三足架银盐台、法门寺仰莲瓣银水碗、法门寺银芙蕖、丁卯桥荷叶形银器盖等；菊花形器物包括：陕西省博物馆藏（吴云樵旧藏）银鎏金菊花纹钗；叶子形器物包括：大都会银缠枝纹叶形盘；瓜果形器物包括：何家村银鎏金龟纹桃形盘、何家村银鎏金双狐纹双桃形盘、弗利尔银瓜形盒等。

法门寺金银器中的植物类仿生造型包括：鎏金银羹碗子、摩羯纹蕾纽三足架银盐台、仰莲瓣银水碗、银芙蕖、鎏金十字折枝花纹葵口小银碟、鎏金团花纹葵口圈足小银碟等。其中以莲荷形态的仿生造型最具代表。

唐代金银器中以莲荷形态作为造型语言的器物在餐具、茶具、酒具及宗教用具中多有出现，是唐代佛教文化、茶文化、酒文化的重要载体。法门寺金银器中的植物类仿生造型亦以莲荷造型最为典型。莲荷是中国传统艺术中最常见的植物题材之一，但在器物的造型中，却大抵是莲瓣与荷叶，且荷叶的运用尤多，这与其颇饶韵致的起伏之状有关。伴同花卉等植物题材的崛起，自盛唐始，便有了荷叶形的银杯，但是莲荷造型的真正风靡，还要到唐代后期，尤其是在晚唐，如《唐摭言》中所提及的莲花状金烛台等。"法门寺地宫里出土的银芙蕖，其来历自然出自佛家经典，不过，丹徒丁卯桥窖藏和临安水邱氏墓中的荷叶形银盖就一定是植根于世俗的喜爱了。此外，中国形如荷叶的器皿基本制作在南方，这同那里常以荷叶包裹食物应该也有联系。"[112]184这种联系体现了唐人从日常生活中提取审美素材的卓越能力，而这种审美素材逐渐跨越了地域与风俗的界限，成为一定时期的集体审美意识。唐代作为中国佛教发展的全盛时期，此时，在佛教与中国传统文化不断融合的过程中，莲荷造型也随之发展与演变，并呈现出了丰富多样的造型样态。莲花亦称芙蕖，是佛教密宗十大供养物之一，乃灵魂孕育之处。莲花在佛典中被喻为往生之所托，也是佛之净土的化身，故佛前多供养莲花。因佛多置身于莲花之上，故佛座亦称为莲花座。随着佛教在唐代社会的影响力不断增大，唐代后期各类器物皆多应用莲花造型。此外，莲花花朵的多瓣造型相较单纯的几何式多曲造型，更加符合唐人追求自然美感的审美感受。

（一）鎏金银羹碗子、银摩羯纹蕾纽三足架盐台、仰莲瓣银水碗

鎏金银羹碗子（见图3.9）。锤揲与铸造成型，局部纹饰鎏金。器物分为

盖、碗、足三部分。盖面隆起，呈半球形造型，盖顶设有智慧珠状捉手，下有仰莲瓣形座。座周饰如意卧云四朵，云头与花瓣处镂空，有散热和使羹汤香味外逸的作用。盖有立沿，碗的外壁为双层仰莲瓣。下方有卷荷状高圈足，圈足表面錾刻有荷叶叶脉。通高9.8厘米、盖高4.5厘米、碗盖径6.6厘米、口沿宽0.6厘米、腹深2.4厘米、足高2.7厘米、足径8厘米。器重213.5克。

图 3.9　鎏金银羹碗子
（图片引自《法门寺考古发掘报告》）

银摩羯纹蕾钮三足架盐台（见图 3.10），是以莲荷形态为主要造型语言的唐代金银器，造型颇富想象力，非常生动美观。盐台由荷叶形盖、莲花图案台盘、莲蓬形底面、荷叶茎形的足架共同组合而成。盖上有莲蕾状捉手，捉手内部中空，配有铰链可作开合，铰链同时连接盖与银筋。盖心錾饰一朵团花，盖面錾饰有四尾摩羯，盖沿的卷边造型，自然而象形。荷叶茎与叶脉的錾刻十分精细，錾线流畅，疏密有致，使其更加逼真。台盘下面的三只足架用银筋盘曲制成，足架中部斜出四枝，枝端有两尾摩羯、三枚智慧珠作为附件装饰，新颖别致。珠下且有莲蓬座，座下衬以团花，珠周有火焰纹。这件三足架上錾刻有"仙童九年文思院造银金涂盐台一只，并盖重一十二两四钱，判官臣吴弘愨、使臣能顺"，另有"四字号"和"小药焊"等字。通高27.9厘米、盖高11.2厘米、盘高1.6厘米、架高15.8厘米、盘口径7.8厘米、口外径16.1厘米、腹深1.5厘米。器重564克。此盐台制作工艺精湛，造型优美雅致。器物整体造形犹如一只玉立的莲荷，器物造型的画面感极强，生活气息浓郁。与崇尚丰满、华贵的盛唐相比，此器物展现出晚唐金银器纤巧的造型风格和丰富的空间效果。此银盐台与《茶经》中提到的贮盐容器"鹾簋"描述基本一致。唐代煮茶时需放入适量的盐。唐人嗜茶，以宫廷为首的上层贵族为饮茶赋予了更具文化内涵的精神因素，加上其对金银材质的钟爱，进而促成了如此精美、高贵的金银茶具。

图3.10 银摩羯纹蕾钮三足架盐台
（图片引自图片引自《法门寺考古发掘报告》）

仰莲瓣银水碗（见图3.11）。（一对两件，形制相同）模冲成型，纹饰平錾，鎏金。侈口，尖唇，圈足。碗壁为双层仰莲瓣，下层索净，上层莲瓣之忍冬卷叶边与石榴形蕊心鎏金。口沿尖瓣之间饰以扇形花瓣，一圆形花叶托于双层莲瓣之下。圈足为卷荷，喇叭圈足之胴体上錾四片向上翻番的荷叶，荷叶边饰为露头隐尾之摩羯鱼。外底錾有"衙内都虞侯兼押衙、监察御史安淑布施，永为供养"发愿文。圈足有墨书符号。高8厘米、口径16厘米，重223克（另一222克）。这种以莲花和荷叶为器物主体造型、口沿为尖瓣状的银碗，从使用层面来讲与一般的饮器差别较大，应该是举行佛事活动的专门用具。此银水碗与唐前期的何家村鸳鸯莲瓣纹金碗相比，造型更加注重写实，莲瓣造型的图案化明显弱于后者。法门寺仰莲瓣银水碗口沿处的尖瓣处理，采用更为写实的凸出式造型，碗底圈足采用翻卷状荷叶造型，使仿生意味更加浓郁。但从器物造型的美感上，法门寺银水碗明显不及何家村莲瓣纹金碗饱满、华贵。随着其装饰的图案化被消解，器物走向对莲荷造型的单纯模仿，从而失去了对仿生对象造型美感的提炼。从这件器物上，可以看出晚唐金银器制作工匠对植物造型的抽象概括能力正在减弱，从而使金银器的造型审美走向另一条道路。

图 3.11　仰莲瓣银水碗
（图片引自图片引自《法门寺考古发掘报告》）

鎏金银羹碗子与仰莲瓣银水碗均带有翻卷状荷叶形圈足，与此形制作法相近的是法门寺金银器中的鎏金人物画香宝子及鎏金伎乐纹香宝子。后者的圈足仅錾刻出了荷叶叶脉与叶边状，其圈足造型却并未翻卷，仿生效果并不强烈，因而本文并未将此两件器物归到仿生类造型之中。而法门寺金银器中的摩羯纹蕾纽三足架银盐台上的荷叶形器盖，则更加与前两件器物的圈足造型样式相一致，三件器物中的荷叶造型均作翻卷状，这使得荷叶造型更加立体、写实、充满动感，这种写实的荷叶造型在唐代前期的金银器物上较少见到，而从9世纪前半叶开始陆续出现，如河南伊川齐国太夫人墓出土的双鱼纹海棠花形鎏金银托，至9世纪后半叶则更为多见，如西安荷叶形银盘、浙江临安水邱氏银温器、丁卯桥荷叶形银器盖等（如图 3.12）。这些荷叶造型大多作为金银器物的器座（底）、器盖、盏托等，这种设计充分利用了荷叶的形态特征，并将金、银材质的加工特性充分发挥（金、银材质容易被锻造成曲面的薄片造型），堪称唐代金银器植物类仿生造型的代表性样式。

图 3.12 丁卯桥荷叶形银器盖
（作者自摄于镇江博物馆）

另外，法门寺金银器中的莲荷造型还存在一定的空间次序，即自上而下依次为：莲蕾—莲花—荷叶三种造型，每件器物中都将叶、花、蕾作为一个完整的造型组合，缺一不可。这种强调空间次序及形态完整性的设计原则，使其造型的仿生效果更加强烈，审美理念及宗教思想的传达也更加有效。

（二）银芙蕖

银芙蕖（见图 3.13）。1 对 2 件。采用钣金与焊接成型。芙蕖即莲花，器物以银筋为茎和座，以银箔剪切为花叶。主茎的顶端是以莲蓬为花蕊的芙蕖花朵，内外共三层，十六瓣。在主茎的中部分出三支细茎，其中一支连接莲蕾，其余连接翻卷状的莲叶。银芙蕖通高均为 41 厘米。每件重为 535 克。此器物造型十分写实，尤其是花瓣造型异常轻薄，如遇震动，花瓣与茎叶便摇曳生姿，实属仿生造型的典范之作。反映出工匠对植物造型的深刻理解，并将金银制作工艺与造型有机结合，既体现出荷花的造型特征也展现出金银材质独有的材质美感。

图 3.13　银芙蕖

（图片引自《法门寺考古发掘报告》）

二、动物类仿生造型

动物类仿生造型的运用在中国古代工艺美术中发端甚早，而且历代皆有发现。例如：仰韶文化遗迹中的陶器黑陶鹰尊和大汶口文化遗迹中的兽形陶鬶；商代晚期的青铜器司母辛觥、象尊、牺觥、枭尊，西周中期的青铜器盠驹尊及西周晚期的太保鸟形卣、鱼形尊，春秋晚期的青铜器牺尊；曾侯乙墓出土的漆器彩绘乐舞图鸳鸯形漆盒及江陵雨台山楚墓出土的漆器猪形漆盒；汉代的晋青瓷辟邪水注、南朝的青瓷熊尊及青瓷骑兽烛台，唐代的唐三彩鸳鸯壶等。这些器物中的许多造型对动物形态的模仿非常逼真，体现出古代工匠极强的造型能力。他们运用模拟、夸张及变形等造型处理手法将动物的某些身体部位与器物的功用部位相结合，例如将尾巴、腹部、足作为器物的支撑；将动物的嘴（喙）作为器物（以壶、瓶为主）的流。与此同时，器物的纹饰往往也与造型紧密相连，诸如羽状纹、鳞片纹、龟甲纹等模拟动物体表的纹饰图案与器物的仿生造型共同组成了一个整体，在实用的基础上又体现出器物卓越的审美价值，使其兼具实用器与艺术品的双重属性。在唐代以前特别是在奴隶制社会，这种耗时费工的器物造型主要服务于统治阶级，用于礼仪性场合，以强调其精神内涵为主要使用目的，而唐代的仿生造型逐渐转向对美感的单纯崇尚以及对各种动物所代表的吉祥寓意的追求。

唐代金银器中以动物形态作为主要模拟对象的器物可大致分为：龟形、羊形、蛤形、鱼形、蝴蝶形。代表性器物包括："韦美美"鸳鸯纹蛤形银盒、"李景由"宝相花纹蛤形银盒、大阪山岳纹蛤形银盒、纳尔逊银卧羊盒、喀喇沁双鱼罐形银壶、法门寺鎏金银龟盒、丁卯桥银鎏金"论语玉烛"筹筒、繁峙龟形银盒、丁卯桥蝴蝶形银盒等。

鎏金银龟盒（见图3.14）是法门寺金银器中唯一一件整体为动物类仿生造型的器物，器物分体锤揲与焊接成型，纹饰鎏金，整体造型为龟状，龟做昂首状，四足内缩，曲尾，尾与龟腹焊接相连，以甲背作器盖，器内焊有椭圆形子口架，龟盒各部位纹饰与真实龟体相近。高13厘米、长28.3厘米、宽15厘米。器重820.5克。《法门寺考古发掘报告》中将此银龟盒划归于茶具类别，目前尚有部分学者对此划分持有异议。划为茶具，即认定其用途为储存茶末之用；另一种观点则认为其应为熏香器，龟盒器腹内是储存、燃点香料或封存烟气之用。

图3.14　鎏金银龟盒
（图片引自《法门寺考古发掘报告》）

在已发现的唐代金银器中，龟形器物共有三件。除法门寺鎏金银龟盒之外，还有丁卯桥银鎏金"论语玉烛"筹筒（见图3.15）和繁峙龟形银盒。丁卯桥龟形银筹筒为唐代一种装纳行酒令筹的器具，整体造型为龟上背负圆筒，圆筒有盖，其内装有行酒令筹，圆筒中部刻有"论语玉烛"四字，龟为底座，四足内缩，昂首曲尾。丁卯桥龟形筹筒的龟造型异常写实，龟甲与龟腹、龟首等的比例与真实之龟几乎无异，龟的动态亦十分自然可信。繁峙龟形银盒的整体造型为一只昂首向上的龟状，其四足直立竖起，龟口垂直向上，龟背饰龟甲纹。[10]124-125

图3.15 丁卯桥出土的龟形银筹筒
（作者自摄于镇江博物馆）

与丁卯桥银鎏金"论语玉烛"筹筒中的龟造型相比，法门寺银龟盒更显臃肿、呆板，不及后者鲜活、生动。有文章认为，法门寺银龟盒与丁卯桥龟形筹筒的这种差异是由当时宫廷与民间审美、南北方金银器制作水平决定的，此说法自有一定道理。但从另一角度分析，法门寺的银龟盒实为可存放物品的盒类器具，而丁卯桥龟形筹筒中的龟仅作为承载筹筒的底座造型，龟盒自然需要考虑其容积问题，因而其造型势必受到功能的影响。而与法门寺银龟盒在造型上更为接近的是同属于9世纪后半叶器物的繁峙龟形银盒，两者整体造型均浑圆饱满、龟的口鼻为镂空造型、龟壳与龟腹连接处可开启。此种造型的设计显然是有意而为，对造型的比较与分析可以为其用途的确定提供一些线索。

第四节　法门寺金银器中的其他典型性造型

一、塔形造型

塔型造型是以中国古塔为形象参照的器物造型样式，它与仿生造型有着一致的造型创造机制，仿生造型模仿的是动植物形态，塔型造型模仿的是古建筑中的塔类形态。

"塔"本是印度的一种佛教建筑，"塔"字是中国古人在佛教传入中土后而创造出的新字（词），据考证，其成字（词）于魏晋之后。塔字在文献中最早见于《字苑》（晋代葛洪著）一书，其中言："塔，佛堂也。"佛塔初传我国时曾音译为"塔婆""浮图""佛图""浮屠"等。《说文解字》中载："塔，西域浮屠也。"[113]中国古塔最初的建筑样式皆为佛塔，进而转化为各种功能的塔类建筑，但直至明清依然多为佛教所用。其是印度佛教建筑中的"窣堵波"与中国古代本土建筑的结合。佛塔又称宝塔，最先在印度起源时，是埋藏佛释迦牟尼骸骨的专用建筑，亦有坟冢之意。随着佛教的不断传播，大量佛塔在中国各地陆续建成，但由于佛祖的舍利子珍贵稀有，所以在中国大部分佛塔之中放置的是一些具有象征性的替代物。中国在汉代已有制定造塔的制度，"凡宫塔制度，犹依天竺旧状而重构之，……世人相承，谓之'浮屠'，或云'佛图'。"[114]我国现存最早的佛塔为始建于东汉永平十年的洛阳白马寺塔。《魏书》有载："自洛中构白马寺，盛饰佛图，凡宫塔制度，犹依天竺旧状而重构之。"

中国古塔的造型样式可分为：楼阁式塔、密檐式塔、亭阁式塔、覆钵式塔、金刚宝座式塔、花塔、过街式塔与门式塔、群塔、笋式塔、阙式塔、宝箧印经式塔、经幢，以及较为少见的如圆筒塔、钟形塔、球形塔等。

其中，楼阁式塔状如高层楼阁，是中国古塔中体形最高大、历史最悠久、保存数量也最多的佛塔样式，为汉族所特有。楼阁式塔的层间距较大，塔身层数与内部楼层数基本一致，内部一般设有楼梯可供登攀远眺。此类古塔的材质早期多为木质，后逐渐转为砖石。以始建于唐代的大雁塔、北宋的六和塔为代表。

密檐式塔的塔基部分多建有须弥座，第一层（底层）塔身较为高大，第二层以上诸层的间距极小，层层塔檐接近重叠。密檐式塔一般为实心建筑，不可登临，亦不设门窗，部分塔身内部为空筒状，虽然有楼梯可作攀登使用，但内部层数远少于外部塔檐数。密檐式塔在北方多见，以登封嵩岳寺塔、西安小雁塔最具代表。

亭阁式塔是印度的覆钵式塔同中国的亭阁建筑结合而成的一种独特形式，其外表类似单层亭子，偶有于顶上加建一座小阁，内部一般为佛龛形式，用于安置佛像。这种塔的结构简单、修造便利，常用作高僧的墓塔。山西五台佛光寺的祖师塔以及登封会善寺的净藏禅师塔为其代表。

覆钵式塔为古印度的传统佛塔样式，因藏传佛教较多使用，亦称"喇嘛塔"；还由于其形状似瓶，象征功德圆满，又俗称为"宝瓶式塔"。其高大的基座上置建圆形覆钵状的巨大圆形塔肚，上竖一根长塔顶，在塔顶上还刻有若干圆轮。其在元代以后颇为流行，其主要用途为埋葬活佛及安置供僧众朝拜之用的佛像。西藏的江孜白居寺菩提塔以及北京的妙应寺白塔为其代表。

金刚宝座式塔是密宗佛教供奉金刚界五部主佛的塔式。高大的台基称为金刚宝座，其上建有五塔。《菩提心论》中说大日如来拥有五智，为了教化众生而化为五方五佛，此五塔即象征佛之五身。中间较大的一座供有大日如来，四角的小塔分别供有阿弥佛（东方），宝生佛（南方），阿弥陀佛（西方），不空成就佛（北方）。五塔的形制没有绝对的规范，密檐式、覆钵式皆有。这种塔在我国仅存五座，北京大正觉寺的金刚宝座塔便是其一。

此外，还有一种塔式名为阿育王塔，又被称作宝匣印经式佛塔，是专为供奉佛舍利的小型非建筑形制。实体建筑中的其他塔式，诸如花塔、过街式塔与门式塔、群塔等古塔样式，因与本文关系不大，此处不再赘述。

法门寺金银器中的塔型造型器物主要有两件：一为乘装佛指舍利的"八重宝函"中的第一重——宝珠顶单檐纯金四门塔；二为壶门高圈足座银香炉。

（一）宝珠顶单檐纯金四门塔

法门寺地宫出土的宝珠顶单檐纯金四门塔（见图3.16），为乘装佛骨舍利的八重宝函的第一重。除内置的一根银柱外，皆为纯金制成。其制作工艺精湛，结构设计精巧，造型稳重大气，此形制的器物在唐代金银器中比较罕见。此塔型器物是由塔身、塔座及垫片三个部分组合而成。塔身为正方体，塔尖为宝珠造型，单檐，檐的四角起翘。塔尖宝珠饰有火焰纹，其下设有双层仰莲座，卷草纹錾刻于檐柱。塔有四门，门周錾有细小的鱼子纹。门角饰有背分式的流云纹。阑额和檐下都錾有菱形纹饰。四门下部錾有象征性的踏步。塔座正中心焊接一根银柱，高为28毫米、直径为7毫米。出土时银柱上套置有佛指舍利一枚。高7.1厘米，月台长宽各为4.8厘米，垫板长宽各为5.4厘米，重184克。

图3.16　宝珠顶单檐纯金四门塔
（图片引自《法门寺考古发掘报告》）

此塔形金器实为"八重宝函"中直接接触佛指舍利的器物，其造型的设计兼顾了功能属性与形式美感，而其功能属性又包括物理功能的合理性及宗教仪规的适配性。古代瘗埋舍利的容器一般为函、罐、瓶、盆等器物，而伴随着舍利级别的高低，所用容器亦有差别，这种差别具有了一定的仪规性质。同时，不同时代、不同地域，亦对舍利容器的设计有所影响。最早关于舍利容器的文献记载为《魏书》所载："佛既谢世，香木焚尸，灵骨分碎，大小如粒，……胡言谓之'舍利'，弟子收奉，置之宝瓶。"① 其他还有《唐大西域记》所载："昔者如来寂来源之后，八国大王分舍利也，量舍利婆罗门蜜涂瓶内，分授诸王，而婆罗门持瓶以归，既得所粘舍利，遂建窣舍利，并瓶置内，因以名焉。

---

① ［北朝］魏收. 魏书［M］. 北京：中华书局，1936：939.

后无优王国开取舍利瓶，改建大窣堵波。"①《法苑珠林》中载："欲建舍利，将四部兵众至王舍城取阿阇世王佛塔中舍利，还复修治。此塔与先与异，如果更取七佛塔中舍利……作八万四千金银、琉璃、玻璃箧盛佛舍利。又作八万四千宝瓶以盛此箧，……依数乃至一日中立八万四千塔。"②

佛塔造型影响舍利容器造型。佛塔是佛教僧众与佛教徒因思慕释迦牟尼所建，对佛塔的尊崇于礼拜，即是对佛祖生前事迹的追思与观想，将佛塔当作释迦牟尼本人来供奉与信仰，这也便是佛塔与佛舍利信仰的思想起源。佛塔与其中瘗藏的舍利容器往往是同一时代的产物，但其二者的造型与规格并非总是遵循统一的标准。塔形舍利容器是佛塔的缩小版与仿制物，其造型既受到不同佛教宗派教义及思想的影响，同时也一定程度上会受到与其对应的佛塔造型的影响。从宝珠顶单檐纯金四门塔的整体造型来看，其应属于佛塔中的亭阁式塔，此器物的实际用途（乘装佛指舍利）也与亭阁式塔一脉相通。

（二）壶门高圈足座银香炉

法门寺金银器中整体造型为塔型的器物还有壶门高圈足座银香炉（见图3.17）一具。其采用锤揲与铆接成型。器物通体素净无纹，整体由器盖与器身组成。盖沿造型为渐收的阶梯状三层棱台构成，盖面为半球形，盖面上半部有鱼鳞状镂孔，并捶打出两层外凸的莲瓣造型，盖顶的仰莲瓣造型由三层银片裁剪做成，仰莲瓣承托起带镂空的莲蕾，莲蕾的蕾尖挺拔向上。炉身为敛口、平底、深腹、圈足。其口沿亦作阶梯状三层渐收棱台，三层棱台的外缘皆为六曲。器腹部造型上小而下大，腹壁分为内外两层铆合为一体，内层分为六块，每片都与炉底铆接固定。腹壁外层即为圈足。腹部下部有镂空的六个壶门，底部与平折而成的足沿相套接。炉底下还焊有起承托功能的十字形铜片（物帐碑中记为"承铁"）。在炉身两侧的口沿下方，各铆接一半环状提耳。炉身表面的铆钉顶端皆饰有凸起的小银花帽。出土时炉盖上有签封纸一张，纸上墨书为"大银香炉……臣杨复恭"字样。通高56厘米、盖高31.3厘米、盖沿外径23.2厘米、炉身高25.2厘米、口径20.7厘米、腹深16.5厘米、足沿外径34.6厘米。器重3920克。

学术界对此香炉的用途与定名曾经产生过一时的争论。一部分学者认为此物在出土时与秘色瓷茶器放置位置邻近，表明两者之间必定存在联系，与饮茶

① ［唐］玄奘. 大唐西域记［M］. 上海：商务印书馆，1935：97－98.

② ［唐］释道世，苏晋仁，周叔迦. 法苑珠林校注［M］. 北京：中华书局，2003：282.

应具有密切关系。并由《衣物帐》中所载"银白成香炉一枚，并承铁共重一百三两"得出"承铁"即为陆羽《茶经》中所提"风炉"的附带物"灰承"，并推测《衣物帐》或将"风"记为"香"，得出此物为煮茶器——风炉的观点。其后，许多学者又从法门寺出土秘色瓷的用途、"风炉"的用法与构造等方面提出反对意见，认为此物不具有风炉的实际功能，而应为燃香的香炉。[115]19-21 目前基本可以确定此物应为香炉。

图 3.17　高圈足座银香炉
（图片引自《法门寺考古发掘报告》）

塔型香炉作为唐代金属香炉的一种类型，主要流行于 9 世纪前半叶至 10 世纪出的晚唐时期。目前以发现的唐代塔型金属香炉主要有：法门寺壶门高圈足座银香炉和丁卯桥高圈足银香炉。冉万里先生在其《唐代金属香炉研究》[116] 一文中认为塔型香炉应为唐代始有的金属香炉样式，并对后世香炉造型产生了深远的影响。文中列举了在浙江宁波天封塔基地宫中出土的一件南宋錾花银香炉。此银香炉的整体造型亦为塔型，由器盖、炉身和炉座三部分组成。该香炉与法门寺壶门高圈足座银香炉的不同之处，表现在盖部、钮部及座部：该香炉的盖部无镂空，钮部设有一烟突供香气溢出，该香炉的座部亦无镂空的壶门造型，而是在同一部位做三个衔环的铺首。与宁波天封塔基地宫出土银香炉造型相似的还有四川彭州出土的南宋银高圈足熏炉。这两件宋代银香（熏）炉的主体造型与法门寺及丁卯桥的两件塔型香炉基本一致，其造型样式应具有一定的传承关系[116]21。

　　从法门寺壶门高圈足座银香炉中可以看到明显的覆钵式塔的造型特征。覆钵式塔为古印度的传统佛塔样式，其造型是众多汉化佛塔中最接近"窣堵波"的。佛塔传入中国之初，其形式便发生了重大变化。"印式佛塔（窣堵坡）的外形是一个呈半球形的土冢或石冢，类似于坟丘，该型塔最著名的代表是印度桑奇大塔，'窣堵坡'形式并没有在中国流行，反而被智慧的中国人按照自身独特的文化传统及审美特征改造了。"[117]251 在"窣堵坡"内收藏圣者遗骨的做法，在印度的吠陀时代即已发端。埋藏圣者遗骨，起"窣堵坡"供人礼拜乃为印度的传统习俗。印度婆罗门教、耆那教等皆有起塔供养圣者的做法。在佛造像创建之前，佛塔作为佛陀舍利的建筑已被作为佛教徒的主要礼拜对象。佛塔样式据说是在释迦传法的年代便已有定制，即下做方形塔基，上起覆钵形的圆丘及伞盖（与塔刹同意）的样式。《摩诃僧祇律》中转述佛说造迦叶佛的塔样："尔时世尊，自起迦叶佛塔，下基四方，周匝栏楯，圆起二重，方牙四出，上施槃盖，上表轮相。佛言：作塔法应如是。"[118]

　　通过某些中国唐代金银器（法门寺壶门高圈足座银香炉等）与覆钵式塔在造型层面的联系，是否就能确定其存在必然的内在联系？本文认为这种可能性是存在的。器物的造型象征与图像象征往往是一致的，而某些器物造型与宗教圣物之间的联系似有似无，原因可能是：当佛教信仰传入中国之后，这些具有象征寓意的造型与图像离开了其发生地，进入汉文化语境之中，其原始含义便逐渐被遮蔽，进而只留下外在形式上的关联。器物与宗教是否具有内在联系，可从以下几方面进行考量：第一，器物的功能用途是否与宗教活动相关；第二，器物的制作年代是否与该教法盛行时期临近；第三，同类造型器物是否具有一定的数量规模。法门寺壶门高圈足座银香炉、丁卯桥高圈足银香炉及上天封塔南宋錾花银香炉，同属香炉形制，此类大型香炉一般都为佛事所用；唐宋两代也具为佛教盛行之时；在数量上虽然不多，但已形成起码的参照体系。因此，本文认为此种塔型银香炉的造型设计应是仿照了佛教的覆钵式塔，而其造型本源即是印度的"窣堵坡"。进一步反观法门寺金银器中的鎏金银羹碗子、鎏金卧龟莲花纹五足朵带银香炉、鎏金人物画银香宝子等器物，这些器物的器盖造型也与覆钵式塔（或窣堵坡）有一定的相似性，本书推测这些器物的造型也应与佛塔崇拜有着某种内在联系。

二、壶门造型

"壶门"一词最早见于北宋李诫编修的《营造法式》（崇宁二年，公元1103年），《营造法式》从官方层面对中国传统建筑的式样、名称和风格等做出了归纳和整理。其中载有："造殿阶基之制，长随间广，其广随间深，其迭涩每层露棱五分；束腰露身一尺，用隔身版柱；柱内平面作起突壶门造。""壶"字在古时意与"阃"字相通，《尔雅》有载："宫中衖谓之壶"，其字意是内外室门之别。"门"是中国传统建筑中的重要组成构件，负责连通内外空间，隔绝屋户。"壶门"最初是指古代建筑与家具中的框架结构形制，其多存在于建筑的门楣、家具的边框和腿足间的一种图案或式样，后并逐渐被运用于各个工艺美术领域，并衍生出许多变体与风格，成为一种重要且独特的传统装饰手法。

壶门造型于建筑中的应用，多在建筑物的基座与束腰部位。如山西太原北宋皇泽寺伎乐天基座，北京天宁寺辽塔等。其在家具中的应用则多根据家具制式的不同而随之变化，如北宋李公麟《维摩演教图》中的长方形多列壶门榻，南宋佚名的《罗汉图》中的圆形脚踏，其上皆有均匀排列的壶门造型。壶门造型应用于器物，多依器物的功用而为，且通过不同的工艺手法得以呈现。四川彭州出土的南宋银熏炉圈足底座、玫茵堂辽白瓷人物狮子枕头的底座上都排列有壶门造型的装饰。

"壶门"一词随自北宋方见于文献记载，但是并不代表着其在之前未有出现，如仅从造型本身来看，此种造型样式的发端应与"门"的使用同步。原始社会时期的干阑式榫卯建筑即已成熟，浙江余姚的河姆渡遗址中，用框架梁组成的方形物，便是作为分隔建筑空间的设施。

两汉之际，各种装饰纹样在建筑物的门楣内外广泛应用，已十分接近后世壶门造型的式样及其装饰方法。与此同时，这种在门楣四周的装饰手法，也在家具上得以应用，人们开始有意识地在家具的面板和腿足之间施以规律、对称的曲线装饰。东汉中期以后，随着佛教在中土的传播，佛教艺术开始向中国传统造型艺术中注入新元素。从中亚传入的建筑样式以及高足型家具与汉地的传统建筑、家具和器物开始进行形制上的融合。起源于古印度的佛教的石窟门和佛龛边框的造型样式开始流行，客观上促进了中国古代壶门造型风格样式的成熟。此外，佛塔的逐渐盛行也对于壶门类装饰结构的传播与发展起到了极大推动作用。塔身依据高度、层数常常开有类似石窟门拱式样的门洞，此中样式同壶门造型几乎无异。

隋代继承了北朝遗风，器物造型风格多样。出土于河南安阳张盛墓的隋代正方形白釉棋盘，为目前国内发现最早的陶瓷材质上的壶门造型。唐代，随着中外文化的交流频繁，民族融合日显，儒、释、道诸家思想和谐共融，宫廷及上层贵族的生活图景引导着大众庶民的审美趣味。唐代的建筑、家具和器用上的壶门造型已经开始大量应用于各种材质及型制的器物上。壶门的曲线转折自然、造型饱满、变化多样，将线条的美感同空间关系完美结合起来。正如盛唐书法中的草书，纵横跳动，旋转如风。如出土于陕西富平县李凤墓的唐三彩陶瓷榻，其壶门造型与器物整体的结构关系、装饰风格和谐统一，可见此时壶门造型的运用已经达到了纯熟自如的阶段。从出土及传世的唐代壁画与家具中可以看到，壶门造型在坐具、卧具、承具上都有应用。如出土于新疆吐鲁番阿斯塔纳187号墓的《侍女对弈图》（唐武周时期）中的围棋盘。

中晚唐时期，富甲贵商与庶族地主逐渐替代了世族门阀，成为新的社会审美引领者。包括皇室宫廷在内的贵族集团，其审美趣味也受到了来自民间的影响。法门寺地宫出土的鎏金壶门座银波罗子、鎏金鸿雁纹壶门座五环银香炉（原无盖）、鎏金鸿雁流云纹银茶碾、鎏金仙人驾鹤纹壶门座茶罗子等器物上皆有壶门造型。这些器物的艺术风格由唐前期的华贵转而趋于富丽，壶门的线条也由盛唐时期的遒劲夸张转变为纤细柔美。纵观唐代金银器造型的整体发展历程，可以看出壶门造型的运用到唐代后期才逐渐增多，从法门寺出土的众多带有壶门造型的金银器物中便可窥见一斑。而壶门造型在建筑、家具门类中的运用却在唐代前期即已盛行，由此可见，金银器的壶门造型应是对建筑、家具造型的借鉴和吸收。从另一个角度来讲，自东汉以后，尤其是隋唐时期，佛教艺术对壶门造型的助力，势必对晚唐时期金银器壶门造型的广泛应用产生间接影响，因此，法门寺金银器中出现大量的壶门造型也与佛教不无关系。

法门寺金银器中的壶门造型（见图3.18）与器物整体造型风格存在着统一与反差并存的关系。这些金银器上的壶门多为镂空形态，其轮廓形与莲瓣尖和朵云造形相似，轮廓线由多曲的弧线构成，给人以圆融、生动之感。在鎏金壶门座银波罗子、鎏金鸿雁纹壶门座五环银香炉等圆柱形造型或带有圆口的器物中，壶门造型与器物整体造型风格和谐而统一；而在鎏金仙人驾鹤纹壶门座茶罗子等方形器物中，壶门造型则与器物整体造型风格具有明显的反差感，从器物造型设计的角度，这种设计体客观上弥补了方形造型的单调感，使器物的造型艺术风格不至于过分严肃。此外，法门寺金银器中大量出现的壶门造型，也使器物的空间效果更显通透，空间层次更加丰富，视觉节奏感更为强烈。

图 3.18　法门寺金银器中的部分壶门造型
（图片引自《法门寺考古发掘报告》）

三、笼子造型

用新的材料模仿在生活中普遍使用的天然物或人造物是一种便捷而颇具趣味性的器物设计方法，这种方法比完全依靠想象设计出的样式要容易很多。如在《中国陶瓷史》一书中即有此种观点："早期的陶器显然是在摹仿其他材料做成的常见器物——如葫芦、篮子和皮袋等的形状，之后才逐渐发展成独具自身特色的器皿。"[119]法门寺金银器中的笼子造型当属此类。

出土文物中极少有金属笼子，法门寺出土的两件笼子造型的金银器具便显得珍贵异常，它们分别为：

鎏金飞鸿毬路纹银笼子（见图 3.19）。此器物整体为一个不规则的几何造型，体态略接近圆柱体。器身遍布漏孔，通体作毬路纹造型。器物由笼盖、提梁和笼体组成。笼盖为向上隆起的穹顶，弧形口沿下折与笼体相扣合。盖面锤揲出两圈飞鸿，并呈放射状排列，其中内圈的飞鸿引颈向内，头指向盖顶圆心，外圈飞鸿则两两相对。笼体为直口深腹，腹外壁微鼓，壁上已有与盖顶造型相同的飞鸿，两两相对，分为三层，纵向交错分布。器底为平底带足，每一个足皆由三贝壳状银片组成"品"字形。笼壁上方两侧装有环耳，上套提梁，另有一条银链将环耳与盖顶相连，用以防止遗失笼盖。笼底边沿的银条上錾刻有

"桂管臣李轩进"铭文。器物通高 17.8 厘米、盖高 4.6 厘米、盖径 16.1 厘米、腹深 10.2 厘米、足高 2.4 厘米。器重 654 克。整个器物造型浑厚、饱满又不失通透，具有一种丰腴、华贵之态。提梁造型的简洁感与器体装饰的丰富感形成强烈的对比与互补关系，整体造型具有极强的视觉美感。

图 3.19　鎏金飞鸿毬路纹银笼子
（图片引自《法门寺考古发掘报告》）

金银丝结条笼子（见图 3.20）。该笼通体使用金丝和银丝编织而成，器物表面呈透空的蜂房状，笼子整体造型呈椭圆体，由盖、笼体、提梁及足组成。盖面向上微微隆起，中心饰有金银丝编织而成的塔状盖纽。盖沿的交棱线为一周金丝盘旋而成的连珠造型，盖沿与笼体上沿皆作复层银片，以子母式嵌接。提梁为复层银丝编成，两端与笼体外缘的两侧相连，盖与提梁之间设有银链连接。笼体下沿边有四个旋圈套，似爪形笼脚，由鎏金银丝盘旋而成。足与笼体的相接部位做有兽面纹装饰。器物通高 15 厘米、长 14.5 厘米、宽 10.5 厘米。器重 355 克。此器物的提梁与足的造型动感强烈，特别是足的造型向外伸张，颇似四足动物的四肢，使整个器物的造型倍显活泼、律动之势。

图 3. 20　金银丝结条笼子
（图片引自《法门寺考古发掘报告》）

　　这两件金银笼子被大部分学者认定为是贮茶器，是唐时宫廷中用以存放茶饼的器具，茶饼存放于透风笼内，可防止茶饼受潮，利于下一步研磨成茶末。陆羽《茶经》中并未提到此物，而宋时蔡襄的《茶录》中与"茶笼"相关的记载为："茶不入焙者，宜密封裹，以蒻笼盛之，置高处不进湿气。"① 这里提到的"茶焙"是一种烘焙茶饼的器具，类似烘笼。茶焙多以竹编而成，上有盖，其腹中有隔层，是为将茶叶与炭火隔开。《茶经·二之具》中提到的"育"与"茶焙"的功能及形制颇为一致："育，以木制之，以竹编之，以纸糊之。中有隔，上有覆，下有床，傍有门，掩一扇。中置一器，贮搯煻煨火，令温温然。江南梅雨时，焚之以火。育者，以其藏养为名。"② 从法门寺出土的这两件笼子的造型来看，毬路纹银笼子的盖面圆隆，近似圆柱形的笼体，直腹直口，平底；结条笼子由金银丝编织而成，椭方形笼体，笼盖有四曲，平顶。这两件笼子的内腹皆为中空，未设隔层，也未设放置炭火的区域，这与文献中对"茶焙"和

---

　　① ［宋］蔡襄等. 茶录［M］. 上海：商务印书馆，1936：3.
　　② ［唐］陆羽著；史东梅编著. 茶经［M］. 昆明：云南人民出版社，2011：67.

"育"的形制描述并不相符。从金银材料属性的角度来看这两件器物，特别是由金银丝编织而成的笼子，其耐高温性能较差，银质器物受烘烤极易氧化变黑，这都不符合一般的器物设计原则。所以，这两件笼子应不是"茶焙"与"育"，而应当是仅用于存放茶饼的器具。"唐代有将茶饼穿成串状储存的习惯，串有上、中、小的体例之分，银笼子的体积与造型十分适合储存茶饼，其盛装的茶饼可能是重量为四五两的小串。"[120] 此外，尚刚先生还提出了这两件器物的另一种用途，即采摘、提携樱桃。这种用途在唐代诗文中有所提及，如杜甫《往在》诗称："赤樱桃枝，隐映银丝笼"；令狐楚《进金花银樱笼等状》文中云："每闻采撷，须有提携。以其鲜红，宜此洁白。"[4]14 设想当时此二笼的色泽尚新，银体金饰，华美异常，如再将红樱桃放入其中，器物与乘装之物相映成趣，色彩效果必华艳绝伦。无论是储存茶饼，还是乘装樱桃，抑或是两者兼备，都可为这两件器物的造型来源提供较为可信的解释。

从造型的艺术风格来看，两件器物具有玲珑剔透、精致高贵的共同特点。而两者的不同之处在于：鎏金飞鸿毬路纹银笼子整体造型饱满有力、高雅稳重，器物的轮廓线外张，具有刚健之美；金银丝结条笼子的整体造型则柔美含蓄、纤巧轻盈，器物的轮廓线内收，颇显阴柔之态。可见这两件金银笼子虽然形制相仿，但造型的艺术风格却具有一定的差异。《衣物帐》中记载，此二器皆为唐僖宗所供奉，两者制作时代应相距不远，且同为宫廷用器，所以二者间的风格差异应为个别现象，不具有时间上的演变因素。但从鎏金飞鸿毬路纹银笼子上的刻铭可知，此器应为今广西桂林一代所产，而金银丝结条笼子的制作地点不详，所以不排除二者具有不同地域间的风格差异。再者，两件器物随同为笼子状，但成型工艺却完全不同，因制作工艺迥异而产生造型风格的不同也是客观存在的。

与法门寺银笼子造型接近的实物遗存还有河南伊川齐国太夫人墓出土的鎏金镂空银笼子。其盖与提梁已残。笼身亦为圆柱造型，通体镂空，直口内收，圈足，有一双立耳来连接提梁，提梁的首部为 S 形，盖沿下折。盖钮为仰莲宝珠形，银链连接提梁与盖。镂空部分作毬路纹，纹饰鎏金。直径 7.5 厘米、高 6 厘米。此银笼子与法门寺鎏金飞鸿毬路纹银笼子同属一类，造型较为接近，但档次明显要低许多，法门寺银笼子的造型挺拔而饱满，伊川银笼子的造型则略显简单而羸弱。

四、茶碾造型

此处所言的"茶碾"包括与之配套使用的碾轴,《法门寺考古发掘报告》[5] 中虽然将法门寺出土的一件因茶碾分为二物进行描述,即鎏金鸿雁流云纹银茶碾子与鎏金团花纹银碾轴,但从器物的功能用途和造型艺术的角度,二者应为一个整体。

图 3.21　鎏金鸿雁流云纹银茶碾子
(图片引自《法门寺考古发掘报告》)

鎏金鸿雁流云纹银茶碾子(见图 3.21)。浇铸捶打成型,局部纹饰鎏金。器物通体呈长方形,由辖板、碾槽、槽座组成。槽内呈半月形的尖底状。口沿平折,并与槽座焊接。槽口插置有辖板,辖板亦为长方形。槽口两端作如意云头状,槽口所插辖板中间焊有宝珠形提手。碾槽嵌在槽座上,槽座两端亦为如意云头造型。座壁设有镂空壶门。碾子底錾刻有"咸通十年文思院造银金花茶碾子一枚并盖,共重廿九两。匠臣邵元、审作官臣李师存、判官高品臣吴弘愨、使臣能顺"的铭文。辖板内錾刻"十六字号",另一处亦刻"十六"。碾板等处均有"五哥"字样的划文。高 7.1 厘米、长 27.4 厘米、宽 4.4 厘米、槽深 3.4 厘米、辖板长 20.7 厘米。器重 1168 克。

鎏金团花纹银碾轴(见图 3.22)。铸造成型,纹饰平錾并鎏金。碾轴为实心,形如铁饼,轴边设有平行的沟槽,以便在茶碾中磨碎团茶。轴杆接近圆柱形,两头较细,中部粗壮,便于执手,轴杆插入轴面中心。轴面有錾文"碾轴重一十三两","十七字号",并有"五哥"划文两处。轴杆上刻"十七字号",亦有"五哥"划文。轴长 21.6 厘米、轴径 8.9 厘米。重 524 克。

图 3.22 鎏金团花纹银碢轴

（图片引自《法门寺考古发掘报告》）

法门寺银茶碾与陆羽《茶经》中所记载的茶碾造型基本一致，细节处稍有不同，以金银器作为碾茶之器，更显富丽堂皇，颇具皇家气度。2015 年，巩义市文物考古研究所在巩义东部地区发掘了多座唐代墓葬，出土了炉、碾、盂、执壶、盏灯，茶盘等茶具遗物，大部分皆能在唐代陆羽《茶经》中找到原型，其中便有与法门寺银茶碾造型十分接近的陶瓷茶碾。法门寺银茶碾与陆羽所述茶碾的不同之处为：加辖板以作盖，使操作时更加卫生，器物造型更具整体感；底部加壶门座，将器身提高，使茶碾在视觉上更加纤巧、精致，同时也提高了器物操作时的稳定性。目前已发现的银质茶碾仅此一件，与此茶碾的形制比较相似的是河北晋县出土的汉白玉石碾。学界对此碾究竟为茶碾还是药碾仍存在分歧。① 此石碾的外形与法门寺银茶碾十分相似，尺寸也十分接近。此石碾汉为白玉质地，由碾身、碾轮、碾盖三部分组成，碾槽及长方形的槽座以整块石材雕成，凹槽为弧状的船底形，碾盖中间有云头。碾轮中间微鼓，呈扁圆造形，中心有圆孔，可安装木轴。此石碾的整体造型虽然没有法门寺银茶碾华丽精巧，但功能与造型皆有相通之处。[121]

法门寺出土的这件银茶碾是一件功能性很强的器物，纵观唐代金银器谱系，这类器物并不多见，由于金银器的特殊材质属性，其实用功能往往相对较弱，而审美、礼教及财富象征的功能更为突出，即便是皇家日用的食器，虽具有实

---

① 在出土报告中其被定名为药碾，主要依据出土时墓室前端放有一捆药草。亦有学者认为这不足以证明此碾即为药碾，与其一同出土的文物中还有大量的茶具，因此认为此碾是与这些茶具配套使用的器具。

用功能，但其在使用中的可操作性并不显著。因此，法门寺银茶碾的造型更多地体现了作为一种日用工具的功能需要，只不过这种工具被赋予了皇家气派。此茶碾的造型及纹饰中未见过多的装饰性元素，可以看出其匠心更多放在了使用的便利上。

第五节　法门寺金银器造型的审美特征

唐代早期的金银器造型受西方影响至深，这些不对称的器物造型对隋唐之前追求对称稳重的传统造型风格产生了巨大冲击。一时间带棱、多曲的造型打破了两汉代以来以浑圆周正为主的器物造型样态，为唐代金银器造型创造的解放产生了积极影响。经过盛唐、中唐时期的消化吸收，晚唐金银器造型从整体上看已经基本摆脱了西方的影响，重新回归到华夏风格之中。从法门寺金银器的造型来看，其审美特征主要受到佛教和宫廷审美的影响，总体上呈现出了浓重的佛教艺术面貌，多样化与独特性兼顾的造型语言，以及体量上的大小各异。

一、多样与独特共生的造型语言

法门寺金银器的类型，按功能划分，可分为食器、容器、熏香器、茶具、盥洗器、锁具、供养器（含舍利器）、法器及首饰等，同一类器物又由于其产地、物主及制作者的不同，而呈现出丰富多样的造型语言。功能的多元势必导致造型的多样，而法门寺金银器由于其尊贵的舍利供养物属性，其在造型语言上的多样也受到供奉者祈愿思想的影响，"倾其所能，穷尽珍奇"无疑是当时皇室及佛教诸头在选择供奉物时的心态，因此，各种造型式样的金银宝器方得汇聚一堂。法门寺金银器造型语言的多样性具体包括：器物整体造型既有各类几何形造型，也有仿生、建筑式造型；在器物的局部造型中有壶门、盝顶等造型；在造型手法上有镂空、垒叠、穿插等。

法门寺金银器造型语言的独特性也是十分明显的。这种独特性并非晚唐时期金银器造型所具有的共同语言特征，而是由一个具有特定文化内涵的器物群来体现的，其是器物群中的各个成员共同造就的。具体来说法门寺金银器造型语言的独特性在于其与同时期的同类型器物的差异。在已发现的可判定为9世纪后半叶的主要金银器遗存中，能与法门寺金银器相提并论的并不多，镇江丁卯桥窖藏金银器虽然出土数量远远超过了法门寺，但其器物的档次大多较低，且以小件器物为主，并多有损坏。其他诸如下莘桥、水邱氏幕、杨家沟、枣园村等同时期的金银器器物群皆与法门寺相去甚远。不过以现有的实物资料来看，还是可以进行大致上的比较。法门寺金银器相较同时期的金银器，其造型语言的独特性主要表现在如下方面：首先是法门寺金银器造型语言中的宗教元素，在同时期的其他金银器器物群中少见；其次是皇家规格与密教仪轨使法门寺金银器的造型语言更显独特；最后是法门寺金银器中的茶具及部供养器至今尚未发现同与其相同的造型样式，其造型语言的独特性显而易见。

二、纤薄与通透兼具的空间效果

法门寺金银器整体所呈现出的纤薄之感，主要由较薄的器壁厚度造成，这种"纤薄"之感亦是与唐代前期金银器的"厚重"之感相对而言的。抛开晚唐经济凋敝、金银储备不足等客观原因，单从造型的审美特征来看，纤薄之感并不一定代表着艺术水准的下降，反而是将金银材质良好的延展性发挥得更为充分，从而展现出一种金银器独有的美感，这种美感不仅体现在外在的视觉层面，也反映出一种器物材质的稀有感和空间结构的不稳定感，导致使用者在使用与操作器物的过程中需要精神更加集中，神圣气息尽显。反观盛唐时期的金银器，其器壁往往较厚，给人以厚重稳定之感，虽颇具奢华大气之态，但却不如法门寺金银器显得珍稀。

法门寺金银器除了"纤薄"，还显现出"通透"的造型特征，并且这两点是相辅相成的，它们共同营造出了法门寺金银器独特的空间效果。法门寺金银器的"通透"感主要来自器物造型中的诸多镂空形式，如鎏金壶门座银波罗子等器物上的镂空壶门造型、鎏金飞鸿毬路纹银笼子上的镂空毬路造型、金银丝结条笼子上的蜂窝状织眼造型、鎏金双蜂团花纹镂孔银香囊与鎏金雀鸟纹镂孔银香囊上的烟孔造型、鎏金卧龟莲花纹五足朵带银香炉上的烟孔造型等。此外，摩羯纹蕾纽三足架银盐台、盘丝座葵口素面小银盐台、银芙蕖等器物上螺旋盘绕的银线条支架，也显示出了明显的通透之感。

三、小巧与硕大并存的体量关系

金银器体量的关乎其空间效果，对其造型的艺术风格影响颇大。从实用角度来说，大小不同的器物其用途也势必各异。而单从审美角度来说，小巧的器物凸显精致，硕大的器物则更具庄严之象。法门寺金银器的体量在唐代金银器中实为偏大者，但这仅是从其整体而言，整体之中的个体差异依然显著。法门寺金银器个体具有小巧与硕大并存的特点，这才是法门寺金银在体量（空间效果）方面的本质特征。体量的对比关系分为两种：一种为无差别的大小对比，既对器物的类别不加分类的粗略对比；另一种为按一定类别进行的对应比较，这样的对比关系更能反映器物造型的艺术风格。

法门寺金银器小巧与硕大兼具的空间效果在个体器物中的体现，可以如下几组相对应的器物为例：鎏金双蜂团花纹镂孔银香囊与鎏金雀鸟纹镂孔银香囊，前者径长 12.8 厘米，后者径长仅为 5.8 厘米；迎真身银金花双轮十二环锡杖与单轮十二环纯金锡杖，前者丈杆长 196 厘米，后者丈杆仅长 25 厘米；鎏金双鸳团花大银盆与鎏金团花银钵盂，前者口径为 46 厘米，后者口径仅为 8 厘米；鎏金双凤衔绶御前赐银方盒与双鸿纹海棠形银盒，前者边长为 21.5×21.5 厘米，后者的长宽分别仅为 5.1 厘米与 3.6 厘米。由此可见法门寺金银器中同时存在着大小差异悬殊的两类器物，这个现象亦是其造型艺术风格的构成要素。

第六节　本章小结

法门寺金银器的许多造型样式在已发现的唐代金银器中都尚属孤例，这些迥异于唐前期的金银器造型型往往伴随着功能上的改变，伴随着"新功能"而诞生的"新造型"也必然裹挟着审美的嬗变。

本章以法门寺金银器的器物整体造型为主要研究对象，将其分作几何造型、仿生造型及其他典型性造型三类进行分别阐释。通过对各种造型样式的归类与比较，总结出了法门寺金银器造型的审美特征，即多样与独特共生的造型语言；纤薄与通透兼具的空间效果；小巧与硕大并存的体量关系。

从现有的考古资料来看，法门寺金银器代表着中国晚唐时期金银器的最高艺术水平，其既体现了晚唐金银器多元化的造型艺术风格，也具有其自身独特的造型语言及审美特征。

第四章　法门寺金银器的纹饰艺术

纹饰又称纹样、图案，即是器物表面的装饰花纹。按照纹饰的布局与结构分类，一般可分为：适合纹样、连续纹样（二方连续与四方连续）、单独纹样、角隅纹样及散点纹样等，从题材上主要可分为植物、动物、人物等类别。中国古代工艺美术的纹饰自原始社会时期即已出现，其不仅用作审美欣赏，还具有象征、隐喻等功能，并且不同的工艺门类亦有所区别，同时有相互联系。陶器、青铜器、漆器、金银器、瓷器、丝织品等工艺门类的纹饰与造物方法都具有中国文化的特质。唐代张彦远《历代名画记·卷十》"窦师纶条"云："窦师纶，字希言，纳言陈国公抗之子。初为太宗秦王府咨议，相国录事参军，封陵阳公。性巧绝，草创之际，乘舆皆阙，敕兼益州大行台，检校修造。凡创瑞锦宫陵，章彩奇丽，蜀人至今谓之陵阳公样。官至太府卿，银、坊、邛三州刺史。高祖、太宗时，内库瑞锦对雉、斗羊、翔凤、游麟之状，创自师纶，至今传之。"[122] 192 - 193可见纹饰艺术在唐代具有巨大的社会文化价值。

展现于器物表面的纹饰，以观赏为其主要的功能，不同的纹饰效果也与制作技术密切相关。纹饰既然用作观赏，就会直接反映出人们的精神思想与审美观念。在唐代，由于金银器的质料珍贵、视觉效果华贵绚丽，虽然只为少数人所占有，却总能引导时代审美的风尚，加之其对外来艺术的吸收，使唐代金银器在造型、纹饰和制作工艺上都呈现出了一番繁荣气象。唐代金银器不仅形制多样，其纹饰种类也囊括唐代所有的流行纹饰样式。[10] 130

提到"纹饰"通常会使人联想到"装饰"一词，从某种意义上说，"纹饰"是对其载体（器物）的一种"装饰"，而纹饰确实具有装饰与美化的功能，但"纹饰"并不等同于"装饰"。以唐代的金银器为例，其装饰效果来自器物的纹饰、造型、材质乃至制作工艺。唐代金银器以华贵绚丽著称，纹饰姿态万千、造型变化多样、材质璀璨夺目、工艺精妙绝伦。一些器物采用极具装饰意味的多曲、葵花等造型即是一种重要的装饰手法；而"局部鎏金"所表现出的金、银材质美感亦体现出了巧妙的装饰构思；锤揲与錾刻工艺所形成的独特肌理更显装饰之韵味。金银器的纹饰需要造型的支撑、材质的烘托和工艺的实现。因此，本书对"装饰"的研究，是贯穿在法门寺金银器艺术研究的整体之中的，本章对法门寺金银器纹饰艺术的论述与分析亦会涉及造型、材质及工艺问题。

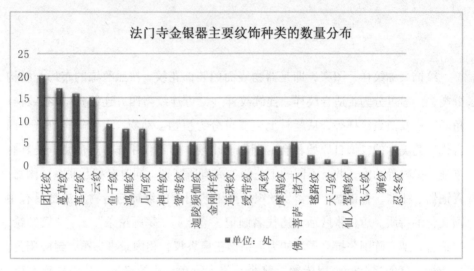

图4.1 法门寺金银器主要纹饰种类的数量分布图

工艺美术从构成的角度可以分为造型与纹饰两个部分，沿着时间的线索，这两个部分都在不断向前演进，但是造型的变迁总是滞后于纹饰。原因在于，造型较多的联系着功用，而纹饰则更加侧重欣赏，中国古代人的生活方式变化较慢，而审美等思想观念的变化却较快，并且个体差异也比较大。因此，造型往往较为稳定，而纹饰则更为活跃。[123]3 从法门寺金银器的造型中可以发现，除了新样式以外，传统器物造型的变化大多流于局部和细节，未见与唐代前期有重大的改变。在以纹饰为代表的器物装饰方面，晚唐时期的法门寺金银器较之初唐和盛唐变化十分明显，这种变化不仅表现在流行纹饰的更替上，也表现在纹饰样式的革新与变异上。从个案的角度来看，法门寺金银器的纹饰艺术风格正是由这种变化来体现的，其形成的原因包括当时的政治经济环境、历史文化背景以及人们的生活方式、审美情趣等。晚唐时期，金银器纹饰的题材变化较大，而法门寺金银器由于它独特的宗教背景，使其纹饰题材更显多样而统一，故本章主要以题材为线索，对法门寺金银器的代表性纹饰进行分类论述。此外，在具体的论述中，对佛教纹饰与非佛教纹饰的划分具有一定的复杂性与模糊性，例如：由西方传来的忍冬纹，一般认为与佛教关系密切，但随着其不断发展，唐代以后已经广泛运用于各类器物，尤其到晚唐时期，几乎已找不到其与佛教的关联之处。鉴于法门寺金银器的独特佛教背景，本章将与佛教具有直接关联的纹饰，飞天、迦陵频伽纹等归为一类，而将关系不甚明确的纹饰一律归于非佛教纹饰类别进行论述。

第一节　唐代金银器纹饰的演变轨迹

中国纹饰（纹样）发展史上曾经发生过两次重大的变革，第一次是在南北朝时期，第二次便是在唐代。在汉及其以前历代的纹饰传统中，以神怪、云气纹等偏重神性、礼教的纹饰为其主导。魏晋南北朝时期，伴随着以佛教为代表的外来文化的冲击，以升仙思想为核心的纹饰样态走向衰落，具有浓厚西方文化色彩的忍冬、莲花等植物纹饰开始在中国盛行，这些新颖的纹饰题材出现在佛教建筑、造像及用品之中，接着演变为一种近乎纯粹的艺术形式在各类器物的装饰上开始普及与运用。"到了唐代（以盛唐为代表），金银器纹饰逐渐摆脱了宗教、政治等因素的束缚，器物纹饰的题材与艺术风格转向自然与日常生活，华丽奔放植物纹开始占据主导地位，神异风格的动物纹日渐减少，生动活泼且造型写实的狮、马、鸿雁、鸳鸯、蜂蝶等动物纹大量涌现，新出现和新流行的纹祥陡然增多，它们几乎不与政治、信仰产生直接联系，而是变为纯粹的美的创造，纹样的装饰作用成为其最主要的功能。"[10]130 唐代金银器的纹饰是当时社会精神面貌的反映。

关于唐代装饰纹样在艺术风格与表现形式上的演变，尚刚先生曾从纹饰的题材、形象及构图三方面进行了阐述："题材上，初唐时期的主纹多以鸟兽为主，盛唐时期，鸟多于兽，且花鸟和花卉的数量日增，中唐时期，花鸟与花卉已经演变为主流。晚唐时期，花卉地位仍然在上升，而兽纹已经很少见到；形象上，唐前期的纹饰多造形饱满端庄，严整规矩，较多运用对称的手法，鸟兽纹多占据画面的中央位置，用作主纹的花卉花瓣丰肥、枝蔓粗壮、叶片厚大，常用大弧度的曲线来组合纹样，人物纹多表现上层社会生活图景，中唐，饱满端庄的纹饰形象得到延续，而温和清丽的新潮流已经显露，鸟兽多出现于花丛之中，威猛气势淡化，和顺情态增强，团花、折枝花的形象更加贴近自然，缠枝尤显秀婉娇柔，晚唐，花卉更显清秀，人物题材转为世俗化的童子形象、历史故事及神话传说等；构图上，唐前期，繁缛与疏朗并存，且以繁缛的组织形式为主，一般多见于具有中国风的工艺美术装饰上，疏朗则通常出现于浓郁的西方风格的装饰上，唐后期，中国化的装饰艺术风格已经占据主流位置，繁缛与疏朗所体现的多为档次的差异，不过，从总体趋势上看，唐前期的主流为繁缛，唐后期的主流为疏朗。"[123]237-238 从法门寺金银器来看，基本符合尚刚先生对晚唐纹饰特征的概括，唯题材一点，法门寺金银器比晚唐整体的纹饰题材相比更显多样，特别是大量的佛教纹饰，这也是法门寺金银器纹饰特殊性的体现。

第二节　法门寺金银器中的植物纹饰

植物类纹饰是装饰纹饰的重要题材。中国古代，众多的花草、树木形象出现在装饰纹样之上，极大丰富了中国古代装饰纹样体系。魏晋南北朝时期是中国古代工艺美术植物纹饰得以发展的起始，"砖画竹林七贤的出现，体现了时代装饰主题开始转变，图中的翠竹、银杏、青松、垂柳等树木形象的出现，标志着以花草为主要题材的装饰阶段已经到来。"[124]203 开放的唐代，其开放性体现在多方面的文化生活之上，多元文化的并存直接影响到所有的艺术领域，其中自然包括工艺美术中的植物纹饰。唐代的植物纹饰不仅关注于生长于本土的植物，对异域传来的新的植物类型也兴趣盎然，对外来的植物纹样进行广泛的兼收，并与本土文化相结合，从而产生了众多的新样式、新变体，对外来植物纹样的改造既包括将造型改为本土民众更能接受的视觉形式，也有对纹样寓意的本土性转化。伴随佛教的传入，具有浓郁西方色彩的忍冬纹、象征佛陀化身并极具本土吉祥辟邪喻意的莲花纹成为新的流行纹饰类型，出现在宗教与世俗工艺美术之中。唐代前期，由于佛教的持续盛行，加之国力日盛、经济繁荣，社会审美情趣逐渐从敬畏神明向享受世俗生活转移，各类植物题材的装饰纹样也越发增多，最终成为唐代纹饰题材的主流。

齐东方先生在《唐代金银器研究》[10]一书中主要对唐代金银器的植物纹饰进行论述，而对动物等其他题材的纹饰仅一带而过，说明其对植物纹饰主导地位的认同。在唐代金银器中，植物纹既是主体纹饰与角隅纹饰的主要题材，同时其还具有组织器物主体装饰构图的重要作用，对于器物的分期与断代意义重大。植物纹在法门寺金银器的纹饰题材中虽不是最具特色的类别，但鉴于植物纹在唐代金银器纹饰中的重要意义，遂将个别具有代表性的植物纹进行论述。

一、团花纹

团花纹泛指一种形状大体接近圆形的纹样，团花纹中的花形具体属于哪种植物并不能够确定。曾经有学者认为这种团花为茶花、牡丹或西番莲，但是从形态角度观察仍难以确定，故一般将其统称为团花纹。在唐代，团花纹始终比较流行，并且在不断地变化与演进。团花纹和宝相花纹具有一定的形式关联，它们的区别为：团花纹是较为写实的花朵造型，后者则更加图案化。团花纹的花朵基本上为圆形的平面，状似俯视的花朵。[10] 144

团花纹装饰的成熟与流行皆在唐朝，之前虽已有团花纹的雏形，但与唐代的团花纹相比，典型性还显不足。唐代工艺美术中的团花纹大致可分为三种，即"徽章式"团花纹、花卉团花纹和动物团花纹。"徽章式"团花纹主要存在于唐前期，其特征为以圆形的连珠纹、绳索纹围绕在装饰主题之外，圈内的纹样常为动物及宝相花等元素。严格意义上来说，"徽章式"团花纹与典型的花卉团花纹相比还处于团花纹发展的早期阶段，其形式更多地来源于外来文化。花卉团花纹主要盛行于盛唐和中唐时期，此时期是唐代经济最为繁荣之际，此时的团花纹不论是在金银器上，还是在纺织品或壁画中皆有大量的应用，体现出当时团花纹的盛行程度，同时，饱满华丽的花卉团花纹也体现了大唐的国力与声威。此阶段的团花纹其主题以富丽的花卉为主，其构图形式既有放射状的，又有对称状的。动物团花是从唐代晚期开始盛行的，其形似"动物团窠"，一般由两只兽头或禽鸟头尾相接、回旋排列而成。[125] 例如法门寺鎏金双凤衔绶御前赐银方盒，方盒的盖面边缘錾饰一周莲瓣纹，中心錾饰由口衔绶带回旋翱翔的双凤组成的团花，角隅处錾刻有十字绶带花结形纹样。这种构图形式的出现体现出了中国本土文化的审美追求，也体现了纹饰风格向民族文化核心回归的趋势。晚唐时期，由于社会的动荡、经济的衰退及统治阶级对文化的禁锢，工艺美术各门类中，团花纹的应用开始减少，其流行程度远不及中唐和盛唐。但是，在法门寺金银器中，团花纹依然为其主要的纹饰样式之一，这亦体现了法门寺金银器的特殊性，其宫廷用具与佛教供养器的身份使其依然保有一定的盛世之风。

　　将法门寺金银器中的团花纹与盛唐时期何家村金银器中的团花纹比较，明显看出法门寺金银器团花纹的图案构成更加复杂，其中的植物与动物形象更加写实，纹饰结构与布局更加灵活多样，其审美特征尽显世俗化与生活化。而何家村金银器的团花纹则强调几何美感，纹饰结构以中心发射状为主，具有一种高贵典雅的审美意味。如法门寺鎏金双鸳团花大银盆盆底的团花纹饰，在由硕大密集的花卉组成的圆环内饰有一只立于花心的展翅鸳鸯，无论是团花中植物或是动物，皆使用非常细密的线条勾画，并且花朵、叶片与禽鸟具有丰富的空间层次关系。

表 4 – 1　法门寺与何家村出土金银器代表性团花纹比照表

器物名	纹饰线图	所属器物群	所属团花纹种类
鎏金双鸳团花大银盆		法门寺	阔叶石榴团花
鎏金双凤衔绶御前赐银方盒		法门寺	双凤团花
金筐宝钿珍珠装纯金宝函整面纹样		法门寺	金筐宝钿珍珠装团花
鎏金团花纹银碣轴		法门寺	八瓣团花
鎏金双蜂团花纹镂孔银香囊		法门寺	双蜂纹团花

器物名	纹饰线图	所属器物群	所属团花纹种类
鎏金十字折枝花纹葵口小银碟		法门寺	阔叶团花、十字形折枝团花
鎏金团花纹葵口圈足小银碟		法门寺	阔叶团花、十字形折枝团花
鎏金团花银钵盂		法门寺	阔叶团花、扁团花
鎏金飞鸿毯路纹银笼子		法门寺	破式团花
鎏金摩羯纹调达子		法门寺	错破式团花
真身银金花双轮十二环锡杖		法门寺	蜀葵纹团花、一整两破式团花
独角兽纹圆形银盒外底纹样		何家村	双层八瓣团花

器物名	纹饰线图	所属器物群	所属团花纹种类
鎏金蔓草花鸟纹银羽觞		何家村	蔷薇式团花
双狮纹短柄三足金铛外底纹样		何家村	九波式团花
团花纹金带把杯外腹纹样		何家村	金筐宝钿团花
团花纹花瓣形银盒盖面纹样		何家村	六出团花
五足银炉盖面纹样		何家村	八瓣镂空式团花

本表中线图分别来自《法门寺考古发掘报告》《唐代金银器研究》。

二、忍冬纹

忍冬①又名金银花，因其具有凌冬不凋的特性而得名。忍冬纹的基本造形为叶状植物，传入中国之后，接受了一定的改造，从而形成各种变体，被广泛应用于各类器物之上。其在北朝时最为流行，特别是在佛教艺术中，北朝以后

---

① 忍冬在《辞源》中的解释为："药草名。藤生，凌冬不凋，故名忍冬。三四月开花，气甚芬芳。初开蕊瓣俱色白，经二三日变黄；新旧相参，黄白相映，故又名金银花。"

继续出现，但已不再繁盛，其样式得到了简化与变异。唐代的忍冬纹常为三曲至五曲的半片叶形式，作为纹样装饰时有的两叶对卷，有的与枝蔓相结合而呈对称侧卷状。对忍冬纹形状的限定，其根据为目前考古论著中的最常见说法，不同的论述中常有差异。[10]131虽然忍冬纹是随佛教传入我国进而广泛流行，但在佛教文献中却找不出其与佛教寓意有关的记载，而从忍冬纹的纹样形态与发展历程来看，它具有更多的是佛教以外的异域文化因素。

在大量的中国早期佛教石窟中，在间隔区域及装饰边角运用最多的纹样便是忍冬纹。它常以一种波形或"S"形藤蔓作为骨架来布局花、叶、果实以及动物和人物纹样。忍冬纹的源流非常复杂，其发展和演变随着不同的传播路径而不断变化，最终形成了复杂多样的形式。很多学者皆对其进行过考据，对其来源大致上认为有三种：一为源自希腊或波斯的"莨苕纹"，二为源自希腊、罗马的"葡萄纹"，三为源自中国本土的"金银花纹饰"。总体上来看，忍冬纹不是一种单一纹样，而应为一种由波形骨架所衍生出的纹样体系，其根据不同的承载内容而进行造形变化，它包含由多种文化所形成的丰富性。中国佛教艺术通过充分吸收采纳其特征而加以利用，虽然佛教艺术并不是忍冬纹唯一的载体，如来自西亚的佛教艺术中即有忍冬纹的运用，但在中国，佛教依然是忍冬纹出现并流行的最大推动力。忍冬纹的传播与盛行，体现了中亚地区不同文化的兼收并蓄，是装饰纹样将不同地域和宗教文化融合统一起来的典型例证[126]。

唐代金银器上多见的忍冬纹是由对卷的两个忍冬叶片构成的花瓣造形，再以若干此花瓣造形组成新的纹饰。饰有此类忍冬纹的器物有：何家村人物忍冬纹金带把杯、何家村莲瓣纹弧腹金碗、白鹤莲瓣纹弧腹银碗等，这些器物时代大多在8世纪中叶以前。8世纪中叶的"李勉"圆形银盘，在盘心双鱼图案四周有类似于忍冬纹的边饰，叶片独立排列，无枝蔓。属于9世纪的法门寺仰莲瓣银水碗、鎏金三钴杵纹银阏伽瓶等器物上的对卷叶造形花瓣，其对卷叶形状并不十分典型，花瓣内的填充纹样也不相同，因此，法门寺金银器上的这类纹饰应是忍冬纹经过进一步简化之后的延续，或衍生出的特殊纹饰造形。在法门寺金银器中饰有此类纹饰的器物多与佛教相关，如作为法器的阏伽瓶和锡杖，佛教活动所用的香炉、银水碗等，由此可推论此类纹饰在法门寺金银器中的运用或确与佛教有关，且在南北朝至晚唐期间的佛教艺术中被持续运用，未曾断绝。

表 4-2 法门寺与何家村出土金银器代表性忍冬纹比照表

器物名	纹饰线图	所属器物群	所属忍冬纹种类
鎏金摩羯三钴杵纹银阏伽瓶		法门寺	忍冬卷叶边
迎真身银金花双轮十二环锡杖		法门寺	忍冬团花
鎏金卧龟莲瓣纹五足朵带银香炉		法门寺	背分式忍冬纹
鎏金壶门座银波罗子		法门寺	背分式忍冬草
仰莲瓣银水碗		法门寺	忍冬卷叶边
人物忍冬纹金带把杯		何家村	波状忍冬纹
莲瓣纹弧腹金碗		何家村	莲瓣卷叶边忍冬纹

本表中线图分别来自《法门寺考古发掘报告》《唐代金银器研究》。

三、蔓草纹

"中国古代的某些文化现象，即非纯粹的'土生土长'，亦非完全从外域传入，而可能是经过反复的双向、多向交流与融合后才得以形成。"[127]蔓草纹便属于这种同时包含中国传统审美和异域文化的纹饰类型。

蔓草纹是唐代颇具时代风格的标志性纹样，它是一种以波状弯曲呈 S 形、连绵不断繁生而成的装饰纹样，这种形状的纹饰又称作"卷草纹"，因其盛行在唐代，故又称"唐草纹"或"唐草"，也称缠枝花。蔓草纹的构图兼具繁简和疏密，富丽而华贵，在隋唐时期十分流行。唐代常见的蔓草纹有：以葡萄造形为主的"葡萄蔓草纹"，以忍冬造形为主的"忍冬蔓草纹"和以莲花造形为主的"莲花蔓草纹"等。

关于蔓草纹的起源问题，至今众说纷纭。目前国际学术界大多较为认可阿罗伊斯·里格尔的观点。里格尔认为蔓草纹起源于古埃及，古埃及的工匠以莲花及纸莎草为原形，进而将其作以连续的蔓草状装饰应用于壁画之上。继而传播至克里特，发展为波浪形的连续纹样，在美索不达米亚，变异为棕榈叶，在希腊则又以莨苕叶为主要造形。里格尔的《美术样式论》中论述道："总言之，这种自由弯曲形式的植物纹样，在迈锡尼美术时期就已应用于装饰。进而迈锡尼美术产生了波形的连续蔓草及'S'形有间断的蔓草纹。古代美术史中的希腊化时期，乃是孕育这种独特植物蔓草纹的摇篮……希腊人创造了这种具有韵律节奏的'线条美'的蔓草纹样。"[128]然而，里格尔的著作中并没有涉及中国的蔓草纹，所以并不能完全揭示这种作为世界性纹样之全貌。日本的杉浦康平在其《造型的诞生》中谈道："小棕榈花纹（蔓草纹）由古希腊传至罗马，再传到西亚、印度及中国。被引入佛教艺术，并与佛教一起传入中国和东南亚等国。"[129]然而，在中国数千年的文化遗存与出土文物中，与蔓草纹相关联的何尝一二，从伏羲八卦到半坡鱼纹彩陶盆上的波状纹样，从河姆渡文物中的"叶形"纹到江苏大墩子发现的"花卉"纹等实例中，皆能找到蔓草纹的造形基因。"S"形曲线为最具美感的线形，已是世界公认的事实。"S"形结构的装饰构图与纹饰在中国古代的陶器、青铜器、金银器、漆器、瓷器、纺织品等工艺美术品中应用广泛，蔓草纹很可能是在这种通行审美中衍发出来的纹饰类型。《中国纹样史》中认为蔓草纹是和中国古代的卷云纹及忍冬纹一脉相承的，书中提道：

"从纹样自身来看，其发展演变可分作汉代的'卷云纹'、魏晋南北朝的'忍冬纹'、唐代的'卷草纹'（蔓草纹、唐草纹）以及近代的'香草纹'诸多阶段，虽然名称各异，但其基本形式皆为在波浪形的枝蔓骨架上配以叶片或花朵（配以花朵的又称'缠枝花'）。"[124] 229–230

唐代蔓草纹的形式多样，既可作为器物的主题纹样，也能作为器物口沿、底部及折棱处的装饰。如沙坡村狩猎纹筒腹银高足杯、何家村狩猎纹筒腹银高足杯、凯波狩猎纹筒腹银高足杯、西雅图缠枝纹银带把杯、旧金山鹦鹉纹多曲银碗、弗利尔双凤纹蛤形银盒等。饰有纤细、花叶较小的缠枝纹边的器物出现在8世纪前半叶标准器物群，花叶较肥大的缠枝纹边出现在8世纪中叶及后半叶的器物上，无花叶只有卷蔓的缠枝边出现在9世纪的器物上。法门寺金银器中的蔓草纹具有典型的9世纪唐代金银器蔓草纹的造形与构图特征，与唐前期的蔓草纹相比，纹饰的造形元素由复杂多样改为精练单纯，纹饰布局由繁密转向疏朗，装饰效果更显流动飘逸。此外，从法门寺金银器的蔓草纹装饰中可以发现，此时的蔓草大多作为动物或人物的背景，无花、无叶的卷蔓以一种简单的纹饰构成充当了装饰画面的基底，使动物、人物纹饰在视觉上更显突出，而唐前期的蔓草纹则与动物、人物融为一体，粗略看去难以分别，例如何家村鎏金花鸟纹银碗上的蔓草与花鸟纹。

在法门寺鎏金伎乐纹银香宝子中，器盖立沿的沿面上饰有二方连续式的蔓草纹，腹壁上錾刻的伎乐形象四周均衬饰背分式蔓草纹。这种完全图案化的蔓草造形，在一个伎乐吹奏、舞蹈的形而下的现实场景中铺陈开来，立刻把唐朝人的生活意趣提升到了另一种超然境界之中，饰器物的装饰画面变得形而上了。这种纹饰组合形式说明了在客观写实的世俗场景中，利用特定的纹饰图案进行配置铺陈，能使观者感受到一种反常态的、非客观的视觉冲击。观者往往会根据这些视觉信息，将这些画面种的客观场景转化为主观情境，从而体现了艺术的现实性与精神性的辩证关系关系，如果一种艺术形式完全超越了客观现实，精神世界的表现便无从架构。在纹饰艺术的表现中，将客观内容控制在一定范围之内，使客观的表现形式具有可转换的空间，才能提升纹饰的超现实性，使器物的纹饰具有艺术的精神性。[130] 39

表4-3　法门寺与何家村出土金银器代表性蔓草（缠枝纹）比照表

器物名	纹饰线图	所属器物群	所属蔓草（缠枝）纹种类
迦陵频伽纹小金钵盂		法门寺	缠枝蔓草
鎏金伎乐纹银香宝子		法门寺	二方连续、缠枝蔓草
鎏金毬路纹调达子		法门寺	缠枝蔓草
鎏金人物画银香宝子		法门寺	八瓣团花
如来说法盝顶银宝函		法门寺	双蜂纹团花
鎏金双凤纹五足朵带银炉台		法门寺	缠枝蔓草
鎏金双狮纹菱弧形圈足银盒		法门寺	缠枝蔓草、二方连续莲叶蔓草

器物名	纹饰线图	所属器物群	所属蔓草（缠枝）纹种类
鎏金四天王盝顶银宝函		法门寺	阔叶团花、扁团花
鎏金银捧真身菩萨金匾		法门寺	缠枝蔓草
六臂观音纯金宝函		法门寺	缠枝蔓草
三钻杵纹银臂钏		法门寺	缠枝蔓草
迎真身银金花双轮十二环锡杖		法门寺	缠枝蔓草
鎏金独角兽纹银圆盒		何家村	缠枝蔓草
孔雀纹盝顶银宝函		何家村	二方连续蔓草
鎏金花鸟纹银碗		何家村	缠枝蔓草
蔓草花鸟纹银羽觞		何家村	缠枝蔓草

本表中线图分别来自《法门寺考古发掘报告》《唐代金银器研究》。

第三节 法门寺金银器中的动物纹饰

动物纹装饰是贯穿整个中国乃至世界工艺美术发展历史的装饰形态。然而，动物纹本身也经历了漫长的演变过程，从原始社会岩画的"记事簿"，到巫术化的图腾崇拜，再到为统治阶级所用的神话异兽，后又发展到具有吉祥寓意和生活化审美趣味的表现形式。

动物纹装饰在唐代前期常以写实的手法来表现走兽等动物主题，如狮子、马、鹿、犀牛等，还屡见有着浓郁西方艺术风格的翼兽，随着时间的推移，例如凤凰、鸳鸯、孔雀、鸿雁等传统瑞鸟纹样也日渐增多，还有一些具有仙风灵气及长寿吉祥寓意的瑞兽成为新的装饰主题，如龟、熊、狐、虎等，龟寓意坚韧、长寿，古人认为其可卜知吉凶，祛难避害，而龟在中亚、西亚的装饰纹饰中尚未发现。"中国古人还认为熊现于梦是生男之预兆，在《诗经》中便有'吉梦维何，维熊维罴'的诗句，晚唐时期，这类动物纹饰已经变得非常普及。"[131]67金银器作为唐代最具典型意义的工艺美术品类，其动物纹饰的演变轨迹也反映了唐代社会政治、经济和文化的变迁。法门寺金银器作为晚唐时期金银器的代表性器物群，其中的动物纹饰主题与形式种类多样、特色鲜明，生活情趣与宗教思想常常夹杂其中，对法门寺金银器总体艺术风格的形成具有重要意义。

一、鸿雁纹

雁形目的鸟类统称为"雁"，目前已发现的种类包括鸿雁、灰雁、豆雁、黑雁等[132]。雁在民间被通称为"大雁"，但是在艺术作品中以"鸿雁"① 之名出现最多，如在我国最早的诗歌文本《诗经·小雅·鸿雁》中就有"鸿雁于飞，肃肃其羽……鸿雁于飞，集于中泽…鸿雁于飞，哀鸣嗷嗷"描写。[133]而展翅飞翔的鸿雁又常被称作"飞鸿"。《物类相感志》言："大曰鸿，小曰雁。"故常以

---

① 鸿雁分布于中国和西伯利亚地区，多在河川与沼泽地带栖息。食草，多夜间觅食，而白天则在近水处游荡。秋季南迁，常结群在高空飞行，成 V 字形队列，常发出洪亮叫声。在中国东部长江中下游及以南地区过冬。参见：大百科全书：第 9 册 [M]. 北京：中国大百科全书出版社，2009：566.

鸿雁统称。《物类相感志》又言："雁奴阳鸟也。飞作八字在天，人若张其一，则飞行中少一位也。"因此，雁除既有守时的寓意，也表示秩序。唐代的观察使以及四、五品官员多以鸿雁衔瑞草的纹饰装饰绯衣。[134]98《礼记·月令》云："季秋之月，鸿雁来宾，季冬之月，雁北乡。"因雁为候鸟，古代多用雁比作"婚赘"①，有"候时而行"的意思。唐代视雁为祥瑞之鸟。鸿雁纹作为一种装饰纹样在各类工艺美术作品中也较为常见。如上海博物馆收藏的春秋晚期青铜鸟兽龙纹壶，其器腹下部便饰有一周鸿雁纹；江苏海州网疃庄汉墓出土的金银平脱长方漆盒上亦有造型逼真的鸿雁纹造型。四川省博物馆收藏的东汉画像砖《弋射收获图》上有"天空雁鹜惊飞"的画面。因此可知，至迟从汉代开始便已出现鸿雁纹的装饰，至于鸿雁纹在中国究竟始于何时，仍为有待探索和研究。

在唐代金银器之中，鸿雁纹应用十分广泛，但很少作为主题纹饰，主要起辅助性装饰功能，其总体艺术风格偏向写实，具有浓郁的生活气息。盛唐时期的器物如何家村的飞狮纹银盒、石榴花纹银盒、双雁纹银盒、孔雀纹方银盒及鎏金鸿雁纹银匜等。其中，何家村的双雁纹银盒是将鸿雁用作主题纹样的少数器物之一，该盒盒盖顶面中央装饰有相向而立的双雁纹饰，双雁均立于一个莲蓬之上，对衔一具由花结造形的菱形胜，其胜下有垂穗，上方有一三朵莲花，皆为一花二叶式。雁的形态刻画比较精细，其翅膀錾有细密的长线条纹，身体上錾有稀疏的短线条，对比鲜明。其构图形式为当时金银器纹饰的流行布局，对称排列、雁口衔胜或绶带、足踏花枝，图案化特色突出。在三兆村鸳鸯纹银盒之上，除錾刻二只鸳鸯外，还錾刻出了两只飞翔状的鸿雁作为辅助装饰，前一只衔有花枝，后一只紧随飞行，静态的鸳鸯与飞翔的鸿雁形成动与静的视觉对比，作为辅助纹饰的鸿雁更加自然生动，富有活力。[135]

晚唐时期，鸿雁纹依然是金银器以及其他工艺美术门类中常见的纹饰样式。法门寺出土的双鸿纹海棠形银盒、鸿雁纹壶门座五足银香炉、双鸳团花纹大银盒、鎏金飞鸿毬路纹银笼子等皆饰有鸿雁纹，具体如下：

双鸿纹海棠形银盒。锤揲成型，部分纹饰鎏金。盒体呈海棠造形。盖面隆起，其上模冲出两只首尾相对展翅而飞的鸿雁。

鎏金飞鸿毬路纹银笼子。锤揲与模冲成型，器物通体镂空，表面纹饰平錾并鎏金。盖面饰有五只飞鸿，其中内圈飞鸿皆引颈向内，外圈则两两相对。笼

---

① 赘，形声。从贝，执声。从贝，与财富有关。本义古时初次求见人时所送的礼物，见面礼。

体腹壁錾饰三周飞鸿，共二十四只，皆相对翱翔。

鎏金鸿雁纹壶门座五环银香炉。器物整体钣金成型，部分纹饰鎏金。其腹壁上设有五个镂空的壶门，壶门下部各有一突出的莲蕾，壶门之间各錾饰一只鸿雁，并衬以蔓草及鱼子纹地。

鎏金飞鸿纹银则。模铸、锤揲成型、部分纹饰鎏金。则面呈卵形，略凹。则柄扁长，下窄上宽，上下部位有錾花鎏金，上段为流云和飞鸿纹，下段为菱形图案，其间錾十字花。其为烹茶过程中投放茶末之用具。

鎏金鸿雁流云纹银茶碾子。铸造、锤揲成型，部分纹饰鎏金。整体为长方形造型，由碾槽、槽座、辖板组成。槽身两端做如意云头状，槽身两侧均饰有一只鸿雁，并衬以流云纹。

法门寺金银器上的鸿雁纹皆是作为辅助纹饰存在，即便是在通身装饰二十五只鸿雁的鎏金飞鸿毬路纹银笼子上，鸿雁纹亦没有成为器物装饰的主导，可见鸿雁纹在唐代金银器中始终趋向于一种散点式的装饰布局。另外，法门寺金银器中的鸿雁纹皆为飞翔姿态，且多成对出现，与何家村金银器中多见的单只站立造形颇为不同，体现了晚唐社会思想与审美诉求的变化。

表4-4　法门寺、何家村、丁卯桥出土金银器代表性鸿雁纹比照表

物名	纹饰线图	所属器物群	所属鸿雁纹种类
鎏金飞鸿毬路纹银笼子		法门寺	对飞鸿雁
鎏金飞鸿纹银则		法门寺	相向飞鸿
鎏金鸿雁流云纹银茶碾子		法门寺	对飞鸿雁
鎏金鸿雁纹壶门座五环银香炉		法门寺	单飞鸿雁
六臂观音纯金银宝函		法门寺	对飞鸿雁

物名	纹饰线图	所属器物群	所属鸿雁纹种类
双鸿纹海棠形银盒		法门寺	对飞鸿雁
鎏金蔓草花鸟纹银羽觞		何家村	立雁
鸳鸯莲瓣纹金碗		何家村	单飞鸿雁
双雁纹银盒		何家村	对立衔胜双雁
鎏金双鹦鹉莲瓣纹带盖银盒		丁卯桥	环飞鸿雁

本表中线图部分来自《法门寺考古发掘报告》《唐代金银器研究》，部分自绘。

二、狮纹

狮子，中国古代又称狻猊、白泽。在中国的传统文化中是寓意吉祥的瑞兽，其来自域外，实为外来输入的物种。狮子主要产自非洲，在古代亚洲的波斯、印度、亚述、巴比伦等地区十分常见。在中国古代，作为王兽的狮，其许多品种都有传入。狮纹在唐代工艺美术中之所以能得到广泛的应用，除承袭前代的神兽崇拜以外，与唐人开放的胸襟、昂扬的进取状态关系密切，并进而将狮子从猛兽上升为兼具神性的吉祥瑞兽，并衍发出驱邪避难的精神特质。另一方面，随着佛教在唐朝的不断传播，也推动了狮纹的进一步普及，狮子在当时人们心中既象征权势，也兼有宗教象征意义。"狮子吼"是佛陀向世间众生说法的一种隐喻，且佛陀被认为具有雄狮的品格，其坐席常被称为"师子座"[134]125，佛教还将狮子视为护法者，拥有辟邪镇恶之能力。此外，狮子亦是佛教中文殊菩萨之坐骑，有着智慧和力量的象征。文殊为中国佛教的四大菩萨之一，地位极高，在佛教图像中常侍立在释迦牟尼佛的左侧，为智慧的化身。法门寺鎏金如来说法盏顶银宝函左侧面即有文殊骑狮的图像纹饰，宝函上的狮子形象高大威猛，体格矫健，仪态凛然而不可侵犯。

唐代是中国狮纹的重要发展时期，以盛唐为代表，其开放的文化观念、豪迈的开拓精神为狮纹艺术表现力的提升提供了得天独厚的条件。随着丝绸之路的畅通，对外交流不断扩展，狮纹作为中西文化艺术的交流符号，被广为使用。唐代金银器上的狮纹主要可以分为三类：

第一类为有翼狮纹，其在唐代金银器纹饰中所占比例较高，主要出现于中唐以前。这种带翼的兽纹应主要受外来文化影响，亦沿袭了汉代传统，而唐代金银器中的部分狮纹还应是吸收了波斯、萨珊及粟特的金银器装饰特征，而后结合本土文化与审美意识，形成了唐代特有的金银器带翼狮纹装饰。如何家村窖鎏金飞狮纹银盒，其纹饰结构接近在波斯、萨珊银器常见的"徽章式纹样"，具有强烈的外来艺术风格。

第二类为写实风格狮纹，例如内蒙古喀喇沁旗出土的鎏金狮纹银盘，其上所饰狮纹为独立纹样，狮子的鬃毛飘动，兽首侧向左后方，张口，左前足为抬起状，左后足似在为自己搔痒，其尾夹于一双后腿之间，神态祥和悠闲，造形自然逼真。

图4.2 何家村鎏金双狮纹银碗
（作者自摄于陕西省历史博物馆）

第三类为变异形狮纹,此类狮纹既无双翼,也不尽写实,从狮纹形象本身来看,如同是在写实风格狮纹的基础上变异而来。唐代金银器中的这类狮纹出现的原因比较复杂。首先,尽管唐前期丝绸之路通畅,对外交流频繁,外来事物不断进入中土,但狮子仍是极其少见的动物,一般人并不能亲眼得见,金银器工匠或只能通过听闻口传,然后加以想象来创作狮纹形象,因此产生变异现象。再者,狮子造形经过"胡化"之风,再到写实之象,最终可能又加入了中国本土文化中的神异传统,并诸如本民族的审美趣味,人为地创造出一种变异后的狮纹装饰。如何家村鎏金双狮纹银碗(见图4.2),其中心饰有鎏金的对狮纹饰,狮头部所占比例较大,长鬣圆睛,憨态可掬,尾部形似缠枝纹,通身满饰纹样,口衔缠枝花,双狮下方也饰有缠枝花,双狮外绳索纹、波浪纹各一圈。此狮造形似犬,全无威猛之气。[136] 131 – 132

图4.3 双狮纹菱弧形圈足银盒盒盖顶面纹饰
(图片引自《法门寺考古发掘报告》上册第118页)

法门寺金银器中的双狮纹菱弧形圈足银盒盒盖顶面所饰双狮纹(见图4.3)便属于第三类。此双狮纹一狮似汉代的辟邪或麒麟之状,一狮似犬。似犬的狮子体形丰满、轮廓浑圆,发卷,毛鬣以錾线表示。两狮子似在花丛戏耍,一只奋力追赶,口张似吼,而似犬的狮子回顾张望,表情轻松俏皮。狮纹錾刻精细,生动异常,虽题材为王兽雄狮,却流露出浓郁的生活气息。此双狮纹中的狮子形象与真实之狮大不相符,极具观赏性,其中国化特征正在加强。按照齐东方先生的分期,何家村鎏金飞狮纹圆形银盒、奔狮唐草纹银瓶、何家村双狮纹短柄三足金铛等处于唐代金银器的飞速发展期,喀喇沁鎏金狮纹银盘、八府庄狮纹葵花形银盘等处于成熟期，法门寺双狮纹菱形圈足银盒等正处于普及和多样化时期。[10]167-174法门寺双狮纹菱弧形圈足银盒上的双狮纹与其后的缠枝蔓草共同组成一幅生机盎然的动态画面，结合器物菱弧形的轮廓，凸显了曲线构成的美感。

三、鸳鸯纹

鸳鸯纹在我国传统工艺美术中经常见到，多出现在金银器、丝织品、瓷器中，常与莲池、莲荷纹并用，又称"鸳鸯卧莲纹"或"鸳鸯戏莲纹"。早在汉代时期，鸳鸯形象就在纺织品上出现。东汉诗词《客从远方来》中道："客从远方来，遗我一端绮……文采双鸳鸯，裁为合欢被。"这里的"双鸳鸯"即为在绮上织就双鸳鸯的图案。晋人崔豹的《古今注·鸟兽》中云："鸳鸯，水鸟，凫类也。雌雄未尝相离。人得其一，则一思而至死，故曰匹鸟。"唐代卢照邻《长安古意》一诗中描述对言："得成比目何辞死，愿作鸳鸯不羡仙。"由此可知，至迟自东汉始，鸳鸯即已成为爱情美满的象征，被誉为瑞鸟之一。以鸳鸯为题材的纹饰图案也应当同时出现在当时的工艺美术品中。两汉与魏汉晋时的工艺品文物实物中尚未发现此类纹饰，但在唐代的金银器、三彩陶器、丝织品等工艺美术品上已经大量出现鸳鸯纹饰。自晚唐开始，已经形成了鸳鸯纹与莲池、莲荷相结合的纹样程式。唐末五代时期的词人毛文锡《虞美人》中就有"鸳鸯对浴银塘暖"的词句。可见，莲池与鸳鸯纹的组合已是时人所喜闻乐见的纹饰图案。

唐代金银器中的鸳鸯纹大体可分为四类，即单只鸳鸯、同向站立的成双鸳鸯、相对而立的成双鸳鸯、对立衔绶带或衔花草纹的成双鸳鸯。

单只鸳鸯。这类鸳鸯形象多取侧面角度，包括脚掌在内的鸳鸯整体造型均作以刻画，其动态或呈张翅欲状，或呈静止站立状。如何家村出土的"鸳鸯莲瓣纹"金碗和"蔓草鸳鸯纹"鎏金银羽觞。

同向站立的成双鸳鸯。如郑洵鸳鸯纹蛤形银盒、郑绍方鸳鸯纹椭方形银盒中的鸳鸯纹饰。

相对而立的成双鸳鸯。如双鸳六出花银盒、鸳鸯莲瓣银盒、印第安纳波利斯双鸳鸯纹圆形银盒中的鸳鸯纹饰。

对立衔绶带或衔花草纹的成双鸳鸯。如何家村"双鸳纹"圆形银盒、"韦美美鸳鸯纹"蛤形银盒、"双鸳衔绶纹"银盒中的鸳鸯纹饰。

法门寺出土的鎏金双鸳团花大银盆的盆壁分作四瓣，每瓣錾饰有阔叶石榴团花两个，每个团花中皆有一只呈鼓翼状的鸳鸯形象（见图4.4）立于仰莲座之上，做两两相对之势，余白处衬以流云和三角形阔叶纹。盆腹内外纹饰基本一致。盆底纹饰呈浅浮雕形式，为阔叶石榴大团花形，中心錾饰嬉戏鸳鸯一对。此器物中的鸳鸯纹，造形写实而生动，纹饰细密，变化丰富，实为唐代金银器鸳鸯纹中的经典样范。其作为团花纹的组成部分，与植物纹在视觉上协调互补，体现了晚唐动物纹的高超装饰水平。前文论及此种功用时提到，其可能作为"浴佛"之用，也可能是宫廷中的日用盥洗器，鸳鸯纹有家庭和睦美满的寓意，也有祈祝健康的象征，此鸳鸯纹中的鸳鸯形象饱满圆润，体态丰盈，挺胸鼓翼，十分符合上述寓意与象征。

图4.4　法门寺鎏金双鸳团花大银盆中的鸳鸯纹
（图片引自《法门寺考古发掘报告》上册第140页）

四、天马纹

天马作为中国的神话形象中的瑞兽，多被描绘成无角有翼能够翱翔天宇之上的骏马。汉代人出于对马的喜爱，进而将其神化，借由想象给骏马安上了一双翅膀，使凡马成为翱翔天空与仙界的"天马"。汉代的"天马"在时人的想象中是一种便捷而富有灵性的神话骑乘工具。1966年在陕西咸阳的西汉元帝渭陵"长寿官"遗址中，发掘出一件"羽人骑天马"的汉白玉材质雕像。此外，在南阳汉画像石中也出现了"天马"的形象，天马的前边为一只猛虎撕咬妖怪的画面，后边则是腾云驾雾的"天马"飞奔而来，此画像石所描绘的画面体现了墓主人的灵魂欲驾骑"天马"而飞升天国的愿望。[137]

古人为表现天马与凡马之间的差别，常于马下绘制出云朵造型，以此来体现天马翱翔于天的典型姿态。在唐代诗人张仲素的《天马辞二首》中便有："天马初从渥水来，郊歌曾唱得龙媒。不知玉塞沙中路，苜蓿残花几处开。躞蹀宛驹齿未齐，摐金喷玉向风嘶。来时欲尽金河道，猎猎轻风在碧蹄"的诗句；李白的杂言诗《天马歌》中写道："天马来出月支窟，背为虎文龙翼骨。嘶青云，振绿发，兰筋权奇走灭没。腾昆仑，历西极，四足无一蹶。鸡鸣刷燕晡秣越，神行电迈蹑慌惚。天马呼，飞龙趋，目明长庚臆双凫。尾如流星首渴乌，口喷红光汗沟朱。曾陪时龙蹑天衢，羁金络月照皇都。逸气棱棱凌九区，白璧如山谁敢沽。"

图 4.5　鎏金鸿雁流云纹银茶碾子上的天马纹
（图片引自《法门寺考古发掘报告》上册第 134 页）

法门寺出土的鎏金鸿雁流云纹银茶碾子（见图 4.5），其座壁上设有镂空的壶门，壶门上方上錾饰有天马纹，天马前足下与身后均衬饰流云纹。天马纹与流云纹的组合环绕在镂空的壶门四周，表现出了天马腾空翱翔之态，并形成对向运动之感，天马纹与流云纹的装饰布局具有较强的节奏感，填充与留白恰如其分，与壶门造型相得益彰。此处的天马形象具有较大的马首，较为纤瘦的马身及长长扬起的马尾，与何家村出土的鎏金舞马衔杯银壶中的舞马形象相比，体态不再雄健肥美，而更显灵动飘逸，既反映了天马与凡马的不同，也体现了此时人们审美的变化。

第四节　法门寺金银器中的人物纹饰

器物上的人物纹饰是最能直接体现时人生活状态与思想观念的纹饰题材，多在器物中作为主题纹饰出现。这里所谓"人物纹"是将"宗教人物"排除在外的，更加贴近现实生活的人物题材纹饰。随着唐人审美逐渐转向自然与生活趣味，人物纹的艺术风格也与前代大有不同，特别是在唐代工艺美术中最具标杆意义的金银器上，反映尤为明显。

唐代金银器中以人物为题材的装饰纹样一般是对现实生活的直接描绘。在唐前期的许多人物题材纹饰中反映比较突出，那时的人物纹题材主要为狩猎纹与伎乐纹，典型的例子如何家村窖藏金银器中的高足杯、带把杯等，它们多取材自皇家权贵的日常生活场景，其中很多人物还做"胡相"，体现出当时的胡人随处可见，金银器的装饰艺术亦未摆脱西域风格的影响。到后期，人物纹的数量明显在减少，其所表现的内容也大都转向出自古代经史的故事人物及世俗化的童子[138]178。

法门寺金银器中的人物纹具有唐代后期的典型特征，尽管饰有人物纹的器物在器物总量中不占多数，但其独特的装饰手法及纹饰艺术风格却极具研究价值，在同时期的人物纹装饰中独具代表性意义。

一、伎乐纹

唐代金银器中的伎乐纹常由多个伎乐人物组成，是唐代所独有的纹样形式，在伎乐人物的四周饰以各种不同的背景纹饰。对唐代伎乐纹中所体现的舞蹈来源、舞人造型及其与佛教的关系等问题，已有诸多学者进行过相关研究。唐代伎乐纹中的舞人形象大多呈"S"形站立，身披帛带，脚踩圆毯，翩然起舞①。这种人物造型在唐代的佛教石窟壁画、墓葬壁画以及石椁线刻之中亦为常见。如西安大唐西市博物馆收藏的鎏金伎乐纹银盏托，系晚唐制品，其上伎乐纹的舞人形象中有锦帛飘然穿过双臂，其脚下有"花型圆毯"，这些图像特征与文献记载及唐代壁画等中的"胡旋舞"形式十分接近，其他的伎乐纹装饰也应是对"胡旋舞"的不同形式之描绘，有些器物中伎乐纹的舞人脚下未见圆毯，可能是一种简化和提炼的艺术性改造。

法门寺鎏金伎乐纹银香宝子（见图4.6）中的舞人脚下虽未见圆形毯状物装饰，但其下围绕圆筒状器腹的一周莲瓣造型，却俨然构成一处半立体的圆环形"舞台"，伎乐舞人似立于圆环形的莲花舞台之上，此"舞台"可能便是设

---

① 唐代典籍中提到的"胡旋舞"多为一种女子舞蹈，偶有男子舞蹈的记载，其以旋转的舞姿为特征，具有柔美、律动的艺术特色；"胡腾舞"则多为男子舞蹈，以腾踏的舞姿为特征，具有刚健的艺术特点。此二种舞蹈基本形式比较接近，舞者手中常握有飘带、脚下皆踩垫圆毯。

计者对"花型圆毯"的创意性替换。同理,何家村窖藏的鎏金伎乐纹八棱银杯(见图4.7)、大唐西市博物馆收藏的鎏金伎乐纹银盏托,其舞人下方均有花型圆环状图案或造型,只是没有法门寺鎏金伎乐纹银香宝子中的莲瓣"舞台"形象,但是亦可体现胡旋舞者脚踩花形圆毯的形象特征。

图 4.6 鎏金伎乐纹银香宝子上的伎乐纹

(图片引自《法门寺考古发掘报告》上册第 185 页)

图 4.7 何家村窖藏的鎏金伎乐纹八棱银杯上的伎乐纹

(作者自摄于陕西省历史博物馆)

何家村鎏金伎乐纹银杯的制作年代在唐代开元时期之前,其伎乐纹深受粟特等西域艺术风格影响。《新唐书·西域传》记载有:"贡锁子铠,水精杯,玛瑙瓶,鸵鸟卵及越诺、侏儒、胡旋女子。"[140] 因胡旋舞源自西域,所以此器物中的伎乐纹便是当时胡风盛行的极佳例证。而法门寺鎏金伎乐纹银香宝子、大唐西市博物馆收藏的藏鎏金伎乐纹银盏托的制作年代均在唐天宝年以后,可见胡旋舞在唐代中后期仍普遍流行。此外,在众多的佛教壁画(经变画)中,伎乐形象除常出现在乐舞场景中,还被描绘于龛楣、横梁之上。在这些伎乐形象里,经常可见脚踩莲花宝座、手持乐器的佛教伎乐形象，这代表了从莲花化生的佛教净土思想。唐代是中国古代佛教盛行时期，金银器中的伎乐形象也应与佛教存在一定的关联，因此佛教伎乐形象也应是唐代金银器伎乐人物纹造型的来源之一，唐代日常生活中的胡旋舞经常出现在佛教壁画等宗教美术中，而佛教的化生图同样可被用在日用器物的纹饰装饰之中，二者联系紧密且互相影响。晚唐时期，政局动荡，然而皇家权贵却愈加沉迷文娱游乐，加之佛教与伎乐的内在关联，在法门寺金银器中出现伎乐纹也就不足为奇了。由于法门寺金银器中饰有伎乐纹的器物为密宗供养器，所以此处的伎乐纹应更具佛教色彩。

饰有伎乐纹的唐代金银器其器物整体造型可分为三种：八棱型、六边型和圆柱型。器物的不同造型与纹饰艺术关系紧密，这种关系主要体现在纹饰的观看方式与纹饰画面的图形样式两方面：

从纹饰的观看方式来看。八棱形金银器中伎乐形象的排列形式与我国古代家具中的折扇式屏风十分相像。六边型、圆柱型金银器则更似"卷轴画"。而其共有的观看方式与中国古代传统工艺品"走马灯"（唐代又称仙音烛、转鹭灯）类似，只是"走马灯"上的图案、画面多可自动循环转动，而饰有伎乐纹的金银器物需由人转动把玩，或围绕其观看端详。

从纹饰画面的图形样式来看。八棱型造型的金银器，其每个伎乐形象所处画面为左右侧边内凹的四边形，如何家村八棱银杯中的伎乐舞人均站立于两侧内弯、长方的内收边框之中，此样式给人带来一种紧凑、生硬的视觉感受；六边型造型的金银器，其每个伎乐人物所处画面近似扇形，扇形给人一种向外的张力，每个扇形画面通过器物的折棱分隔，如整体观看，则所有伎乐舞人皆处于一个六边的花型边框之内，如大唐西市博物馆藏银盏托；圆柱型造型的金银器，其每个伎乐人物所处画面呈饱满外张的方形，如法门寺银香宝子中每个伎乐纹均占据器腹上的一个方形区域，并处于由蔓草纹形成的更为饱满的椭圆形边框之内。由此可见，法门寺香宝子中的伎乐纹不仅本身线条柔美、造型圆润，其所属画面的图形样式亦追求圆融之态。

二、人物画

唐代金银器中的"人物画"纹饰从广义上讲即是人物类纹饰（包括伎乐纹等含有人物形象的纹饰类型），而狭义上的"人物画"纹饰则应限定在人物造型与装饰构图都具有一定绘画性及画面感的特定纹饰类型。由于法门寺金银器中的"人物画"纹饰颇具典型性,其纹饰中所体现出的绘画性倾向异常明显,故本文对人物画纹饰的概念仅限定在狭义范畴之内。唐代金银器人物画纹饰的特殊性在于:首先是"引画入器",将绘画艺术通过金银器装饰工艺跃然于器物表面,作为绘画性的纹样,其装饰手法与效果皆与其他仅强调装饰性的纹饰大不相同;其次为"以画为饰",唐代金银器中的人物画纹饰皆为主题纹饰,直接体现器物装饰艺术风格,因此人物绘画所带有的叙事性、场景感也被带入金银器的整体艺术风格之中;最后即"錾线成形",唐代金银器的人物画装饰的成形手法基本依靠錾刻线条,与唐代前期胡化的浮雕人物差异明显,这种表现手法与在平面上绘制的人物绘画一脉相通,以錾刀代替画笔、用线条表现人物形象。

目前已发现的饰有人物画纹饰的唐代金银器多为晚唐时期的制品,其人物画纹饰的主题不外儒家经典人物故事、世俗化的童子等。这些人物画纹饰在金银器装饰中的出现,体现了晚唐时期人们对儒家思想的推崇,以及对世俗情趣的追求。

代表性器物有:法门寺人物画银香宝子背阴村春秋人物纹三足银罐以及丁卯桥婴戏纹三足银瓶。这三件器物中,尤属法门寺人物画银香宝子中的人物画纹饰的刻画相对精致、细腻。

图4.8 背阴村春秋人物纹三足银罐
(作者自摄于陕西省历史博物馆)

背阴村春秋人物纹三足银罐(见图4.8)是9世纪前半期的器物,其器腹圆而鼓,分作不明显的三曲,每曲皆饰有一幅"人物故事画"。器物表面所有纹饰包含人物、题榜、流云与萱草等。其人物画位于流云环绕而成的近似长方形区域内，人物形象的四周有鱼子纹作底，画面的边框比较模糊。根据"子路""少正卯"及"论语注灵公问政"三个题榜可知，此器物中的人物画纹饰取材儒家经典，皆为春秋时期儒家人物。此罐的纹饰刻画比较简单和草率，人物形象的刻画仅用寥寥数笔，但却已具有较强的绘画性，加上题榜的辅饰，更似绘画中的落款或印信。[143] 124

图 4.9　丁卯桥婴戏纹三足银瓶
（作者自摄于镇江博物馆）

丁卯桥婴戏纹三足银瓶（见图 4.9）为侈口束颈，鼓腹圜底，腹下有等距离的焊痕，说明其原带足，通体鎏金，器颈部刻有联珠纹、蔓草纹及褶带纹带，器腹部以串枝花作隔，以卷叶纹组成三个莲瓣形的开光，器腹部的开光内用针状扇式纹及草叶纹作为点缀，分别刻划出三组人物画纹饰：一为三人说唱，二为两童子对坐戏草，三为童子乐舞，人物形象以鱼子纹作底。人物画下方作一朵十二瓣花为器底装饰。[144] 28

法门寺出土的两件人物画银香宝子（见图 4.10），器物造型基本一致，表面纹饰布局亦基本相同，只是在各自腹壁上的四个壶门内錾饰有不同内容的人物画。其画面主题一件为"仙人对饮""箫史吹箫""金蛇吐珠"和"伯牙抚琴"；另一件为"郭巨埋儿""玉祥卧冰""仙人对弈"和"颜回问路"。

以"金蛇吐珠"为例。画面左侧有一仰颈的大蛇，口含宝珠，右侧有一老者，身着长袍，头戴高冠，躬身而立，向前抬手，做欲接状，空白处还饰有山石和树木等形象。此人物画描绘的应是"随侯得珠"故事里的高潮部分。"随侯得珠"的典故在晋代干宝编著的《搜神记》①中有过描述，这类题材人物画在金银器装饰的出现，反映出当时的统治阶级及主流社会意识正在推崇"感德报恩"的道德思想。

图 4.10 法门寺出土的鎏金人物画银香宝子
（图片引自《法门寺考古发掘》）

这些人物画装饰往往具有极强的主题性，其传达思想观念的功能多于装饰美化的功能。从中反映出此时金银器的设计制作对绘画艺术的借鉴现象。关于唐代工艺美术对绘画艺术的借鉴还有一个例子，即中晚唐时期的长沙窑釉下彩瓷器，其解决在瓷器表面彩绘花纹的技术问题，工匠们以绘画的笔意、形象及构图在瓷胎进行绘制，为宋代"绘画直接进入工艺美术领域"开了先河。[145]259可见这一时期绘画对工艺美术的影响具有一定的普遍意义。

从法门寺人物画银香宝子中可以看出，其人物画纹饰中的人物造型与线条刻画显然受到了当时绘画艺术风格与技法的影响，尤以对晚唐画风的借鉴为甚。顾恺之在其《论画》中曾提出"凡画，人最难，次山水，次狗马"[146]124。人有

---

① 《搜神记》卷二十："隋县法水侧，有断蛇丘。隋侯出行，见大蛇被伤中断，疑其灵异，使人以药封之，蛇乃能走。国界其处'断蛇立'。岁除，蛇衔明珠以报之。珠盈径寸，纯白，而夜有光明，如月之照，可以烛室，故谓之'隋侯珠'，亦曰'灵蛇珠'，又曰'光明珠'。丘南有季良大夫池。"

着丰富的心理活动及主观能动性，与禽鸟走兽不同，更与无生命的山水台榭相去甚远，对人物的刻画，不仅要"栩栩如生"还要"形神兼备"，这是中国古代人物绘画的基本原则，"以画入器"亦需遵循。

图4.11　人物画银香宝子上的人物画纹饰，"仙人对弈"
（图片引自《法门寺考古发掘报告》）

唐代众多的传世人物画经典作品，初唐画家凭借凡有利于我者皆不拒的胆识，广收博采。如阎立本对中原作风的发扬，在其《步辇图》等名作中的人物造型清俊娟秀，尚存六朝遗风。尉迟乙僧"外国鬼神，奇形异貌，中华罕具"[146] 163；盛唐，国富物丰，社会开放，人物画艺术渐至完备，达全盛之境，派别样范分立，题材内容广泛。造型一改初唐的细润风格，转为追求雄健博大的审美境界。如吴道子的"笔才一二，象已应焉"与"落笔惊风雨"的艺术造诣。此时的人物造型既守法度亦见气场，宗教壁画中也显现出盛唐气魄；安史之乱以后，随着唐王朝走向低迷，中晚唐的人物造型和美学特征呈现出内敛和低调的特质，张萱、周昉的绮罗仕女画中细腻而落寞的审美趣味成为主流。晚唐金银器的造型与纹饰与同时期的绘画艺术在艺术风格上保持一致，法门寺人物画银香宝子中的人物画纹饰用线柔弱，不见劲力，连贯的曲线运用较多，錾刻刀法缺少顿挫，仅限阴柔而不见阳刚，与周昉的仕女画颇为相像。

另外，唐代绘画强调"重工尚法"，绘画样范十分流行。唐代在文化艺术的各个领域皆确立了审美法度与范式。如宋代苏轼所言："君子之于学，百工之于技，自三代历汉至唐而备矣。故诗至于杜子美，文至于韩退之，书至于颜鲁公，画至于吴道子，而古今之变，天下之能事毕矣。"[147]画圣吴道子的造型特点被称作"吴带当风"，其以莼菜描来为"疏体"造像，唐人便称其为"吴家样"，受到众多画者追随。周昉之画多见贵而美者，其所画人物造型皆具富贵气息，人物形体圆润丰厚。在表现人物的神态及性格上，周昉继承了顾恺之与吴道子"写神"的传统，被誉为"周家样"。唐代人物画对"样式"的钟爱，一定程度上会对金银器纹饰产生影响，工艺美术本来便重视样式的传承与借鉴，其人物画纹饰势必更加恪守这一传统，因此，在法门寺人物画银香宝子的人物画纹饰中，我们可以看出明显的程式化风格。

图 4.12　人物画银香宝子上的人物画纹饰，左上起分别为："金蛇吐珠"，"仙人对饮"，"伯牙抚琴"，"萧史吹箫"。
（图片引自《法门寺考古发掘报告》）

　　尽管晚唐时期的金银器人物画纹饰尚未达到较高的艺术水平，工匠对绘画艺术的理解与技法的掌握都还处于较低阶段，但它们的出现起到了开拓者的作用，为之后宋代金银器人物画纹饰的成熟与发展埋下了伏笔。

三、仙人驾鹤纹

　　法门寺金银器中的仙人驾鹤纹出现在鎏金仙人驾鹤纹壶门座茶罗子上，虽仅此一处，但却意义不凡。法门寺银茶罗子上的"仙人驾鹤纹"在已知的唐代金银器中尚未发现与其相同的纹饰，而单独的"仙鹤纹"却多有发现，如法门寺人物画银香宝子、长干寺迦陵频伽云鹤纹金棺、禅众寺迦陵频伽云鹤纹银椁等，这些金棺银椁上的仙鹤造型往往与卷云纹配合使用，体现出人们对于仙界的美好憧憬，也从一个侧面表现了西方净土崇拜的世俗化和佛教中国化的趋势。

法门寺银茶罗子的罗架两侧皆錾刻头束发髻、身着褒衣、执幡驾鹤的仙人纹饰（见图4.13），另两侧则錾刻相对而飞的仙鹤纹，四周皆饰有莲瓣纹。罗架两侧的仙人驾鹤纹中的仙鹤造型，其体态与动势均相同，皆为昂首引颈、展翅并足，成四十五度仰角状态，而其上盘腿而坐的两仙人则一人目视前方、一人回首端详。从仙人驾鹤纹的布局与造型特征来看，其带有明显的装饰意味，而不见绘画艺术中常有的叙事性画面特征，从这一方面推断，此仙人驾鹤纹并无意表述明确的故事或典故，仅将其作为一般的象征性纹饰对器物进行装饰。

图 4.13　鎏金仙人驾鹤纹壶门座茶罗子上的仙人驾鹤纹

（图片引自《法门寺考古发掘报告》上册第 132 页）

唐代陆羽《茶经》曾引用南朝著名道家、炼丹术士及医药学家陶弘景的《杂录》中言："苦茶轻身换骨，昔丹丘子、黄山君服之。"[1] 此处的仙人驾鹤纹之形神与此说法意义相吻合，且此器为茶具无疑，因此这里的仙人驾鹤纹可能与此传说有所关联。"丹丘子"又作丹子、丹丘山、丹秋羽人、丹丘生等，在古诗文与道家文献中经常被提及，尤其是被"茶圣"陆羽先后四次分别在其《茶经》《顾渚山记》中引《神异记》中所提及的"丹丘子"，其中余姚人虞洪偶遇"丹丘子"，而获大茗的故事通过陆羽的引述而被茶人广为知晓。但是，有学者指出，"丹丘子"并非确有其人，而是作为仙家道人的通称或是别号。且不论"丹丘子"其人是否确实，其在唐时与茶道的关系确有存在，并有可能被提炼成一种纹饰，被装饰在与饮茶相关的器具之上。

此外，南朝的科学家祖冲之在其志怪小说《述异记》中提到了江陵人荀瓖在黄鹄（鹤）楼遇见驾鹤之宾的传说："荀瓖字叔伟，涤栖却粒。尝东游，憩江

---

① [唐]陆羽著；史东梅编著. 茶经 [M]. 昆明：云南人民出版社，2011：244.

夏黄鹤楼上，望西南有物，飘然降自霄汉，俄顷已至，乃驾鹤之宾也。鹤止户侧，仙者就席，羽衣虹裳，宾主欢对。已而辞去，跨鹤腾空，渺然而灭。"[148]到了唐代，由南北朝时期所流传的"仙人驾鹤"故事又演变出费祎驾鹤返憩在黄鹤楼的传说。[149]凡此种种皆说明仙人驾鹤的图像来源皆与道家的升仙思想相关，而表现出的美学意境往往缥缈而恬静。法门寺银茶罗上的仙人驾鹤纹秉承了相关故事、传说中的审美意象，以形象化的纹饰作为一种符号象征装饰于特定的器物之上。在佛教密宗的中心供养道场，出现饰有道家意味纹饰的器物，也客观上印证了唐代三教共融的宗教发展状况。

第五节　法门寺金银器中的佛教纹饰

金银器中的佛教纹饰主要体现在其明确的佛教题材之上。佛教纹饰不仅仅具有装饰功能，更为重要的是其对教法的宣扬和对供养器、法器的宗教功能的辅助作用。因此，佛教纹饰的象征意义与符号性质比其他种类的纹饰更加鲜明，特别是曼荼罗与密教造像，其已超出一般意义上的金银器纹饰的概念。佛教纹饰之图像所具有的复杂意义属于宗教学的研究范畴，本文对佛教纹饰的研究乃是建立在宗教学、考古学等学科研究成果之上的艺术学研究，着重对其艺术风格与装饰手法进行考察。

一、唐密曼荼罗与密教造像

曼荼罗又称曼陀罗、曼扎、满达、曼达，梵文：mandala。意译为坛场、坛城，以"轮围具足"或"聚集"为本意。指佛教的一切圣贤、一切功德的聚集之处，是密教传统中的修持能量之中心，曼荼罗可体现在密宗建筑、造像、绘画、法器、供养品等各个方面。

唐密曼荼罗中所表现出的造型、纹饰、色彩、空间布局，皆为传达一个主旨，即表现佛教所描绘的佛国世界，其内在属性为一种宗教宇宙观。对密教而言，曼荼罗图像背后意味着无尽的神秘能量，乃现实世界与佛国世界融为一体的空间所在。曼荼罗里的每尊佛、菩萨的位置、造型、法器、印契等，皆表示特定含义。这些构图复杂、圆融有序的图像具有神秘而强烈的心理暗示功能，这也正是曼荼罗艺术所具有的神秘美感。法门寺地宫的整体布置，即为一个较为完整的曼荼罗坛城。金银器中的曼荼罗以鎏金四十五尊造像盝顶银宝函、鎏金银捧真身菩萨以及乘装第一枚佛指舍利的"八重宝函"最为典型，其他诸如法器等物亦与曼荼罗有所关联。

唐密曼荼罗分为胎藏界、金刚界两界曼荼罗，分别以《大日经》与《金刚顶经》为创界根本法典。唐密在进行宗教仪式时，按仪轨须迎请十方、三世的一切诸圣，从而产生曼荼罗的不同形式。唐密曼荼罗可分作四种，即是大曼荼罗、法曼荼罗、摩羯曼荼罗与三昧耶曼荼罗，简称"四曼"。此四种用来教化、度化众生的表法，称作"四曼为相"，即四种坛城形式。

根据不空翻译的《菩提心轮》所载，大日如来佛为了教化众生，以其自身具有的五智转化为五方五佛，分别为中央世界毗卢遮那佛，即大日如来佛；东方世界阿閦佛，即不动如来佛；南方世界宝生佛，即宝生如来佛；西方世界阿弥陀佛；北方世界不空成就佛，即不空成就如来佛。胎藏界的五佛则指：大日如来、开敷华王、宝幢、无量寿及天鼓雷音五佛。金刚界曼荼罗在其图形结构中，将中央诸尊以及四方诸尊皆以不同的颜色表示，即青、赤、白、黄、黑五色。

曼荼罗艺术的构图形式总体上具有以下特征：

第一，中心扩展式的构图原则。唐密曼荼罗的画面构图具有极强的中心感。这种发射式的构图样式，强调了画面视觉上的聚焦感，使画面具有了强烈的主次感和层次感。此种构图处理方式依据的是密宗经典，一般其中心供奉的为大日如来或是各主尊佛，多以"回"字形、"圆环"及"井"字形构图来实现。"回"字的构图是以矩形分隔画面，形成以主尊为中心的层层向外铺展的构图形式，画面无明显方向性，以胎藏界曼荼罗为其代表；"圆环"构图则是将画面中心定为圆心，以同心圆的形式向外扩展，从而具有极强的聚焦感与方向感，视觉冲击力十分强烈；"井"字构图是以九宫格的方式将画面划分为等大的九个部分，每个部分又形成相对独立的构图，再以中心扩展式的衍生构图进行延伸与组合，从而形成无尽重复的视觉暗示，以金刚界曼荼罗为其代表。

第二，几何化的画面图形设置。曼荼罗的主要画面一般由几何化的图案构成，运用不同的组合、排列方式将这些几何图案巧妙地组织成形状各异的曼荼罗，诸佛、菩萨在这些由几何图案构成的宫殿造型之中。曼荼罗中最为常见的图形为圆形、方形及三角形，此类几何图形于画面之上进行特定的交错组合，表现出一种无穷无尽的空间形态。圆形、方形是人们最为喜闻乐见的几何图形，它们的精妙组合可以使观者产生不同的审美感受。曼荼罗由众多几何图案所表现出的繁密精妙，复杂而有序，处处遵循审美规律，合乎人们对视觉美感的普遍接受，对寓静于动的美学原理运用得当。[150] 292

第三，平面延伸的暗示性表现。曼荼罗在视觉上的延伸性表现为空间上的延伸和时间上的延伸。空间上，曼荼罗图像多以平面呈现，但实际上其所表达的内在意义却是立体的空间思维，它是将立体的内容铺展在平面的画面之中，将由上至下的三维构成转译为平面化和具象化的视觉样态；时间上的延伸主要是指曼荼罗所具有的时间象征意义，它是过去、现在与未来的结合体，代表无穷无尽的轮回概念，体现着佛教思想中的宇宙观。总的来说，曼荼罗通过平面的构图，将无尽延伸的空间与时间意识以一种视觉暗示的方式表现了出来。

出土于法门寺地宫的文物中有盛装第一枚佛指舍利的八重宝函，被置于地宫后室，宝函为唐懿宗所供奉。宝函的第四重、第五重和第七重上均饰有唐密曼荼罗纹饰，其中，在第四重宝函上錾刻有：大日金轮、六臂如意轮观音、释迦金轮、药师等曼荼罗座坛诸尊，宝函顶面錾饰双凤纹饰，在此曼荼罗图像里，药师代表金刚部，如意轮观音代表莲花部，而释迦金轮和大日金轮则代表佛部。[151] 337对于胎藏界来说此宝函上的表现并不尽完满，其只是将胎藏界中主要的佛、金刚及莲花三部予以概括式显现，是胎藏界曼荼罗的一种变相式创造。第四重宝函与第五重宝函所表现的金刚界曼荼罗相呼应，形成了你中有我、我中有你的内外在双重联系。在第五重宝函上分别錾饰有：大日如来说法、释迦说法、普贤说法、文殊说法及金轮说法图等曼荼罗造像与画面。第五重宝函中的造像布局奇特，如大日如来说法曼荼罗中，中央主尊有头光和身光、头戴宝冠、结智拳手印，跏趺而坐，此为金刚界曼荼罗中的大日如来佛造像，其四隅饰有四波罗蜜菩萨造像，可以看出这并不符合密教仪轨中的完整曼荼罗之内容，而是金刚界中成身会的变异图，表金刚界之智性。[151] 404

法门寺地宫被誉为金刚界曼荼罗与胎藏界曼荼罗相结合的产物，即所谓"金胎合曼"，有专家认为地宫中出土的鎏金捧真身菩萨的纹饰特征即体现了这一论断。"金胎合曼"即是将金、胎两曼结合成为一曼，一曼兼备两部大法。开元时期，善无畏、金刚智及不空等高僧在译经传法活动始作"金善互授"，后不空又作"两部一具"。会昌法难结束之后，法门寺与大兴善寺、青龙寺得以复兴，第七次迎送佛骨，密教高僧智慧轮主持了此次法会。鎏金捧真身菩萨像在装饰艺术上巧妙地将两部大法的仪轨思想合二为一，展现了艺术与宗教的完美结合，在唐代金银器纹饰系统中也是独特的个例。

二、莲荷纹

莲荷纹又称莲纹、荷叶纹、莲瓣纹等，在工艺美术中，莲花与荷叶可一同出现，也可单独运用。据考证，中国早在三千多年前已有采食莲藕的做法，《诗经》中即有"彼泽之破有蒲与荷"与"彼泽之破有蒲菡茖"的语句。有关中国本土莲荷纹的起源问题，学界尚有争论，郭沫若曾谓中国并无大莲，先秦亦应无以莲为饰，故其推测莲荷纹应传自印度。后又有专家提出春秋与两汉间流行的"柿蒂形图纹"即为莲花纹以及其变体式样。[152] 从已有的考古资料来看，至迟从汉代开始，莲荷纹装饰即已存在，在汉代王延寿的《鲁灵光殿赋》中便有描写莲荷纹装饰的语句。

莲荷形象在世界许多地区都有运用，且多具有特定的象征性含义，都较早地将其用来作建筑、器物等的装饰。尤其在古代的埃及和亚洲多地，莲荷常被誉为有神圣的含义的植物。在埃及与印度神话中，莲花与太阳神、造物神并列而存，被看作是生命孕育之处，莲荷造型的饰物遍及埃及与印度的建筑和壁画中，如在佛教胜迹印度桑奇大塔的塔门浮雕中，便将莲花与大象、狮子等纹饰相结合，共同组成古印度佛教文化的图形象征系统。

魏晋南北朝，佛教逐渐兴起，莲花作为佛教的圣花，开始在中原迅速普及。佛教典籍中指出：莲花化生于佛教，意味着其净土思想，也是佛光的物化。这一时期，莲荷纹已经衍生出了多种造型样式和组织结构，如团花、边饰、折枝等。

"唐代金银器，直到唐后期，莲荷纹的运用才逐渐增多，致使其流行起来的因素较为复杂，受佛教的影响自不用说，且宗教审美还会影响世俗艺术的发展，但在宗教感情远不及印度的中国，单纯的审美意蕴往往也至关重要，而赋予莲荷以道德象征的意义，且被广泛地认同，应该要到宋代以后了。"[138]180 法门寺金银器中的莲荷纹也不外如此，在深受佛教的影响之外，当时社会的审美趣味也是其大行其道的客观原因之一。但是，从法门寺金银器的供养物属性上来说，其荷叶纹势必具有超乎一般器物的宗教意味，也正基于此，本文将其划分到宗教纹饰之列。

从唐代金银器的整体上来看，莲荷形象既被用作器物的局部立体造型，也用作平面的纹饰图案，这可说是其他大部分植物（花卉）所不具备的特点。唐代金银器中的莲荷纹具体又可分作三类：

第一类为莲花类（见图4.14）。以莲化的花朵为主要形态的平面纹饰大致
又可分为三种：宝相花纹①中的莲花造型；团花纹中的莲花造型；叶瓣纹中的
莲花造型。其中宝相花纹中的莲花造型较为明显，例如：宝相花纹经常以连续
展开的外层花瓣装饰于器物腹部，作为主题花纹。这种连续展开式的花瓣状纹
样也可称为莲瓣纹[10] 143，例如何家村莲瓣纹弧腹金碗等。团花纹中的莲花造型
较之宝相花其明显程度略为不足，例如：何家村五足银炉盖面的团花纹饰、丁
卯桥婴戏纹三足银瓶的外底纹饰等。叶瓣纹中的莲花造型，其多为以莲花花瓣
横向排列而成，多作为边饰存在，法门寺金银器中大部分莲花造型的平面纹
饰皆为此类，在《法门寺考古发掘报告》[5]等文献资料中，将其定名为"莲
瓣纹"。

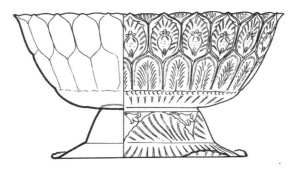

图4.14 法门寺仰莲瓣银水碗上的莲花纹
（图片根据《法门寺考古发掘报告》上册第113页插图修改）

第二类为荷叶类。关于荷叶形象，在本文第三章关于植物类仿生造型的论
述中已有涉及，这种兼具立体造型与平面纹饰双重审美特征的装饰手法体现了
金银器工艺的独特性。唐代金银器中的荷叶纹多作为写实性的荷叶，有的还与
莲花配合使用，荷叶纹装饰在唐后期出现较多，主要流行于9世纪后半叶。其
多錾刻有细密、顺畅的筋脉线条。其中属于平面纹饰装饰的有圣地亚哥蝴蝶纹
圆形银盘、芝加哥荷叶纹多曲银碗、宾夕法尼亚折枝纹多曲银碗等。将荷叶造
型与器物造型相结合的处理手法也十分普遍，如法门寺的鎏金银羹碗子、仰莲

---

① 宝相花是由多层次花朵构成的整体为平面状的花朵形纹样，外层花瓣多由对卷忍冬叶
或者勾卷组成。目前并不确定其为何种自然花卉，宝相花纹是唐代装饰纹样的代表样
式之一，具有典型的图案模式化，是在中国考古学界被约定俗成和特指的一种纹样。引
自：齐东方. 唐代金银器研究 [M]. 北京：中国社会科学出版社，1999：139.

瓣银水碗、摩羯纹蕾纽三足架银盐台（见图 4.15）、鎏金伎乐纹香宝子（见图 4.16）、丁卯桥荷叶形银器盖（见图 4.17）等。[10]154 法门寺金银器中的荷叶纹多与器物造型相结合，以錾刻出的荷叶筋脉为主要装饰要素，荷叶的筋脉多由细长的线条排列而成，这些线条具有极强的装饰性，并体现出一种柔和飘逸的审美意味。

图 4.15　法门寺摩羯纹蕾纽三足架银盐台上的荷叶纹
（图片根据《法门寺考古发掘报告》上册第 136 页插图修改）

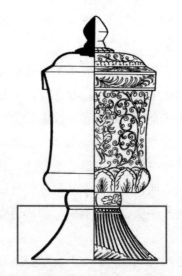

图 4.16　鎏金伎乐纹香宝子上的荷叶纹
（图片根据《法门寺考古发掘报告》上册第 185 页插图修改）

图4.17　丁卯桥荷叶形银器盖上的荷叶纹

（图片根据杨正宏，张剑编著《镇江出土金银器》第55页插图修改）

第三类为仰莲瓣、覆莲瓣、莲蕾与莲花座。

佛教经典中有言，释迦牟尼降生之时，即有莲花与之伴随，佛转法轮时，即坐莲花座之上，自此莲花座即成为佛陀专座。王勃的《观佛迹寺》有云："莲座神容俨，松崖圣迹余。"佛陀所坐之莲花为千叶宝莲，其花瓣硕大，层次尤多，花彩鲜艳。《楞严经》载："于时世尊顶放百宝无畏光明，光中出生千叶宝莲，有佛化身结跏趺坐，直说神咒。"又《大方广如来藏经》中云："尔时世尊于旃檀重阁，正座道场而现神变，有千叶莲华大如车轮，华中化佛，各放无数百千光明。"佛教的八种吉祥宝物包括宝伞、宝瓶、双鱼、莲花、如意、白螺、金轮、宝幢，据说释迦牟尼将莲花放在最为重要的位置。

作为晚唐密宗佛教活动中使用的供养品，法门寺金银器中含有相对较多的仰莲瓣、覆莲瓣、莲蕾与莲花座。其中的仰莲瓣与覆莲瓣更具有平面纹饰特征，而莲蕾与莲花座的立体感更加明显，但由于其上亦有錾刻出的线条装饰，故本文且将其划归在莲荷纹之中。

三、摩羯纹

"摩羯"源于古印度神话里的海中巨兽，被认为是水精和生命之本。《法苑珠林》有云："摩羯大鱼，身或三百由旬，四百由旬，乃至极大者长七百由旬。"公元3世纪中叶，古代印度的绘画及雕塑艺术当中便出现了摩羯形象，且多见于佛教寺院的塔门上。随着佛教的传入，摩羯纹也进入中国古代纹样系统之中。

"摩羯的造型源自印度，是由鱼、象、鳄三者混合而成的形象……中晚唐时添加了翅膀。到辽宋时其双翼逐渐变大，鼻子上卷幅度则逐渐减小。"[153] 摩羯纹在中国古代工艺美术中有作为主题纹饰出现的，也有作为辅助纹饰的，多与水波、荷叶、莲池等组成环状或带状纹，用以衬托"婴戏"等主题纹饰，辽代的三彩陶器中还可见到摩羯形壶。宋以后不再流行。[154] 也有学者认为，"最早的（摩羯）造型见于东晋顾恺之的《洛神赋图》，后来逐渐成为金银器或瓷器上的重要装饰。"[155]

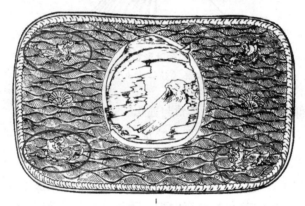

图 4.18 鎏金摩羯纹调达子器面的摩羯纹
（图片根据《法门寺考古发掘报告》第 129 页插图修改）

法门寺的摩羯纹蕾纽三足架银盐台（见图 4.19）的荷叶纹盖面之上錾刻有四尾摩羯纹饰，银筋支架中部斜出的四枝上另有两件铸造的摩羯造型。其中盖面上的摩羯的鱼鳍硕大似翅，呈展翅翱翔状，摩羯形象颇具英武之气，呈横向翱翔状的摩羯纹与竖垂而下的荷叶纹筋脉錾线形成了强烈的视觉反差，此处纹饰的线面关系处理巧妙，反映出设计（制作）者高度的审美修养；支架上的摩羯铸件呈身小头大之象，形象憨态可掬，活泼灵动，似在追逐莲蓬上的智慧珠。如此小巧的器物上饰有六尾摩羯，实属少见，并且此器物中的摩羯纹具有一种生活化的美感，宗教神秘气息已经非常淡化。

图 4.19　法门寺摩羯纹蕾纽三足架银盐台上的摩羯纹
（图片来自《法门寺考古发掘报告）

四、飞天纹

"飞天"的称谓乃佛教术语，即"乾闼婆"，又作"犍闼婆"，是为佛教里天帝的司乐之神，还称"乐神""香神"。《洛阳伽蓝记》中有载："石桥南道，有景兴尼寺，亦阉官等所共立也。有金像辇，去地三尺，施宝盖，四面垂金铃七宝珠，飞天伎乐，望之云表。"飞天形象最早诞生在古印度，后随佛教一同传入中国，后又与中国艺术相互融合。魏晋南北朝早期，飞天形象已经开始在佛教壁画中大量出现。而金银器中的飞天纹则多出现在佛教法器及供养器上，偶见于画家贵族的日用器物上。

法门寺金银器中的飞天纹出现在鎏金仙人驾鹤纹壶门座茶罗子（见图4.20）及鎏金如来说法盝顶银宝函上（见图4.21）。其中，鎏金如来说法盝顶银宝函上的飞天纹位于器盖立沿的四面，每面都錾饰有两体飞天相对而飞，其周围装饰有如意头立云纹和卧云纹若干，飞天纹与云纹的组合展现出一幅线条柔美、富于动感的长条形画面，与下方函体四面的如来说法图等静态画面形成强烈的动静对比；仙人驾鹤纹壶门座茶罗子为筛茶器，其顶盖面上錾刻的两体首尾相对的飞天，造型简洁概括，线条灵动优美。从这两件器物上，飞天纹的位置与造型特征来看，设计与制作者显然有意将飞天纹装饰在器物的上部，除了与一般意义上的空间逻辑相符合之外，也反映了佛教教法中对飞天的意义描述，同时，作为金银器纹饰，其也体现出了典型的图形适合性，即在一定形状的装饰画面中的合理填充。

飞天形象用作金银的装饰纹样，其流动飘逸的美感往往通过流畅的錾刻线条来体现，法门寺金银器上的飞天纹便体现了这一特征，同时也体现了法门寺金银器纹饰对线条美的高度依赖。

图 4.20　法门寺鎏金仙人驾鹤纹壶门座茶罗子上的飞天纹

（图片引自《法门寺考古发掘报告》上册第 132 页）

图 4.21　法门寺鎏金如来说法盝顶银宝函上的飞天纹

（图片引自《法门寺考古发掘报告》上册第 158 页）

五、迦陵频伽纹

"迦陵频伽"一词源于佛教经典，为梵文 Kalavinka 的音译。巴利文作 Kara-vika，其藏语名为 Ka－la－vin－ka，又译为羯罗频伽、歌罗频伽、伽罗频伽，还常简称为迦陵频、迦毗迦陵等。佛经中言因其音美妙动听、婉转如歌，因此又得名"美音鸟"[156]。迦陵频伽形象究竟起源于何时何地，中外学者有不同的说法，有源自印度的说法，也有源自希腊的观点，中国学者还提出其或源于中国汉代画像石图案中的羽人形象，至今尚未有统一的论断。迦陵频伽为一种将人鸟形象混合为一的形象，佛教利用其形象与寓意来宣传宗教教义，并使之最终成为一种佛教的视觉符号，与其他佛教艺术形象一同构建起一套审美系统。古代神话及原始宗教赋予了迦陵频伽以超人的意志及非凡的神力，佛教经典中的迦陵频伽主要有两种含义：一种是借由其动听的声音来比喻佛祖与菩萨说法时之妙音；另一种是以其来指代西方极乐净土世界。法门寺金银器中饰有迦陵频伽纹的器物有：鎏金如来说法盝顶银宝函、鎏金四天王盝顶银宝函、迦陵频伽纹小金钵盂、鎏金迦陵频伽鸟纹银棺。

其中，鎏金如来说法盝顶银宝函中的迦陵频伽纹位于顶盖面上，四体绕盖顶面中心对称排列，双手合十或手持供物，振翅立于仰莲座上，盖顶面中心饰有八角团花状的摩羯三钴杵纹，四角有莲花与三钴金刚铃相结合的纹饰，以蔓草纹为底衬。

鎏金四天王盝顶银宝函中的迦陵频伽鸟纹錾饰于器盖的四方立沿之上，立沿每面上的两体迦陵频伽鸟均相向而飞，其侧以海石榴纹和蔓草纹为衬。

图 4.22　法门寺鎏金迦陵频伽鸟纹银棺中的迦陵频伽纹
（图片引自《法门寺考古发掘报告》上册第 179 页）

迦陵频伽纹小金钵盂中的迦陵频伽纹錾饰于器腹内壁，四只均匀分布，手捧莲花，以缠枝蔓草和鱼子纹地相衬。鎏金迦陵频伽鸟纹银棺中（见图 4.22）的迦陵频伽纹錾饰于棺体两侧，均做双手合十状，扬翅，其下饰有一周仰莲瓣纹饰。

迦陵频伽纹在唐代金银器纹饰中并不常见，法门寺金银器中的迦陵频伽纹也仅出现在佛教法器与供养器之上，可能与其强烈的佛教意味有关，其人鸟合一的形象特征与唐代社会崇尚日常之美的审美意识并不吻合，其宗教意义应大于审美意义。

六、金刚杵纹

金刚杵作为佛教法器的核心成员，发源于印度。最早为古印度的兵器，后逐渐演变成为佛教法器。其两端皆为菱形造型，分为一股、三股、五股和九股金刚杵，以三股和五股杵比较常见。金刚杵的棱体早期十分尖锐，有兵器特有的杀伤力，成为法器后逐渐趋向圆润，因"龙"为佛教的护法神，故金刚杵常被塑造为龙首形。金刚杵分为单杵及十字相交形杵两种。金刚杵在佛教中象征坚固与锋利之智，能除障降魔，拥有加持之力，故又称作"降魔杵"。公元7世纪时，金刚杵随密宗佛教一同从印度传入中国，其在汉藏密宗佛教法器中都占有非常重要的地位。金刚杵多为金属质地，除金、银以外，铜质最为多见，也有用水晶、石材及木料等材料加工而成的。目前，在汉藏两地仍有一定数量的实物存在和使用，而更多的金刚杵形象则频繁出现在佛教艺术之中，如在建筑、

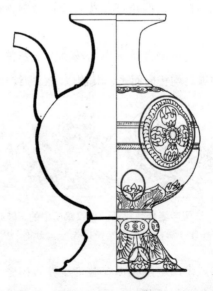

图 4.23   法门寺三钴杵纹银阏伽瓶上的金刚杵纹
（图片根据《法门寺考古发掘报告》上册第 191 页修改）

造像、佛经、绘画及工艺美术制品中。在金银器、瓷器、漆器、铜镜、珐琅器、丝织品、玉器等工艺美术品的平面与立体装饰中，金刚杵的形象不仅作为宗教的符号化纹饰存在，还进入了世俗生活之中，到明清时期，最终演变为一种以体现装饰功能、吉祥寓意为主的纹饰样式。法门寺金银器中含有多件饰有金刚杵纹的器物，具体为：鎏金如来说法盝顶银宝函、鎏金四十五尊造像盝顶银宝函、鎏金如来说法盝顶银宝函、鎏金银捧真身菩萨、迎真身银金花双轮十二环锡杖、摩羯三钴杵纹银臂钏、三钴杵纹银臂钏、鎏金摩羯三钴杵纹银阏伽瓶（见图4.23）等。在同一个器物群中发现如此众多的金刚杵纹，说明了金刚杵纹与晚唐密宗佛教的密切关联，也体现了金刚杵纹在与佛教（密教）相关的唐代金银器装饰中的重要作用，并且可从中发现一定的纹饰造型与布局范式。除阏伽瓶外，大部分器物的金刚杵纹均位于角隅处，在装饰表现上起陪衬作用，但是其图像意义是不可忽视的。此时期的金刚杵纹所具有的密教法意是其存在的根本原因。

第六节　法门寺金银器中的其他纹饰

一、毬路纹

毬路纹在唐代金银器的纹饰系统中较为罕见。毬路纹又称连钱纹、联钱纹，属于中国古代常见的几何形纹样，其是"由同样大小的圆以四分之一弧线相重叠，构成一个相互连接的铜钱形状而得名"[157]。《营造法式》中提到建筑彩画中的毬路纹样可能源于编织、金工等制作加工方式，所以毬路纹并非源自建筑装饰本身[158]。田自秉先生提出，"钱纹在中国原始社会时期的彩陶纹样中就已产生，它是中国古代器物上的几何纹样之一。在宋代的《营造法式》中，根据毬路纹不同的纹样组织格式，而被赋予了各种名称。例如只构出一个单独圆形钱纹的称为盘毬纹；六圆相交的称为簇六毬纹；中间饰有花者则称作填花毬纹；中间饰如雪花者，称作簇六雪华。只有四圆相交，面中为方眼形者，不以毬路纹称，应称为连钱纹。"[124]260 田自秉先生在这里对"连钱纹"的造型样式做了明确的界定。自宋元时期开始，毬路纹才被广泛使用，宋元时代的毬路纹有"官运"的象征，据学者考证，这应是源于当时显宦官服上的毬路金镑带的装饰，欧阳修在其《归田录》中有云："太宗时创金锝之制，以赐群臣，'方团毬路以赐两府'，基于此，毬路纹逐渐也具有了一定的吉祥寓意，并在明清之时转化为象征财富的'联钱纹'。"[159]《宋史·舆服志》及《文献通考》皆有对宋代金锝样式与纹饰的详细记载，两文献共载有五种单尾金带、十种单尾涂金银带、二十七种双尾金束带及四种双尾涂金银束带，记载的纹饰包括毬路、师蛮、御仙花、海捷、天王、宝相花等共十七种[160]。

　　法门寺金银器中饰有毬路纹的器物主要是鎏金飞鸿毬路纹银笼子（见图4.24）和鎏金毬路纹调达子（见图4.25）。法门寺鎏金飞鸿毬路纹银笼子周身遍布毬路纹，其四方连续的排列形式巧妙解决了笼子的镂孔设置问题，将纹样装饰与器物功用有机地结合在一起。与法门寺毬路纹银笼子纹饰相近的唐代金银器物并不多见，江苏南京江浦黄悦岭南宋庆元元年（公元1195年）张同之墓出土的金镶玉钱（现藏南京市博物馆），其以金片包玉，制成方孔圆钱，钱两面镂空作毬路纹。法门寺的鎏金毬路纹调达子器面上錾刻有毬路纹，其立沿处錾刻有变形后的毬路纹。

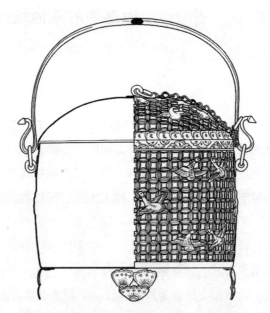

图4.24　鎏金飞鸿毬路纹银笼子上的毬路纹
（图片引自《法门寺考古发掘报告》上册第130页）

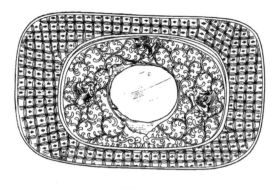

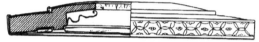

图 4.25 鎏金毬路纹调达子上的毬路纹

（图片引自《法门寺考古发掘报告》上册第 129 页）

毬路纹具有一种均匀、规整、序列化与延伸性的图案美感，其构成形式应属于"四方连续"式，即以一定的图案单元向四周无限衍生。法门寺金银器中的毬路纹皆作为底纹出现，如在鎏金飞鸿毬路纹银笼子中，毬路纹遍布器体周身，在毬路纹上又饰有鸿雁等纹饰。由于此件银笼子上的毬路纹皆做镂空处理，使整个器物展现出一种通透、玲珑之美。也因为各个毬路纹单元整齐划一的造形，使器物更显精致。

二、绶带纹

唐代金银器中的绶带纹是指形如带状之物系结在一起构成的装饰纹样。如河南伊川齐国太夫人墓出土的绶带纹银碗、"李杆"葵花形银盘、蓝田绶带纹圜底银碗、"李郁"绶带纹云头形银盒、丁卯桥鹦鹉纹多曲银碗、法门寺鎏金卧龟莲花纹五足朵带银香炉、法门寺鎏金双凤衔绶御前赐银方盒等器物中的绶带纹装饰。以上器物大部分属于 9 世纪后半叶的产品。可见，唐代金银器中的绶带纹应主要在 9 世纪后半叶较为流行。[10] 155

唐代的金银器图案中，与"鸟衔绶带"异曲同工的还有"鸟衔花草"及"鸟衔方胜"的纹样，在瑞兽类纹饰中亦见此形式。唐代装饰纹样不仅注重优美的形式，而且讲求吉祥的思想含意，绶带中的"绶"字与"寿"同音，因此唐代口衔绶带的禽兽纹祥，就表示了长寿的愿望。到了开元、天宝时期，每逢玄宗千秋节时，大造铜镜，其主要纹饰则为鸟有长绶，而且愈到晚店绶带愈长，甚至编织成绶带花纹，反映了祈求长寿的强烈愿望。此外，禽兽衔瑞草纹样可能与《海内十洲记》① 中的某些神话传说有关。总之，唐代金银器中多见的禽兽衔瑞草纹饰与皇家权贵对"长生不老，延年益寿"的精神追求有关。

法门寺金银器中饰有绶带纹的器物有鎏金双凤衔绶御前赐银方盒、鎏金卧龟莲花纹五足朵带银香炉、鎏金双凤纹五足朵带银炉台、鎏金双凤纹宝盖银棺等，其中主要分作"双凤衔绶"与"朵带"两种具体样式。法门寺金银器上的绶带纹与9世纪其他器物上的绶带纹造型特征基本一致。从审美的角度来看，流行于这一时期的绶带纹，给人以柔美、飘逸的视觉感受，盘绕流转的曲线是此纹饰最为突出的装饰要素和美感来源。

三、云纹

云纹是发端于原始艺术时期的一种图案样式，绵延于中国古代装饰艺术的各个阶段，它是中国儒道精神的图像载体，其具有的特殊意境与中国艺术的内在精神相吻合，在佛教传入中国之后，亦为佛教艺术所用。云纹在中国经过了几千年的发展演变，形成了多样化的样式与风格。

关于云纹的起源，主要有如下几种观点：第一种观点认为云纹源于先民的"自然崇拜"；第二种观点认为云纹生成于文字的演变；第三种认为云纹产生于原始时期烧制陶器时手指纹的誊摹；第四种观点认为云纹是由"漩涡纹"演变而来。从云纹的图案样式来看，其在各个历史时期均有所变化，其变化轨迹大体可概括如下：商周时期以云雷纹和卷云纹为主；秦汉时期以卷云纹和羽状云纹为主；魏晋南北朝时期以飘带状云纹为主；隋唐时期以朵状云纹为主；宋元时期以如意云纹为主；明清时期以团云纹和叠云纹为主。

法门寺金银器中的云纹以流云纹为主，纹饰线条纤细流畅，富于动感。与流行于唐前期的朵状云纹已大相径庭。法门寺金银器中的流云纹多作为动物及人物纹的辅助纹饰，起到了突出主题、烘托画面气氛的作用。尤其在一些法器和供养器的装饰画面中，大量的流云纹对佛国意蕴的呈现起到了重要的作用。

四、鱼子纹

鱼子纹又称珍珠地、鱼子地，是唐代金银器的一种常见装饰手法，多作为

---

① 《海内十洲记》有载："祖洲，近在东海之中，地方五百里，去西岸七万里，上有不死之草，草形似瓜苗。……昔秦始皇大宛中多枉死者，横遭有鸟如乌状，衔此草复死人面，当时起坐而自活也。"

主题纹饰的底衬。鱼子纹既是一种纹饰，也是一种肌理或纹理，其是由大量的小圆圈状的錾痕构成的。一般认为，唐前期的鱼子地纹饰较细密工整，后期则较稀疏自由，法门寺金银器中的鱼子纹装饰既属后者。

从唐代的金银器来看，唐代盛行的珍珠地装饰类型对宋代流行的珍珠地划花瓷器影响非常强烈。在某种程度上可以说，唐代金银器的珍珠地装饰类型是促成宋代流行的珍珠地划花瓷器装饰类型的最直接因素，当然，珍珠地装饰类型的金银器也是缘于细腻而又精湛的錾花技术的应用。珍珠地装饰类型的瓷器在宋以后很少见到。材质的低贱仿高贵是工艺美术的一条重要规律。从纹饰的造形及装饰布局来看，带有珍珠地划花装饰的瓷器遵循了低贱材质模仿高贵材质的古代造物规律。

图 4.26　何家村鎏金蔓草花鸟纹银羽觞
（作者自摄于陕西历史博物馆）

唐代金银器艺术中流行的鱼子纹装饰最突出的装饰作用即增强器物装饰画面的明暗关系，施以鱼子纹的部分相对偏暗，其他部分便被衬托得较为明亮。另外，施以鱼子纹的部分质感略显"粗糙"，从而便衬托出其他部分的光滑。总之，鱼子纹是为了衬托主题纹饰而存在的。法门寺金银器中的鱼子纹所显现出的装饰效果，较盛唐时期的器物已不算强烈，其装饰美感并没有得到充分的展现，其原因在于：法门寺金银器的器壁普遍较为单薄，使鱼子纹的效果受限；鱼子纹最能衬托光滑平整的块面，而法门寺金银器的主题纹样多强调线条的美感，这就使鱼子纹的衬托功能无法有效施展，例如何家村鹦鹉纹提梁银罐、鎏金蔓草花鸟纹银羽觞（见图 4.26）上的大面积团块状花朵纹样在鱼子纹的衬托下，显得华美异常。法门寺金银器（见图4.27）中虽已不见这种强烈的装饰效果，但鱼子纹仍然具有一定的审美意义，它在装饰画面中起到了"点"的作用，使整个装饰画面的"点""线""面"关系更加丰富，此外，其强烈的肌理感亦是金银器装饰艺术中的重要元素。

图4.27　法门寺金银器中的鱼子纹装饰
（图片引自《法门寺考古发掘报告》）

第七节　法门寺金银器纹饰的审美特征

　　唐代金银器纹饰的整体艺术特征体现在对自然美与生活化的追求，以及对纯粹性审美的认同。法门寺金银器在这个大背景下，既与唐代金银器纹饰特征保持基本一致，同时也具有明显的独特性，这种独特性具体表现在纹饰布局及纹饰形态两个方面。在纹饰布局方面，法门寺金银器包含"满地装"和"点装"两种形式，且每种形式都独具特色，可分别由"奢华有度"和"聚散随形"来概括。而在纹饰形态方面，流动飘逸的纹饰形态成为主流，使法门寺金银器纹饰呈现出一种流动之美。

一、奢华有度——从"满工而饰"到"疏朗有致"

"至于金银器装饰的疏密差异，则应从成纹方法上去分析，大体上，锤揲的图案一般较为简洁，錾刻的图案则较为繁满。但唐后期，锤揲图案的布局有渐趋繁满之势，而錾刻图案则有走向简洁的趋势。"[138]181 从整体上看，盛唐时期金银器的纹饰布局以追求"满工而饰"的华丽之风为主要特征，而中唐之后，特别是晚唐时期，"疏朗有致"的纹饰布局日渐成为主流。

唐代金银器的纹饰布局可分为"满地装"与"点装"两大类。"满地装"繁满华丽，"点装"疏朗隽美。法门寺金银器中同时包含了这两种纹饰布局，但从总体上看，其纹饰的"满地装"也与盛唐时的面貌有所不同，相比之下，一些器物的表面虽然遍布纹饰，但纹饰排列的细密程度已经降低。再加上"点装"器物的增多，使法门寺金银器纹饰呈现出一种疏朗有致的布局特征和奢华有度的审美趋向。

法门寺金银器纹饰呈现出的"疏朗有致"主要还是针对"满地装"的器物而言，"满地装"是以各种纹饰图案通体装饰在器物表面的布局（构图）形式。这种布局形式可使器物更显富丽堂皇，而法门寺金银器与盛唐时期的器物相比，更显"奢华有度"，原因在于其"满地装"纹饰的密度与复杂程度已大为降低。"满地装"大体分为五种具体形式，即适合式、单独式、连缀式、格律式和装饰画式，以连缀式和格律式为例：

连缀式是以一个纹饰单元连续衍生而成的布局形式。在唐代金银器纹饰中，多以蔓草纹及珍禽异兽纹构成二方连续状的连缀形式为主，蔓草一般为"S"形结构，其结构分布自然、紧凑，富于变化。连缀式纹样与属于角隅纹的小花边并不相同，其多位于金银器的主要装饰部位，是"满地装"的一种重要类型。在法门寺金银器的"满地装"器物中，具有典型"连缀式"布局形的有鎏金双狮纹菱弧形圈足银盒的盒盖面纹饰、鎏金卧龟莲花纹五足朵带银香炉的炉盖面纹饰等，其"S"形的纹饰布局表现出了强烈的韵律感，而纹饰间留有的大小不等的空隙，又使装饰画面具有了较强的节奏感。

格律式是具有一定格式与规律的纹饰布局形式。它富于条理性、统一感，给人一种端庄、宁静和平衡的感觉。在唐代金银器中，格律式的纹样多用在圆形盒的盖面之上。它是以一定的点或轴为中心，按一定的角度将纹饰置于点（轴）的周围，以形成放射状的对称构图，如何家村的鎏金石榴花结纹银盒等。

值得一提的是，法门寺鎏金四十五尊造像盝顶银宝函（见图4.28）等器物上的纹饰布局也应属于格律式。宝函上的造像及其他纹饰共同组成唐密曼荼罗，其构图遵照密教相关仪轨，既有严格的格式，也有一定的分布规律。与唐代其他格律式布局形式不同的是，其是按照方形结构进行平面延伸。

图4.28 法门寺鎏金四十五尊造像盝顶银宝函函盖纹饰
（图片引自《法门寺考古发掘报告》第173页）

通过以上对唐代金银器纹饰布局的梳理与分析，可以看出，法门寺金银器整体上以疏朗有致的纹饰布局为主要特征，但其中也不乏繁满华丽的个例。具体来看，一般日用器物的纹饰多简练清秀，宗教用器多繁缛华丽，整体上体现出一种奢华有度的审美面貌。

二、聚散随形——从"一枝独秀"到"满目生花"

法门寺金银器纹饰"聚散随形"的审美特征，主要体现在其纹饰布局为"点装"的器物上。"点装"又分为单点式与散点式两种，是在器物表面某部分装饰以单独纹样的布局形式。

单点式是指以一个单独纹样来装饰器物的一处或两处，视觉上有"一枝独秀"的审美趣味。这种纹饰造型完整，形态和结构均无残缺，纹样有时还会与器物造型产生的平面曲线相结合。单独式的纹饰布局，其主体纹样具有相对独立的特点。但从整体上来说它们又不是完全孤立的。其既强调单元纹样自身的形象美，又要求纹饰整体具有完整性，视觉上具有鲜明的节奏感。在唐代金银器中，单独式纹饰布局多以动物纹为中心，四周衬以折枝花，在器物的边缘处还常饰有花边，这种布局形式亦多见于唐前期。

散点式是将单个纹样或单元纹样按照一定次序均匀地分布在器物表面需要装饰的部位之上，这种布局形式分散而有规律，纹样间的空隙均匀，具有鲜明的节奏感，给人带来"满目生花"的审美感受。散点式的纹样布局也可再分为多种式样，如圆形放射状散点式样、圆形向心状散点式样、无中心状散点式样等。散点式纹饰布局的特点是结构严谨，艺术效果活泼、轻快。如法门寺鎏金飞鸿毬路纹银笼子、金筐宝钿珍珠装纯金宝函、鎏金十字折枝花纹葵口小银碟、鎏金团花银钵盂等。这些器物的纹饰均按照一定的疏密关系散布于器物表面，各单独纹样（单元纹样）既相互独立，又具有一定空间结构上的联系，并使器物的纹饰遍及各个观赏角度。这种"满目生花"般的散点式纹饰布局，在唐代前期较为少见，而在法门寺金银器中却多有运用。

三、纹饰流动——从"雍容华贵"到"流动飘逸"

盛唐时期，金银器的纹饰形态多呈团块状，布局较为密集，大而饱满的团花纹在这一时期较为流行，从而表现出了"雍容华贵"的艺术特征，代表性器物如何家村鹦鹉纹提梁银罐、鎏金蔓草花鸟纹银羽觞等。而法门寺金银器的纹饰形态在整体上则呈现出一种纤细、秀美且富于动感的艺术特征。

法门寺金银器纹饰所体现出的流动感主要体现在纹样自身的形象类型、纹饰的造形结构以及流畅的线条运用上。

从法门寺金银器的纹饰种类上看，颇具流动飘逸之感的蔓草纹、流云纹、飞天纹、绶带纹、几何纹以及各种动态造型的禽鸟纹在所有纹饰中占有极大的比重，结合"疏密有致"的纹饰布局，使这些纹饰的组合与排列更显"流动飘逸"。

以法门寺出土的一套金银茶具为例，其中鎏金鸿雁流云纹银茶碾子、鎏金仙人驾鹤纹壶门座茶罗子上所饰的鸿雁和仙鹤展翅翱翔，天马腾跃天际，飞天飘然而至，还有执幡驾鹤的仙人和萦绕四周的流云等，皆呈现出一种灵动之美；又如鎏金飞鸿毬路纹银笼子上，众多飞鸿组成了一幅错落有致、富于动感的画面，使器物整体呈现出一种律动之美；再如鎏金蔓草纹长柄银匙上的蔓草纹，摩羯纹蕾钮银盐台上的荷叶纹，其线条曲直有度、别具韵味，显示出一种流畅之美。这些流动感极强的纹饰与沁人的茶香分别从视觉与嗅觉给人带来了一致的感官愉悦，体现出了装饰与实用功能相统一的中国传统造物观念。由此可见，当时的宫廷茶事活动对茶具的实用性与观赏性都有很高的要求，充分体现出唐代茶道的精神性与艺术化倾向。

晚唐金银器的纹饰多强调线条的美感，从法门寺金银器的纹饰中便可看出时人对流畅线条的格外青睐，无论是大量蔓草纹、流云纹的运用，还是对荷叶筋脉的细致描绘，都体现出设计者（制作者）对线条的审美把控，从而使法门寺金银器的纹饰具有了区别于唐前期的流动之感。

第八节　本章小结

工艺美术中的纹饰往往最能代表一定时期的集体审美意识，唐代金银器的纹饰几乎涵盖了唐代工艺美术纹饰的全部主题与样式。法门寺金银器作为晚唐金银器艺术的代表，具有晚唐金银器纹饰的一般性审美特征，此外其纹饰的布局与样式也与何家村等盛唐器物有所不同。

本章通过对法门寺金银器代表性纹饰的逐一考证与分析，对比同时期以及唐代前期相关金银器遗物，总结出了晚唐金银器纹饰的基本审美特征，以及法门寺金银器纹饰艺术的独特之处，即"奢华有度""聚散随形""纹饰流动"。其中，"奢华有度"是相较于盛唐时期金银器纹饰的"极尽奢华"而言，法门寺金银器的纹饰在已发现的晚唐金银器中已属华丽，但相较于唐前期已流露出恬淡雅致的审美趋向；"聚散随形"是指法门寺金银器纹饰布局出现的新特征，即在一些器物的装饰中多用均匀的散点式纹饰布局；"纹饰流动"是指法门寺金银器纹饰造型具有强烈的动感，尤其是多用柔美的曲线来构成纹饰主体。

第五章 法门寺金银器的制作工艺

"工艺"一词，在中国传统文化中的解释即为"百工之艺"，在中国古籍记载中，"工艺"的"工"，有时亦泛指工匠，如《考工记》中有："知者创物，巧者述之，守之世，谓之工。"但"工"更多是指"工艺"与"工巧"等。《说文》中载："工，巧也，匠也，善其事也。凡执艺事成器物以利用，皆谓之工。"又言："工，巧饰也。"由此可见，中国古代的"工"与"巧"具有密切的内在联系，从流传至今的词语如"能工巧匠""巧夺天工"中便可体现。"天有时，地有气，材有美，工有巧合此四者，然后可以为良"中的"工有巧"，即对工艺提出精湛巧妙的要求。"天有时，地有气"，是指器物制造的客观因素，而"材有美，工有巧"，则属于器物制造（工艺美术）的主观因素。如果说材料是器物制造的物质基础，那么，工艺便是使器物实体化的必要过程，或者说，工艺是一种制作手段、技巧或方式、方法，"材美"与"工巧"，是互相联系和相互促进的，"材美"因"工巧"而更具美感，"工巧"也因"材美"更显精巧。"工巧"不仅是指一种精湛技艺，还是指一种工艺美术特有的审美感受，即"工艺之美"[57] 95 - 96。

《新唐书·百官志》中记载的"钿镂之工"应当包括制作金银器的工匠。《唐六典》少府监条云："儿教诸杂作，计其功之众寡与其难易而平均之，功多而学者限四年、三年成，其次二年，最少四十日，作为等差，而均其劳逸焉。注曰：凡教诸杂作工，业金、银、铜、铁铸、凿、镂、错、镞所谓工夫者，限四年成。"此处明确指出当时规定学习金银器的制作需要四年方可出师，其在诸种技艺的学习中耗时最长，足以说明金银器制作工艺的复杂程度与操作难度，为唐代手工业制作技术中技术性最强的门类之一。唐代复杂的金银器制作工艺，至今并未发现有较为系统的记载。《唐六典》记载，当时的金银器制作工艺有铸、凿、镂、错、钨、锡等。这六种工艺中的"铸、凿、错、镂"四种基本与今意相同，而"钨、锡"两种工艺则颇为生疏，"钨"音乌，其在《康熙字典》中意为"范金"，即与铸类似。锡音烫①，"锡"在唐代金银器制作工艺中，主要作为磨砻平滑之工。

明代人在引用《唐六典》时，曾提及唐代的十四种金银器制作工艺，分别为：销金、拍金、织金、镀金、砑金、披金、镂金、捻金、泥金、戗金、圈金、嵌金、贴金、裹金。另外，《安禄山事迹》中记载了唐玄宗对安禄山的赏赐中有大量的金银器，如"银平脱破方八角花鸟药屏帐、金铜铰具、银凿镂、银鑼、金平脱五斗饭罂、银平脱五斗淘饭魁、银织筹篢、银织笮篢以及金银食具、厨厩饰器"[68]等，这些金银器中有些是以制作工艺来定名的，可见，唐代金银器制作工艺已相当完备，一些重要技术在当时已普遍使用。唐时的一些金银器制作工艺至今仍在沿用，亦有传入朝鲜半岛及日本等东亚地区。由于中国古代对于工艺技术往往采取身传口授的传承方式，加之"重道轻器"的传统思想，使金银器制作工艺在古代文献中未有详载，以上提到的唐代金银器工艺名称，皆是作者在无意中所记述，并未对每种工艺逐一做出详细的解释，但是可以从出土实物中找到这些工艺被运用的线索。金银器的制作工艺属于传统手工艺范畴，千百年来，虽然也受到科学技术进步所带来的一些影响，但总的来说，其基本制作工艺并未发生根本性改变，古人对工艺的称谓大多已被废弃不用，以现代技术用语取代，但实际上其工艺本质的传承并未阻断[10]178，研究古代工艺，往往采用实物观测与工艺推导相结合的方法。

结合本文之前对法门寺金银器造型与纹饰的论述可知，法门寺出土金银器的器物造型复杂多样，且普遍表现出实用化的倾向，许多器物的造型深受佛教艺术影响，如摩羯纹蕾纽三足架银盐台、仰莲瓣银水碗、鎏金伎乐纹银香宝子等；许多器物的空间体量较为宏大，如迎真身银金花双轮十二环锡杖、"八重宝函"、鎏金双蜂团花纹镂孔银香囊等；纹饰构图疏密有致、造型流动顺畅，如鎏金摩羯纹三足架银盐、双凤纹五足朵带银炉台、鎏金卧龟莲花纹五足朵带银香炉等；人物纹装饰的结构和布局已不局限在单个人物和单幅画面，出现了多处具有故事性的人物画纹饰，如鎏金人物画银香宝子等；器物装饰中出现按照唐密曼荼罗仪轨而布局的图像画面，如鎏金四十五尊造像盝顶银宝函等。从整体

---

① 《韵会》有云："以铁为断，凡木石有斤斧痕迹者，摩之令平也。"

上看，法门寺金银器在佛教文化的背景下体现出了极其丰富的文化内涵，而其多呈现出的独特艺术面貌离不开制作工艺的支持。工艺既是器物造型与纹饰显存的基础，其本身亦具有美学属性。中国古代的"工艺"经常与"工、艺、巧"等词语相联系，它既含有技术之意，也具备艺术的因素。"工艺"并不单指"手工"，它既有"工"，也有"美"，既涵盖生活日用品的制作，也包括纯粹欣赏品的创作，它往往先"工"而后"美"，"工"与"艺"并存[56]7。因此，制作工艺亦为法门寺金银器艺术的有机组成部分，它与造型、纹饰密切相关且互相影响。法门寺地金银器还有一些显著的特征，即物主明确、断代确凿、产地清晰①、用途明确，这些客观条件对研究其制作工艺起到了至关重要的作用。

宿白先生认为法门寺金银器中的许多器物出自文思院②，这些器物"是晚唐长安城中的皇室作坊所制，显得很单薄，与西安何家村窖藏和出土于大明宫遗址的金银器相比较，显然已是在走下坡路了，远不及浙西进奉的金花银盆。所以，据历史上的记载，晚唐时期，朝廷多靠江南进贡，从这里便可看出一些迹象"[161]29-30。从宿白先生这段话的表面意思理解，在制造时间上早于法门寺金银器70到100年的何家村金银器，其制造工艺反而比法门寺金银器更为先进。但是，宿白先生在这里应是从金银器的整体艺术感受而言的，而非专指其制作工艺。关于何家村器物的"厚实稳重"之感，并不能代表制作工艺的先进与否，而更加代表了当时金银器的一种艺术风格，崇尚豪华、不惜工本是其内因，其器物成型较多采用浇铸技术[162]，致使以本分器物器壁十分厚实。例如何家村出土的鎏金八棱银杯、素面银铛、素面金铫、鎏金银匜、鎏金蔓草纹鸳鸯银羽觞等。法门寺金银器整体艺术风格的纤弱、单薄之感从制作工艺的角度还说明了其锤揲与钣金工艺的进步。

在制作工艺的种类上，法门寺金银器基本沿袭了盛唐时期的基本架构，并没有工艺种类上的新创，但许多制作工艺本身已发生了较大的变化，且从整体上看，不同工艺的使用比例也发生了改变。如在錾刻工艺上，"小碎线"式的錾

---

① 法门寺金银器多出自皇城内的文思院及南方的润州即今江苏镇江的金银器作坊。

② 文思院是在唐后期由中央政权设置的器物制作机构，为五代及两宋时期所沿置。关于文思院的性质、职能及职官设置，在唐代发生过较大变化。《唐会要》《长安志》等史籍记载"（唐）武宗好长生久视之术，于大明宫筑望仙台。势侵天汉。上始即位，斥道士赵归真，杖杀之，罢望仙台。大中八年，复命葺之。右补阙陈嘏已下抗疏论其事，立罢修造，以其院为文思院。"可见，唐宣宗大中八年（公元854年）应为文思院始建之际。

法被大量使用，使制作工艺与装饰效果紧密相关；盛唐时期金银器的成型主要采用锤揲法与焊接等制作工艺，而法门寺金银器则在此基础上又大量加入了钣金与铸造工艺的使用[27]154；另外，法门寺金银器中的"金筐宝钿"与金银丝编织工艺，在已发现的唐代金银器的同类工艺中最为精湛。凡此种种，皆体现了法门寺金银器制作工艺的特色及其与法门寺金银器整体艺术风格的关系。因此，本章选取了在法门寺金银器中最具代表性的几种制作工艺分别进行论述，进而探讨制作工艺对法门寺金银器艺术风格的影响。

第一节　法门寺金银器的锤揲与錾刻工艺

"锤揲（鍱）"与"錾刻"是两种重要的金银器加工工艺，它们同时也适用于铜、铁等非贵金属材料，在中国古代金银器制作工艺中具有不可替代的地位。锤揲多作为金银器物的成型工艺，錾刻则更多用于器物纹饰的生成。锤揲与錾刻工艺在金银器制作中经常配合使用，也有单独使用的实例。锤揲与錾刻工艺的配合使用在唐代金银器中比较常见，可以说，其是唐代金银器工艺美学的集中体现。

工艺技术是工艺美术中相对稳定的因素，锤揲工艺虽然更多应用在唐前期，但在晚唐，仍然多有出现，如在法门寺及丁卯桥金银器中便有不少例证。不过，其整体发展趋势仍然表现出"时代越晚，锤揲工艺的地位越低"的特征。同时，随着唐代金银器艺术的中国化，西域风格不断衰减，最终几乎消失，而錾刻工艺的地位却越发重要，即使在锤揲出的浮雕图案上的錾刻，其线条排列也更加细密，已经不甘于仅作辅饰了。这种趋势并不说明唐代前期的錾刻不重要，何家村金银器中便有众多运用錾刻工艺来制作主要纹饰的器物，如何家村窖藏中的金花银耳杯，其表面纹饰全部以錾刻成纹，以鱼子纹为底，主纹题材为鸳鸯和花卉，带有典型的华夏装饰风格。可见锤揲与錾刻作为唐代金银器制作加工的代表性工艺，既存在前后期此消彼长的发展趋势，也具有较强的稳定性，前者多受到社会审美与时尚潮流等时代性因素的影响，而后者产生的根源则来自金银材料本身的加工特性。

一、锤揲工艺

《说文解字》对"锤"字的解释为："八铢也。"[163]《广雅·释器》中言：

"锤谓之權"，其对"锤"的释义为一种对物体重量的测量器具，可见"锤"字最初多作为名词，本意为悬挂在秤杆上的金属秤砣，从而引申为用作敲击的铁制、砣状工具。《辞海》中言："朱伪切，音憜，寘韵。鍜也，见集韵。"这里的"锤"是作为动词使用的，已有敲击之意。《辞海》中还有道："揲通鍱，椎薄之也。"可见，"揲"与"鍱"作为金属薄片的意思时，这两字的字意是一致的。《说文·金部》对"鍱"的解释为"鏶也"，而《说文通训定声》中有言："凡金、银、铜、铁、锡椎薄成叶者谓之鏶。"[164]《正字通》中云："铜铁椎炼成片者鍱。"[165]"鍱"在中国古代应该多指金属薄片，故"锤揲（鍱）"即是用锤状器具将金属材料捶打成金属薄片的意思。在现代金属艺术相关的制作工艺中，更多以"锤揲"一词代表这种利用金属延展性来进行金属加工的技艺，也有用"打作""锻造"之类词语指代，其含义基本相同。

"锤揲之法虽早见于商周青铜器，但还看不出中国传统技法对唐以来金银器制作的影响。"[138]172我国古代的锤揲工艺虽然早在商周时期便有运用，但其主要用于制作金箔，到战国时期方用于制作造型简单小巧的器皿，其使用亦不广泛，大多作为青铜等器物的从属构件。作为金属器物成型工艺的锤揲之法，最早出现在西亚及中亚地区，公元两千多年之前，金银器皿在这些地区已经十分盛行，其制作工艺也相当发达，锤揲已被广泛用于金银器皿的成型。唐代金银器的锤揲工艺主要来源于西域已是学界共识，锤揲工艺在中国的真正流行也应始于唐代，后至宋元步入极致，明清时期，虽然锤揲工艺仍在沿用，但由于此时期点翠与花丝等细金工艺的兴起，锤揲工艺对金银器艺术效果的影响已大为减弱。对于中国古代金银器制作工艺的发展历史，流传下来的专门性文字记载极少，对锤揲等金银制作工艺的研究主要依据相关历史文献、考古发现以及利用现代相关工艺进行的反向推导。

锤揲工艺所需的工具中最主要的便是锤子与铁砧，这一点应该古今相同。其他的辅助工具如沙袋、胶板、锉刀、砂纸等，在唐代应已具备，或略有不同。锤子作为锤揲工艺的基本工具，按功能可分四类：作平面延展用的铁锤、作纵向拉伸用的铁锤，以及收边锤和肌理锤等。现代金属艺术创作中，锤子按材质可分为铁锤、木槌及橡胶锤，唐时应该仅有前两者。铁砧在锤揲工艺操作中主要起到提供支撑与提供反作用力的作用，其主要用于器物的成型制作阶段。根据不同的器物造型，需要选用不同样式的铁砧。

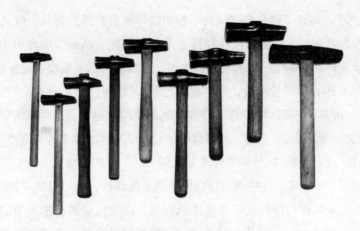

图 5.1 锤揲工艺使用的金属锤子（作者自摄）

图 5.2 锤揲工艺使用的铁砧（作者自摄）

除了锤子和铁砧之外，"胶"是锤揲与錾刻工艺中皆必不可少的辅助工具之一。用于金银器制作的胶分作软胶、硬胶两种。软胶具有一定可塑性，主要用作锤揲浮雕和立体与半立体器物的造型。硬胶则主要是作精细造型的锤揲及纹饰的錾刻之用。锤揲与錾刻工艺中常用到的是胶板。胶板是将混合了松香、滑石粉等原料的物质进行加热，其熔化后浇灌进特定的木板盒内，冷却后便形成胶板。

锤揲工艺在器物成型中的运用，其工艺操作的基本要求为：捶打落点需要较为准确。保证每次落捶都在必要的部位；捶打力度需要合理。每件器物的成型需要经过无数次的捶打，在器物料材的形变过程中捶打力度并不是完全相同的，需要将料材变薄时，捶打力度要大，接近规定尺寸或近于完成时，力度要小；捶打速度需要均匀。若捶打速度时快时慢便会出现料材薄厚不匀、锤痕排列不均的现象。

根据锤揲成型的技术原理可知，锤揲工艺适合用来制作圆形（球体）或近圆形器皿类金银器物，如何家村窖藏出土的鸳鸯莲瓣纹金碗、双耳银锅等。法门寺金银器中以锤揲工艺为主要成型方法制成的器物并不占多数，其大多综合运用了钣金、铸造等成型工艺。这与何家村等唐前期的金银器形成明显对比。法门寺金银器中的素面委角方银盒、素面圈足圆银盒、鎏金双凤衔绶御前赐银方盒、鎏金卧龟莲花纹五足朵带银香炉、鎏金双凤纹五足朵带银炉台等器物在器物整体成型方面主要运用了锤揲工艺，这些器物的形制与唐前期的金银器较为接近，尤其是一些素面无纹的器物。同样制作于9世纪后半叶的丁卯桥金银器中的折枝花纹半球形银器盖，除了表面散点錾饰的四朵折枝花以外皆为光素表面，且未做镟磨处理，锤揲痕迹明显。由此可见，与器物造型紧密相关的锤揲工艺到了晚唐时期，由于器物造型样式的增多，其在金银器成型中的主导性地位已经动摇。

图 5.3　锤揲工艺使用的木捶（作者自摄）

法门寺金银器的锤揲工艺更多地体现在器物装饰图案的制作之中。它是利用金银材料质地柔软的特点，按照预先的设计，使器物局部经手工锻打，进而延展成为外凸内凹的浮雕式图案。在对器物进行装饰性锤揲时，经常会与錾刻工艺联合进行，特别是在工具方面，由于锤子不善于进行细小造型的锻打成型，故会用到一些錾子进行锤揲起位。由于锤揲与錾刻工艺在实际操作中往往交叉进行，且其操作方式具有相通之处，其工艺技巧在每个时期也存在差异，故在考古学研究与现代金属艺术创作（生产）实践中，对锤揲与錾刻的类型及定义存在着不同的观点。例如，有人认为金银器表面装饰中的背面凹陷、正面凸起浮雕效果是用"抬压"工艺来实现的，"抬压"应属于"錾刻"工艺的范畴，而不应归类于"锤揲"。齐东方先生在《花舞大唐春》一书中，将锤揲（鍱）定义为："利用金银材料质地柔软的特性，将金银片衬以较软之物或将其置于模具之上锤击成型，可作器型，亦可作图案。"[166]25说明其认为锤揲工艺不仅用于器皿成型也可用于浮雕状纹饰的制作。"浮雕"一词源于西方，其还可细分为浅浮雕与高浮雕等，唐代金银器中"内凹外凸"的装饰效果古时又称"隐起"①，无论称为"浮雕"还是"隐起"，其制作工艺皆是在塑造具有一定立体感的装饰造型，因此，从艺术创造的角度来看，其划归在"锤揲"范畴更加合理。金属艺术的制作工艺之间存在着一定的共通性，锤揲与錾刻工艺在实践操作中并没有明确的工种界限，将其两者分开讨论是为了方便学术研究的有序进行。

纹饰以锤揲工艺制作的器物在初唐与盛唐时期也较多见，如大唐西市博物馆藏鎏金伎乐纹银盏托，主体为六瓣造型，盏托外壁为锤揲出得外凸造型，这种外凸状器型对表现主题人物构成了一定影响，伎乐人物装饰在向外凸出的花瓣之上，鼓起的花瓣使伎乐人物更显突出，便于观者瞬间识别出装饰主体。盛唐器物中，如何家村金银器中的鎏金飞廉纹六曲银盘、鎏金双狐纹双桃形银盘、鎏金熊纹六曲银盘、鎏金凤鸟纹六曲银盘等。这些器物的艺术风格简洁明朗、美丽大方，在主体纹饰之外，再无其他辅饰，此类纹饰布局与萨珊、粟特的银器非常接近，只是将纹饰形象换成了龟、凤、飞廉等中国化的题材。反观法门寺金银器，纹饰以锤揲工艺制作的器物数量虽多，但其表现形式已与何家村大不相同，在锤揲而出的主纹以外往往配以各种辅助纹饰，这些辅助纹饰有的亦为锤揲而成，有的采用錾刻之法，使主纹不在如唐前期那样孤立而突出。例如

---

① "隐起"本属于我国传统石雕工艺中的一种表现形式，早见于北朝郦道元所著《水经注》。宋代李诫所撰《营造法式》中始将其定性为一种雕刻工艺的表现技法："雕镌制度有四等：一曰剔地起突；二曰压地隐起华；三曰减地平极；四曰素平。"在现代视觉艺术术语中，"剔地起突"即为高浮雕；"压地隐起"华即为浮雕或浅浮雕。金银器隐起图案的制作工艺大体起始于战国时期，兴盛于唐、宋，明、清仍然不衰。

法门寺鎏金双狮纹菱弧形圈足银盒、鎏金卧龟莲花纹五足朵带银香炉等。在法门寺出土的各种金银宝函中，主纹与辅助纹饰往往都已锤揲之法打出，且主纹一般起位较高，辅纹则根据主题内容和画面布局的需要依次降低。这种处理手法使器物的纹饰具有了极强的浮雕感和画面感，形成了富于层次变化的装饰风格。

图5.4　以锤揲工艺制作隐起图案（浮雕）时使用的錾子（作者自摄）

此外，对于法门寺金银器所体现出的"单薄"之感，应有两方面原因：一是由于当时可用于金银器制作的金银原料明显不足，迫使器物的器壁变薄；二是由于锤揲工艺的进步，可以将金、银锭捶打成为较薄且厚度一致的板材，进而制作出纤薄轻巧之物。本文认为，金、银原材料的不足固然是法门寺金银器"单薄"之感的成因之一，但从金银器艺术本体来看，"纤薄轻巧"更能体现其艺术品格。工艺美术讲究因材施艺，金、银材料不仅具有高昂的经济价值，还具有优于其他材料的延展性。对厚重、饱满的追求显然与金银器的材料属性相背，"纤薄轻巧"反而更能体现其"材美"与"工巧"。盛唐时期，雍容华贵与饱满厚重的金银器艺术既是中国古代金银器艺术的巅峰，亦是绝唱。此时的金银器艺术与其他艺术门类一样，浸淫在盛世豪情之中，厚重饱满的器物形体与时代审美保持着高度的一致。中唐以后，随着国力日衰，金银器的设计与制作也越发理性，以致唐后各代均未再现盛唐之风。因此，法门寺金银器所显露出的"单薄"之感在一定程度上昭示了金银器本体艺术语言的回归。从制作工艺的角度来说，越"单薄"的器物对锤揲工艺的要求越高，可见锤揲工艺对于法门寺金银器整体艺术风格的形成具有不可忽视的作用。

图5.5　金属器皿锤揲成型的基本步骤（作者自摄）

二、錾刻工艺

錾刻工艺在中国古金属器物的装饰工艺中占有重要地位，亦称錾花，始于春秋晚期。錾刻工艺一般用于器物成型后的进一步加工及装饰环节，尤其擅长器物纹饰的制作。在《说文解字》中对"錾"的解释是："錾，小凿也。从金，从斩，斩亦声。"《广雅·释器》中有"镌谓之錾"的说法。"刻"即为镂、割，偶有剥之意。《尔雅·释器》中有"木谓之刻"，即是对"刻"最初的界定。"刻"从仅限于木作逐渐扩大至对竹、牙、骨、犀、金属等材料的加工，其亦可用于金银器上。而金银器上的"刻"只可制作阴纹，即在素平的地上刻制凹槽（凹线），或在凸出的隐起造型上刻制细部的阴线。錾刻工艺实际上就是使用各种錾子对金属表面进行加工的工艺技法，它应是唐代金银器中最常见的装饰方法，在众多传世和考古发现的唐代金银器上都能见到錾刻而成的纹饰图案。关于唐代对錾刻工艺的称谓，法门寺《衣物帐》中有"钑作""钑花"的提法，经与实物对照，应为錾刻之意。另外，唐人还常提及"钑镂"一词，如贺知章的《答朝士》中便有"钑镂银盘盛蛤蜊"的诗句；《安禄山事迹》中所提及唐玄宗赏赐给安禄山的金银器明目中亦有"银凿镂，银镙"的记述。宋元时期仍以"镂花""钑镂"之称指代錾刻工艺，而在现代考古与工艺美术相关文献书籍中提及的镌镂、镂雕、镂刻、透雕等指的皆为錾刻工艺中的镂空等具体技法。

图5.6 錾刻工艺使用的锤子及錾刀（作者自摄）

錾刻工艺的基本工具是锤子与錾刀，技术原理是以锤子敲击錾刀尾部，使刀刃（刀头）作用于工件表面，从而做出各种图案效果。錾刻工艺的核心工具是錾刀，又称錾子。唐代金银器制作所用錾到实物，目前尚没有发现，由于錾刀多为铁质，保存至今的可能性不大，研究唐代金银器的錾刻工具唯有以现代所用工具进行推导。现代金属工艺中的錾刀有上千种之多，经常根据器物设计的需要而制作专属錾刀。一般以錾刀口刃造型及其功能来划分錾刀种类，常用的錾刀基本可分成以下几大类。

直口錾：用于錾刻直线。其刀刃造型呈一字，刀刃两侧一面作平面，另一面稍带弧度，直口錾根据具体用途不同又有长短、粗细及大小的不同。

弯钩錾：用于錾刻弧线。其刀刃造型呈月牙状，"月牙"弧度决定錾线的弧度，亦有大小及宽窄的不同。

图5.7 錾刻工艺使用的部分錾刀（作者自摄）

沙錾：用于錾刻较粗的直线或凹槽。刀刃亦呈一字状，有大小和宽窄之分，刀刃较厚的一般用于制作隐起（浮雕）图案。

采錾：用于纹饰的平采、凹采及采亮。其錾头圆滑，其有各种形状及大小区别。

点錾：用于打点。錾头为不同大小的圆点。

戗錾：用于去除胎体的多余部分。刀刃较锋利。

脱錾：用于剪切镂空花纹及器物边缘。刀刃较锐利，一般有月牙、一字等形状。

硬錾：包括沙地錾、套珠錾和组丝錾等。沙地錾用于制作沙地，錾头为尖形。套珠錾为打底用，可制作凸起的珠状纹饰。组丝錾的錾头为平面，用于錾刻不同形式的丝状纹样，多用于动物羽毛、人物衣纹等的细节刻画。唐代金银器装饰中普遍流行的鱼子纹（珍珠地）即是使用此种錾刀制作的，由于古代金属材料与成型技术的限制，唐代金银器中用到的硬錾种类并不多，用来制作鱼子纹的錾刀，其錾头为圆圈状，相对容易制成。

錾刻工艺的基本技法千百年来虽有发展与细化，但基本操作方法未曾改变，这一点可从相关文物中得到印证。金银器錾刻工艺在唐代即属于难度较高的手工艺项目，其对操作者的审美素养、技术经验皆有较高要求。常用的技法包括：

勾。勾錾即是在器物表面进行线条刻画的技法。是用不同形状的錾刀（一般为直口錾和弯钩錾）在器物表面錾刻出基本图案，勾錾是錾刻工艺的首道工序，勾勒錾线时需根据不同纹饰选择不同类型的錾刀。唐代金银器的纹饰主要便是依靠勾錾来完成的。

台。台錾是在器物胎体的背面，使用各种形状的錾刀顶出纹饰图形的边缘，是制作隐起图案（浮雕）的基本方法。在台錾的操作过程中，需根据纹饰面积、层次的不同来确定顶出高度。此种技法在理论上也可划归在锤揲工艺范畴，实际操作中其工艺界限往往并不明确。

采。采也称作"落"，是在器物胎型正面进行的操作。制作中往往通过不同力度的采、落处理，制作出纹饰的造型和层次结构，从而是金银器纹饰具有的翻转、层叠的艺术效果，是制作立体浮雕的常用技法。

平錾与丝錾。平錾是借助不同的錾刀于器物正面进行錾刻的方法，与勾錾类似。丝錾则是细化处理各个纹样的工艺技法，丝錾的錾刀一般较小，常用于花瓣筋脉、禽鸟羽毛等纹饰的精细刻画。

戗刻与脱錾。錾刻实际上即是錾与刻的结合。戗意为刻，即刻除工件表面的一部分。由戗刻制成的纹饰多呈浅浮雕效果。戗刻技法是在器物平面上戗出不同的沟槽，使刻线具有凹凸感和明暗反差。脱錾分为镂空錾与脱底錾。镂空錾即为透雕，是将图案的一部分用錾刀脱除，使器物具有玲珑剔透的视觉效果。脱底錾即为在器物纹饰錾刻完成后，沿外缘脱除底子的技法。法门寺金银器中使用了戗刻与脱錾工艺的器物包括：鎏金卧龟莲花纹五足朵带银香炉等银质香炉、两件球形银香囊、鎏金飞鸿毯路纹银笼子以及多件带镂空壶门造型的器物。

图5.8 法门寺鎏金双鸳纹大银盆錾纹
（图片引自《法门寺考古发掘报告》）

在器物上进行錾刻装饰，一般要先将器物锤揲、铸造或钣金成型，成型后以光锤锤打、磨料打磨等工艺使其表面平整，然后将器物退火灌胶，继而把纹饰蓝本拷贝在器物之上，方可进行錾刻。关于蓝本拷贝，古代的做法是把纹样粉本粘贴在器物外壁上（用水即可粘贴牢固），用油灯的灯烟将粉本熏黑，待将粉本揭去后，器物表面便可留下纹样。再用小平錾刀（勾錾）沿着纹样边线錾刻，将纹样基本造型固定下来。[130] 31

图 5.9　法门寺金银器上的"小碎线"錾痕
（图片引自《法门寺考古发掘报告》）

　　法门寺金银器中的錾刻工艺相较唐前期的器物，錾刻技艺更显成熟，线条刻画更加细腻，且出现了晚唐典型的"小碎线"式錾法（见图 5.9）。韩伟先生认为这种"小碎线"式的錾法流行于唐穆宗到唐哀帝时期，即晚唐时期。韩伟先生的《海内外唐代金银器萃编》成书较早，尚未收录法门寺金银器。从法门寺金银器中，可以发现这种錾刻方法的全面流行。所谓"小碎线"式錾法即錾刻的线条细小、分段。其主要分为两种表现形式：一种是錾线往往由若干短小的錾痕组成；另一种是在动物的毛发、植物花卉的局部上用平行、细密的碎线进行表现和装饰。这种錾刻手法在法门寺金银器中随处可见，在同为 9 世纪后半叶的丁卯桥等器物群中亦有发现。其具体操作方法为：操作者手持直口錾刀，让一字形錾韧两个尖角中的一端先接触器物表面，一次錾击便可获得一个类似等边锐角三角形的錾痕，这种錾痕给人以短促的视觉感受，在线形的轨迹上连续数次錾击后，便可形成一条由若干短线组成的连贯线条，最终由这种连贯线条组成纹饰造型，如在法门寺金银器各种植物纹饰的刻画中；另外一种平行形式的"小碎线"则是运用錾头细小的直口錾刀或者弯钩錾刀，在器物表面所需部位进行细密的錾击，如在鎏金双狮纹菱弧形圈足银盒中双狮形象的毛发处理上。

　　这种"小碎线"式的錾刻技法，使纹饰具有了丰富多变、细腻柔和的审美特征，使金银器纹饰更具手作韵味及视觉变化。这种錾刻方式还相对降低了技术难度，将较长的线条分段进行錾刻，更便于工匠对线条走向的把控，提高了精准度及成功率。在对动物毛发及植物花卉的细节装饰上，使艺术形象的质感表现更加生动精彩。此外，由这种金银器錾刻手法所形成的纹饰效果与纺织工艺品中的刺绣走线颇为相似，存在艺术效果上的模仿与借鉴的可能，如法门寺鎏金飞鸿毯路纹银笼子中毯路纹上的錾线。相较于唐前期，这种錾刻技法上的变化间接体现了时代审美的变迁，反映了晚唐细腻、柔美的审美追求。

三、"模冲"工艺考释

"模冲"这一提法在诸多金银器制作工艺的相关著述中屡见不鲜，然而"模冲"工艺的具体定义却少有提及，在考古发掘报告和相关文章中对其多不加详细解释。总体上来看，"模冲"多被划归到金银器物的成型工艺中，且相当一部分学者认为"模冲"属于锤揲工艺的一种。"1975年辽宁省敖汉旗的李家营子出土了一件猞猁纹银盘，刊载于《唐代金银器》，在文字说明中描述其为锤击成型，模冲纹饰。盘心饰猞猁文，先用模冲出轮廓，然后再錾刻细部。"[167] 在近现代的金属工艺中，"模冲"包括了四种工艺流程，第一步为制作祖型；第二步依祖型翻制出模具（公母双模、阴阳双模）；第三步将金属薄片夹在双模中间进行冲压，冲压过程一般是用锤子反复敲打模具表面，待金属薄片显现出与祖型一致的造型轮廓为止，这是模冲工艺的主要环节；第四步是在冲压出的凸起图案上锤击、錾刻造型细节与纹饰。唐代的模冲工艺应均为手工操作，现代的金属工艺则可利用油压机等机械进行冲压，故现代机械式冲压（模冲）可一次性制成器深较大的器物造型，从一般生品生产的角度，基本可以取代手工锤揲成型，其工艺十分精密、生产效率颇高。而古代在没有大型冲压机械的条件下，仅靠手工"模冲"，势必只能制作一些起位较小的浮雕式图案（隐起图案）。

从现今的金属艺术制作工艺推测，唐代的锤揲大都全凭匠人自身的心智与技艺，直接锤击，也有辅助以模具的，即将金银薄片夹垫在带有花纹的模具中，进行锤击。这种"模冲"工艺，对有些反复出现的装饰造型而言，更易实现其预期中的规范效果，从一定意义上来说，其实为更加简便的操作方法。韩伟先生在其《海内外金银器萃编》中将正面凸出，背面凹进的图案制作技法称作"模冲"，可能便是出于此种考虑。[138] 171-172

在《法门寺考古发掘报告》[5]中有多处提及模冲工艺（见图5.10），如：仰莲瓣银水碗"模冲成型"；双鸿纹海棠形银盒"锤击成型，纹饰模冲鎏金"；鎏金飞鸿毯路纹银笼子"模冲成型，通体镂空"；摩羯纹蕾纽三足架银盐台"纹饰平整、模冲鎏金"；鎏金双鸳团花大银盆"浇铸成型，纹饰模冲、平錾鎏金"；
鎏金四十五尊造像盝顶银宝函"钣金成型，纹饰模冲鎏金"；鎏金人物画银香宝
子"锤揲成型，花纹平錾模冲"等。本书认为，发掘报告中所谓"模冲"概念
较为模糊，但基本可分作两类：第一类为器物整体造型运用了模冲工艺；第二
类为器物部分装饰图案运用了模冲工艺。其中器物整体成型运用模冲工艺的较
少，仅有仰莲瓣银水碗和鎏金飞鸿毬路纹银笼子两件（组），但结合本文上述阐
释，此两件（组）器物的整体成型如果确实使用了模冲工艺，其工艺的具体操
作亦与一般意义的公母双模（阴阳双模）不尽相同。其模冲工艺应是与锤揲工
艺相结合的一种制作方法，在现代金属工艺中往往被划归在锤揲工艺范畴之内。
这种做法也需事先制作模具，一般是在某种硬木平面上挖出一个凹模，然后把
金属片材放置于凹模之上，再用木锤或竹木制成的錾子进行锤击敲打，在敲打

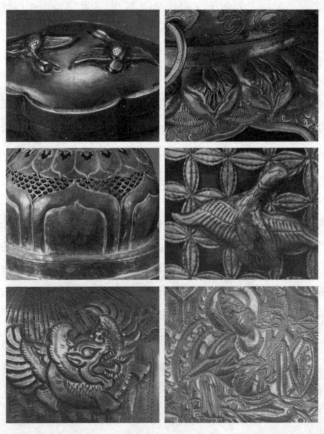

图 5.10 《法门寺考古发掘报告》中认定使用模冲工艺制作的部分器物局部
（图片引自《法门寺考古发掘报告》彩版五七、六三、六五、七一、八三、一一二）

的过程中，如金属变硬，需做退火处理，以防止金属板材破裂，直至金属与模具凹面完全吻合之后，再将金属板边缘处多余的部分剪去。如器物表面需要十分平整光滑，则需在器体内上胶后，根据设计意图继续进行精细锤打。根据器物造型的不同，圆雕感更强的器物需要进行模冲锤打，成型后再焊接成为一个整体。

图 5.11 中国西南少数民族聚居地区仍在使用的银饰祖型
（图片引自唐绪祥主编《锻铜与银饰工艺》第 341 页）

对于在器物局部使用模冲工艺进行制作的案例在各类考古发掘报告等文献中出现较多，然而从目前的文献与考古实物中，并不能完全确定模冲工艺的使用，本文根据当前国内部分地区传统金银器物制作工艺推导，法门寺金银器中有可能使用模冲工艺来制作图案装饰的器物大体应具备如下特征：第一，图案需位于器物相对平整的表面之上，这样才能便于模具的夹持；第二，图案需具有复制需求或严格的造形规范，模冲工艺的成本较高，如非具有特殊需求，否则没有必要舍简就繁；第三，器物在制作时需具有较大的手工操作空间，由于手工模冲需要对工件施加较大力度的锤击，如操作空间不够便不足以完成模冲工序。综上所述，本书认为法门寺金银器中最有可能使用了模冲工艺进行图案制作的器物应为：鎏金四十五尊造像盝顶银宝函以及其他个别金银宝函上的部分图案、鎏金双鸳团花大银盆的盆底图案等。其中"宝函"类器物的浮雕式图案皆位于方形造型的各个平面，且宝函采用钣金（见本章 5.2 钣金工艺）与焊接的成型方法。也就是说，宝函表面图案的制作很可能先于函体的组装成型，这就从客观上为模冲工艺提供了便利条件，图案位于方形平面之上，又有足够大的操作空间，且法门寺的金银宝函皆为供奉和乘装佛指舍利而造，具有严格的形制规定和复杂的纹饰构成，虽然是否存在复制需求还尚不可知，但其具有严格的造型规范已无异议，因此大费周章的制作模具进行图案制作的可能性是比较大的。至于鎏金双鸳团花大银盆的盆底图案，其客观情况与宝函大致相同，其复杂严谨的浮雕造型也透露出一定模冲成型的迹象。

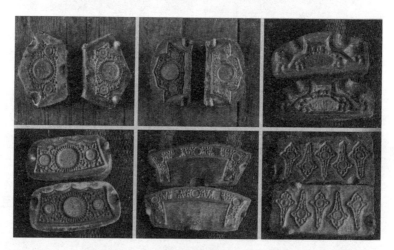

图 5.12　中国西南少数民族聚居地区仍在使用的银饰阴阳双模
（图片引自唐绪祥主编《锻铜与银饰工艺》第 92－93 页）

此外，陕西省蓝田县杨家沟村窖藏出土的鎏金鸳鸯卷草纹云头形银粉盒，与法门寺金银器同属于 9 世纪后半叶的器物，其盖面凸起的纹饰图案十分规整。

特别是其中的鹦鹉纹应是利用模具冲压出来，再经修饰细化而成[17]7。由此器物可推测出此时期金银器制作所运用的模冲工艺已比较成熟。

第二节　法门寺金银器的钣金工艺

"钣金"一词来源于英文 platemetal，也作扳金，至今尚未有一个比较完整的定义。一般定性为将金属薄板通过手工或模具冲压使其产生塑性变形，从而形成需要的形状和尺寸，并进一步通过焊接或其他加工手段形成所需造型。作为一个现代金属加工词语，在有关金银器的古籍文献中并未记载，然而在有关金银器研究的论文及著作中却多次出现。如程旭的《从何家村到法门寺——金银器工艺的进步与发展》一文中提道："何家村金银器采用了锤揲法、焊接法及铆接法等制作工艺，而法门寺金银器则主要有模铸法与钣金法……法门寺金银器的'薄'感反映出了当时钣金工艺的进步。"[27]147-156 韩伟的《从饮茶风尚看法门寺等地出土的唐代金银茶具》中提道："法门寺出土的鎏金银龟盒，钣金焊接成型，纹饰涂金。"[168]44-56 另在《法门寺考古发掘报告》中对金银器成型工艺的描述中亦大量使用"钣金"一词。钣金虽然属于现代金属加工用语但其工艺内核却是古今相通的。

唐代金银工艺虽然十分发达，但在各类文献未见详载。"钣金"一词虽多见于各类唐代金银器的研究著作与文章中，但皆未对其进行详述，且有概念不清之嫌，有的文章中将锤揲工艺涵盖于"钣金"之中，有些则以"钣金"指代大部分金银器的成型工艺。一是现代钣金工艺是多种制作工艺的联合运用，其定义本身就具有模糊性；二是钣金工艺主要应用在器物整体和局部的成型环节，相较于体现金银器华丽视觉效果的表面装饰工艺，其具有显著的隐性工艺特质，较容易被忽视；三是从已出土及传世的金银器物来看，钣金工艺在中晚唐时期才得以大规模的运用，在盛唐金银器的光辉照耀下，中晚唐金银器的工艺特征并未得到研究者的高度重视，而钣金工艺对古代金银器特别是唐代金银器制作的重要意义却是不容忽视的。钣金工艺对于唐代金银器制作工艺的重要性主要表现在：第一，钣金工艺是唐代金银器的主要成型技术之一；第二，钣金工艺体现了唐代金银器制作工艺的本土化特质；第三，钣金工艺促进了唐代金银器在实用方面的多元发展。

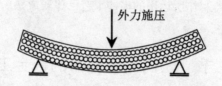

弹性形变：金属内部的结构不会变化

外力施压

塑性形变：金属内外部结构在弯曲处产生形变

外力施压　　　　　　　　　　　　　　外力施压

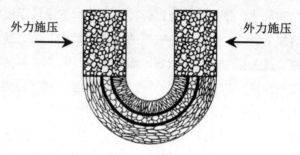

图 5.13　金属形变示意图（作者自绘）

　　本书所述的钣金工艺属于古代金银器制作中用于器物成型的工艺范畴，与"铸造"和"锤揲"共同构成金银器的成型工艺体系。金银器的铸造工艺来源于青铜器的铸造方法，需要将金银材料高温溶化为液体，倒入模范冷却后成型。铸造工艺多见于金银器发展历史的早期，由于成型后器壁较厚，消耗金银材料过多，因而制约了金银器的普及和发展。"锤揲"工艺又称打胎工艺，它是利用金银材质的良好延展性，通过锤击使金银铤延展成为金银板材和片材，再通过控制锤击的力度和角度并配合使用砧子等工具使器物成型，锤揲工艺不仅使贵金属的原材料消耗降低，并且形成了不同于青铜器的独特工艺美感。"钣金"工艺是一系列工艺技术的集成，包括折弯与扣边工艺、压板工艺、裁切工艺、插隼工艺、拼合工艺、平整工艺等。在金银器制作中，最常用的是裁切与折弯工艺，同时这两种工艺也是钣金工艺的基础。裁切工艺相对简单，不必赘述，折弯工艺是利用不同金属的塑性（见图 5.13）进行造型的方法。采用钣金工艺成型的器物大多未经锤打或少量锤打，因此具有厚薄一致的特点，由于钣金工艺不需要在制作过程中对材料进行反复退火处理，所以能保持材料原有的硬度和韧性。钣金工艺的另一特征是必须通过焊接或铆接使器物最终成型，而用锤揲工艺成型的器物可由一块板材锤打而成，这使得钣金工艺更具程序化和系统化。

钣金工艺同锤揲工艺具有内在联系，有时还会联合运用于一件器物上。钣金工艺的发展离不开相关工具的辅助，这与现代工业生产中的钣金工艺如出一辙，如折弯与扣边用的钳子、裁切用的裁刀和线锯、找直线用的硬尺等。对于中国古代金银器制作所使用的工具设备既缺乏文献记载亦无实物出土，只能采用对古代器物和现代工艺进行比对的研究方法。例如在法门寺地宫及何家村窖藏金银器中的一些银盒上，其盖内的同心圆螺纹痕迹十分规整，且与盒口沿的子母闭合性良好，由此推测，当时的金银器制作中可能已经使用了简单的车床（镟床），而从法门寺出土的大量使用折弯工艺的金银器中可以推测出当时已经使用了不同规格的钳子、直角铁砧等必要工具。

一、钣金工艺在法门寺金银器中的运用

唐代是中国金银器艺术发展的高峰时期，而唐代中晚期的金银器已经逐渐脱离了对粟特、萨珊金银器的模仿，形成了具有本土特征的独立艺术体系。法门寺地宫出土的金银器主要为晚唐君主唐僖宗、唐懿宗捐赠。作为皇室向寺院捐赠的宫廷及宗教用具，法门寺金银器不仅工艺精湛，而且器物种类及用途多样，特别是其中的一套金银茶具和乘放舍利的八重宝函是独一无二的金银器至宝。相较生产于 8 世纪中叶的何家村金银器，法门寺金银器的制作工艺更加本土化，并更多使用了钣金工艺，其高超的钣金技艺具有极大的研究价值。法门寺出土的金银器种类繁多，以如下三件器物为例。

图 5.14　鎏金如来说法盝顶银宝函（图片引自《法门寺考古发掘报告》）

鎏金如来说法盝顶银宝函（见图 5.14）。高 16.2 厘米、长 15.8 厘米、宽 14.8 厘米、重 1160 克。函身及盝顶均为钣金成形，函身呈立方体造型，边棱微弧。纹饰及边框鎏金。宝函正面錾出微凸的如来、菩萨、四弟子、金刚力士、供奉童子形象，并饰以双凤飞翔纹，配以蔓草纹。函身及盝顶四壁、盖面为预先錾刻纹饰后折弯焊接成型。经观测与推导，函身边棱呈轻微的外弧状，整个函体造型微鼓、体态饱满。鎏金如来说法盝顶银宝函的形制属于金银器中的盒类，鲜见于粟特、萨珊以及古罗马的金银器造型谱系，具有鲜明的本土化特征。盒状金银器造型强调周身各平面的对称以及盒盖与盒身的高度吻合，因此对裁切、拼合等钣金工艺要求极高，鎏金如来说法盝顶银宝函的出土充分印证了当时的工匠已熟练掌握了此类工艺。

法门寺"宝函"的成型具有典型的钣金工艺特征，方形金银器物与碗、碟、瓶、罐等类圆形器物不同，无法通过锤揲成型，钣金工艺为其最便捷有效的成型方法。方形盒状金银器的钣金成型有多种方法，但从制作效率及工艺难易度的角度上说需遵循一定的原则：首先要减少焊接面积，由于金银器焊接的技术难度较高，且焊缝不甚美观，所以古今的金属艺术品制作皆遵循尽量减少焊接面积的原则；其次，还要考虑器物成型与纹饰制作的先后次序及工艺衔接问题，素面无纹的金银宝函（盒）自不用说，而法门寺出土的多件宝函均满饰隐起与錾刻图案，如果器物成型后再錾刻图案，其难度会加大，故本文推测法门寺的大部分宝函应是先錾饰纹饰后再组装成型。鉴于此，这些方形宝函的成型有两种方式最为可行，除函盖以外的函身，可用"五面起身"法或"四面围拢"法进行钣金制作。"五面起身"即函身底面的四边分别与前后左右四面相连，在连接线处呈 90 度夹角折起，再将折起的四面俩俩焊接，成为方盒。"四面围拢"即先将函身的前后左右四面用一块长方形板材折叠成方桶状，再将方形底面与其焊接在一起，从而组成方盒。这两种方法虽然都会存在至少有 4 条直线焊缝，但后者的焊缝位于器底附近，从视觉上影响不大。另外，从下料角度分析，"五面起身"法需要更大面积的金银板材工料，在当时以手工锤揲制板的条件下，制作面积如此大的板材工料，难度可想而知。此外，通过对器物的观察，法门寺多件宝函的下底边缘处皆有绿色锈迹，这是焊药经长时间氧化后的痕迹。综上所述，本书倾向于"四面围拢"的方法。

鎏金鸿雁纹银茶碾子（见图 5.15）。碾茶具，高 7.1 厘米、长 27.4 厘米、宽 4.4 厘米、槽深 3.4 厘米、辖板长 20.7 厘米，通体呈长方形，由碾槽、辖板、槽身、槽座四部分组成。碾槽呈半月弧形，口沿外折，与槽座铆接。辖板呈长方形，插置槽口，拉扭两侧各錾一只鸿雁，辅衬流云纹。槽身横截面呈"凹"形，碾槽嵌置其中，整体造型类似药碾子。槽座上承槽身，外底有錾文"咸通十年，文思院造银金花茶碾子一枚并盖，共重廿九两。匠臣高品臣吴弘悫、使臣能顺"。这枚茶碾子是文思院专门为皇帝打造，后唐僖宗皇帝将其供奉于地宫。作为有特定功用的器物，这件银茶碾构造复杂，大量运用了折弯工艺，并结合铆接工艺使器物各个部件牢固地结合在一起。槽身和槽座的连接采用先插隼后焊接的连接方法，既稳固又减少了焊接面积。可抽插开闭的辖板及其套口的制作也非常精巧，其高超的钣金工艺在唐代金银器中具有一定的代表意义。

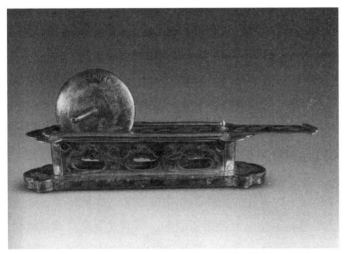

图 5.15　鎏金鸿雁纹银茶碾子

（图片引自《法门寺考古发掘报告》）

　　鎏金银龟盒（见图 5.16）。贮茶器或熏香器，高 13 厘米，长 27.6 厘米，腹宽 14.5 厘米，重 823 克。钣金成型，纹饰鎏金。龟状，昂首缩足，用背甲作盖，盖内设有椭圆形子口架，以龟腹为盒体，龟首及四足中空，龟首与龟腹先套接，然后在外壁点焊，龟尾焊接龟腹后方。通体錾刻甲纹和锦纹，属于古代典型的仿生式器物。该盒结合了钣金和锤揲两种成型工艺，龟甲、龟身、龟首等部件分体制作后焊接为整体。运用了裁切、折弯、拼合、扣边等钣金工艺，特别是龟首的圆筒形脖颈与龟腹的套接，严丝合缝，体现出高超的钣金技艺。此外，龟甲边缘上翘部位带有明显的夹钳痕迹，显露出了工匠运用钣金手法进行造型的审美意识。

图 5.16 鎏金银龟盒
（图片引自《法门寺考古发掘报告》）

二、钣金工艺对法门寺金银器艺术的影响

钣金工艺体现了法门寺金银器制作工艺的本土化特质。唐朝初期的金银器多受粟特、萨珊等西域风格影响，造型和纹饰具有明显的胡化倾向，其制作工艺也普遍沿袭外来体系。粟特、萨珊金银器的制作工艺以锤揲和錾刻为主，钣金工艺则较少使用，代表性的器物诸如多曲长杯、高足杯等。虽然中国唐以前早有使用锤揲和錾刻工艺进行金银器制作，但其发展高峰却在唐代。"盛唐时代，金银器的中国化便已启动……甚至会以西方的传统造型作为中国式样的中国器物的一部分。"[138]167 而后的唐代金银器逐渐摆脱了西域风格的主导，出现了许多本土化的器型和纹饰，但以锤揲工艺成型的器物仍局限于杯、碗、碟、瓶、壶等传统器型。器壁为圆弧形的器物多以锤揲法成型，而方形及某些异形器物的制作则需依靠钣金工艺。钣金工艺的发展为实现唐代金银器造型的多样化提供了技术支持，例如唐代生产的方形与异形银盒等器物皆体现出了钣金工艺的技术特征，打破了单一使用锤揲工艺的造型局限，使更多具有本土审美风格的器物样式得以实现（见图 5.17）。

另外，唐代钣金工艺的发展还源于对家具等其他本土工艺门类的借鉴。唐时家具的式样、构造不仅对金银器的造型与纹饰有所影响，其制作工艺同样影响了唐代金银器的制作。从法门寺出土的鎏金仙人驾鹤纹壶门座茶罗子（见图 5.18）、鎏金如来说法盝顶银宝函等器物中不难看出对家具造型的模仿。其中前者的壶门座即是来源于古代建筑和家具中的"壶门"造型,"壶门"始见于建筑和家具,后广泛应用于各个工艺美术领域;后者的整体造型皆来源于家居中的木箱。这两件器物的制作工艺也同家具的制作异曲同工,无论是板材的拼合、扣边,还是屈扭的插隼都体现出与家具的关联。所以说唐代金银器的钣金工艺广泛吸收了其他本土工艺门类的制作方法,使其工艺特征更具本土化特质。

图 5.17 法门寺鎏金双狮纹菱弧形圈足银盒
(图片引自《法门寺考古发掘报告》)

图 5.18 法门寺鎏金仙人驾鹤纹壶门座茶罗子
(图片引自《法门寺考古发掘报告》)(没有打开图)

钣金工艺促进了晚唐金银器在实用方面的多元发展。随着金银器的本土化进程，金银器的种类逐渐扩大至食器、饮器、容器、药具、日用杂器、装饰品及宗教用器。由于金银器昂贵的材质属性以及唐人对舶来品的仰视心态，唐代早期金银器多具欣赏功能，而后期则渐渐向实用发展，虽然其仍以王公贵胄为使用群体，但毕竟发生了功能性转换，使金银器的设计和制作都展现出了新的面貌。拥有集成性特征的钣金工艺适用于金银器多种样式和结构的搭建，从制作工艺的角度促进了唐代金银器在实用方面的多元发展。以现代设计的视角审视唐代金银器的钣金工艺，不难发现其对器物使用功能的技术支持。以法门寺出土的鎏金壶门座银波罗子（如图4）为例，器物由5具造型相同的部件组成，形制类似笼屉，侧面带壶门造型的器壁使用了娴熟的折弯工艺将长条形银板卷曲成筒形，横截面接近标准正圆。每具笼屉形部件腹内上方均以十字形银长板作格栏，格栏形状笔直且拼合整齐划一，板材的裁切精准，可见其钣金工艺之精湛。鎏金壶门座银波罗子为盛装食物的食器，分层和格栏的设计适用于盛放不同种类的食物，透气且便于分置组合，具有极强的使用功能。单以法门寺出土金银器进行统计，其种类便包括食器、容器、熏香器、茶具、盥洗器、供养器、法器、首饰等，其中大部分为实用性器物，可见晚唐时期的金银器已具有较强的实用性能。钣金工艺无疑助推了唐代金银器从偏重欣赏性走向注重实用性的进程。此外，金银器作为唐代统治阶级和上流阶层的专属用具，其必定代表着当时最高的物质生产技术水平，它的制作工艺应该会对大众的日常用具产生引领性影响，金银器的钣金工艺是否会影响其他材料日用品的产生制作亦值得探究。

第三节　法门寺金银器的"金筐宝钿"与编织工艺

"金筐宝钿"是用金银丝（或细条）盘编、掐制成为特定的纹饰图形，之后将其焊接或粘贴到器物表面，形成凸起的立体纹饰，很大一部分还在其中镶嵌各种颜色的宝石及琉璃等物，由此工艺制作的器物具有斑斓的色彩和强烈的质感对比，以及富贵华丽的视觉效果。这种工艺在最早出现于汉代，到唐代称其为"金筐宝钿"。尚刚先生认为："隋唐时期金银器中的金筐技法最早见于西徐亚人的饰物，后被隋唐人所采用，应该也是从北方的游牧民族那里学习

来的。"[138] 177

在目前已发现的唐代"金筐宝钿"实物中，以陕西咸阳张湾武德四年贺若氏墓出土的金耳坠和金梳背为最早，何家村的金筐宝钿团花纹金杯（见图5.19）也是采用这种工艺制作的，另外还有唐吐鲁番出土的金掐丝镶宝石人形饰等。明清时期开始流行的各类花丝工艺，例如搓花丝、螺丝、掐花丝、祥丝、组丝、"围松"等，皆是在唐代"金筐宝钿"的基础上发展演变而来。

图5.19 何家村的金筐宝钿团花纹金杯
（作者自摄于陕西省历史博物馆）

"金筐宝钿"称谓的确定，是以法门寺《衣物帐》中的文字记载与实物对照确定的。在法门寺地宫文物面世之前，此工艺在唐代的称谓并不可知。唐诗里有"瑟瑟蹙金匡"①的诗句。匡即框廓，此义今作框，故如写作"金匡""金框"应该更易理解。唐代的政治经济与文化艺术空前繁荣，唐代金银器亦在我国工艺美术及金属工艺的发展史上谱写过辉煌历史。唐代的"金筐宝钿"工艺对后世具有十分重要的先导意义。"金筐宝钿"又称"宝钿装"或"闹装"，其称谓本身便将该种工艺技术提升到了一定的文化高度。唐代之前历朝历代所出现过的类似器物（首饰等饰品）多以装饰为主要功能，唐代则兼具了装饰与使用的双重功能。另外，唐代的"金筐宝钿"工艺是一种规范化的造物样式及技

---

① 白居易《裴常侍以题蔷薇架十八韵见示，因广为三十韵以和之》，诗曰："……画屏风自展，绣伞盖谁张。翠锦挑成字，丹砂印著行。猩猩凝血点，瑟瑟蹙金匡……"

艺手法，它为后世树立了细金工艺的范例，在唐代以后的宋、元、明、清各个历史时期，随着金银器制作工艺以及社会审美观念等因素的不断变迁，唐时的"金筐宝钿"被"花丝镶嵌"所取代。"金筐宝钿"从工艺属性上来看应"花丝镶嵌"的前身，可见"金筐宝钿"工艺的影响力至今尚在。

法门寺出土的两件使用了"金筐宝钿"工艺的器物为：金筐宝钿珍珠装纯金宝函（见图 5.20）及金筐宝钿珍珠装瑟瑟石宝函（见图 5.21）。瑟瑟石函上虽然存在金银构件，但器物的主体部分为石质，从严格意义上来讲，其并不属于金银器范畴，在本文的论述中其多次出现，缘于顾及"八重宝函"理论上的完整性，以及对"金筐宝钿"工艺描述的客观需要。

图 5.20　金筐宝钿珍珠装纯金宝函 　　图 5.21　金筐宝钿珍珠装瑟瑟石宝函
（图片来自《法门寺考古发掘报告》彩　　（图片来自《法门寺考古发掘报告》彩
版一一七）　　　　　　　　　　　　　　版一二一）

金筐宝钿珍珠装纯金宝函的盝顶中央镶嵌有红宝、绿宝及珍珠的团花一朵，此团花为三重结构，中心为一颗珍珠，又有若干珍珠围绕四周，在六瓣炸珠做成的金筐内镶嵌六瓣绿色宝石，瓣间亦粘贴珍珠，其中五颗已脱粘。第二重的七瓣炸珠金筐内镶嵌七瓣红色宝石，其边沿粘贴有八颗珍珠。第三重的十瓣炸珠金筐内镶嵌十瓣绿色宝石。盖刹的边沿饰有十枚炸珠金筐，每枚内镶嵌珍珠一颗。在盝顶的四角及中间，还粘贴八朵四出团花，手法与盖顶的团花相同。在盝顶立沿，除司前为一朵以外，其余的三面均饰有红绿宝石和珍珠组成的两朵四出团花。函体四侧均饰有红绿宝石和珍珠组成的一朵团花。

金筐宝钿珍珠装瑟瑟石宝函的函顶四边和函体四棱都粘贴珍珠，函体各面均有镶嵌红、绿宝石的团花一朵。每朵团花的内层镶嵌四瓣绿松石，其外层镶嵌八瓣红宝石。函盖立沿的每面均饰有一对金筐鸳鸯。

古代工匠对金银器艺术在色彩与质感方面的探索可谓竭尽所能，仅从唐代来看，出于唐人对绚丽色彩的钟爱，金花银器（鎏金银器）在这一时期广为流行，而仅仅由金、银所展现出的黄白二色并不能满足唐人的审美需求，于是"金筐宝钿"便开始盛行，各色宝石的装点，使金银器跳脱了非黄即白的色相藩篱，也提升了器物自身的质感对比，器物的奢华气象也更加强烈。唐代金银器中"金筐宝钿"工艺在体量较大的器物中的运用多与佛教相关，除了法门寺宝函之外还有临潼庆山寺塔基地宫出土的金棺银椁等。法门寺宝函"金筐宝钿"中宝石的面积较大，空间分布均匀饱满，简练的宝函造形更加衬托出"金筐宝钿"的视觉张力，庄严华贵之色顿显；而临潼庆山寺金棺银椁上的宝石则如星空一般，散布通体，再加上器物造型的复杂结构，更显精巧华美、色彩灿烂。虽然两件器物同为供佛用器，但仍可从工艺中看出风格差异。

金银器的编织工艺，主要是指以金银细丝为主要材料进行器物造型及装饰的一种工艺技法。《易·系辞》有载："上古结绳记事，后世圣人易之以书契"，"作结绳而为网罟，以佃以渔。""结绳记事"可谓器物编织工艺的萌芽，在中国原始社会的农耕文明与渔猎生活中，编织是较早出现且十分常用的造物形式。在能够制作出金银细丝的技术条件下，借鉴其他材质器物的编织方法，从而进行金银器物的加工制作，在理论上是完全可行的，在考古发现的实物中也可发现许多以编织工艺制作而成的金银器物或装饰构件。尚刚先生认为以金银丝编结为核心的"结条"工艺或许传自西方，其还引证了贞观十四年（公元840年）侯君集灭高昌时，其贪污的"金簟"为唐朝的"御府所无"① 之例。"簟"字本义为竹席，"金簟"之"簟"仅取席义，其应为金丝编结而成，这是在隋唐五代时期关于金银结条编织技艺最早的记载，而其中"御府所无"之语则透露出当时汉地仍未有此种工艺技术。

法门寺出土的金银丝结条笼子（见图5.22）在《衣物帐》中的记载为"结条笼子"，由此不仅明确了金属丝编结工艺的古名，还显露出唐代金银细工的高超技艺水平，唐人将如此纤细的丝称为"条"，可见当时对制作工艺的要求之高。[138]176法门寺金银丝结条笼子的主体是由两股素丝为基本单位进而编织而成的，笼子的网格状透空效果亦成为器物的纹饰。笼盖中心的金花，其形状及编

---

① 《隋唐嘉话》："侯君集既诛，录共享、……君集之破高昌，得金簟二，甚精，御府所无。亦隐而不献，至时并得焉。"

织方法与辽代阿鲁科尔沁旗宝山 1 号基出土的五角花形金饰件类似，金花上的一个小辫纹螺旋饰物由三股单金丝编织而成，在笼子的上下口沿、笼底、提梁等处皆饰有金丝编织而成的对称如意造型。[18]67 目前已发现的由编织工艺制作的金银器物还有内蒙古乌兰察布盟出土的唐代银双龙项饰[20]49，其"龙"身用细银丝编缀成绞索状，并附有带银链的装饰物，为唐代北方民族所佩戴的首饰。

图 5.22　法门寺金银丝结条笼子局部
（图片引自《法门寺考古发掘报告》）

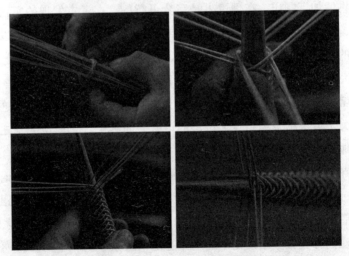

图 5.23　我国云贵少数民族地区的银首饰编织工艺
（图片引自唐绪祥主编《锻铜与银饰工艺》第 315 页）

　　关于法门寺金银丝结条笼子的具体工艺做法的分析，可参考我国云贵少数民族地区至今保留的银首饰编织工艺（见图 5.23）。其做法大致为：取一粗细长短合适的木质柱状物做芯模，在其上进行纵向的编织起型，最终织出的银饰轮廓与木质芯模的造型基本一致。银笼子的编织则需要较粗的木质芯模，其作用是保证笼子造型与设计相一致。由于金银丝比棉麻质料的丝条更硬，且颇具韧性，因此其编织过程中需要借助类似钳子的工具进行收紧与整形，才能使笼子的网格均匀细密。

第四节 法门寺金银器的铸造工艺

据考证，我国的铸造技术始于夏代初期，迄今约有 5000 年历史。商代晚期至西周初期，铸造技术取得了较大发展，从而形成了中国灿烂辉煌的青铜文化。青铜铸造工艺多见于古代文献之中①，可见铸造工艺在我国古代金属加工工艺中的突出地位，以及重大的社会影响，直至今日，"模范""就范""熔铸"等词语还经常被借指，这些词语即来源于古代的铸造术语②。南宋赵希鹄的《洞天清禄集》（乃其所著金石学著作）中记述了失蜡法的主要工艺流程，是世界上最早关于失蜡法铸造工艺的古代技术文献，其中提道："古者铸器，必先用蜡为模。如此器样，又加款识刻画，然后以小桶加大而略宽，入模与桶中。其桶底之缝，微令有丝线漏处。以澄泥和水如薄糜，日一浇之，候干再浇，必令周足遮护。讫，解桶缚，去桶板，急以细黄土，多用盐并用纸筋固济于元澄泥之外，更加黄土二寸。留窍，中以铜汁泻入。然一铸未必成，此所以为贵也。"③

中国古代的金属铸造工艺可分为如下几种：石型法、泥型法、金属型法、失蜡型法、砂型法。而金银器的铸造，因其原料珍贵，器物体量相对较小，且对精度要求颇高，因此一般采用失蜡型法，即失蜡法。失蜡法还可称为出蜡法、脱蜡法、走蜡法或刻蜡法，其在春秋战国时代便有运用，据《唐会要》记载，失蜡法为我国古代先民所创，其工艺原理同现代熔模铸造技术基本一致。其所

---

① 如《考工记》和《天工开物》等。先秦时期便有了"铸金""冶人""铸剑""冶工"等铸造相关术语。

② 《说文》中言："模，法也……以木曰模，以金曰熔，以土曰型，以竹曰范。"《梦溪笔谈》和《天工开物》中以"外模"来指代铸型。《荀子·强国》中言："刑范正，金锡美，工冶巧，火齐得，然后可铸"；东汉王充的《论衡·物势篇》有关于器皿铸造的论述："今夫陶冶者，初埏埴作器，必模范为形。"

③ ［宋］赵希鹄撰. 洞天清禄集 ［M］. 景排印本. 上海：商务印书馆，1938：12.

用的蜡模原料包括黄蜡（即蜜蜡）、白蜡（即虫蜡）、松香、牛油等，模范所用材料一般为黏土。对于造型复杂及难以脱模的铸件一般都用这种方法进行铸造。

古代失蜡法的蜡模制作主要分为两种，即拨蜡法与贴蜡法。拨蜡法又称捏蜡法或脱蜡法，是将可塑性较好的蜡料，进行手工的压、拉、塑、捏、雕作业，蜡模的成型全凭操作工匠的个人技术。由于拨蜡法不用模具，便免除了起模工序，也使操作工匠的个人艺术修养得以充分发挥，所制器物造型与纹饰相对生动灵活；贴蜡法是将蜡料压制成与铸件壁厚薄相同的蜡片，再剪裁成所需的形状，按贴在预制的内范上，如器物表面有纹饰，需用纹饰模具在蜡片上进行压印。这种方法是以模板印纹，比手工制塑蜡模快捷、准确。适于成批生产或对铸件精度要求较高的器物制作。

金的熔点是1064.43℃，而银的熔点是961.93℃，这两种金属的液态流动性良好，常温下冷却凝固的时间较长，因此其浇铸时的温度可以比铜等金属略低，比较容易铸成精细的器物。金银器的铸造是在借鉴青铜器铸造方法的基础上发展而来的，也是战国之前金银器的主要成型工艺。秦汉以后，在以锤揲为代表的西方金银器成型工艺的影响下，铸造工艺在金银器制作中的地位逐渐降低，但始终没有消失，其工艺技术水平亦在不断地发展与进步。唐前期，一些器壁较厚的金银器物的成型仍然采用铸造工艺，特别是一些表面饰有高浮雕图案装饰的器物，如何家村窖藏出土的人物纹金带把杯、人物忍冬纹金带把杯、小口银瓶等。[10]186但是中唐以前的金银器总体上还是以锤揲为主要成型工艺，这种情况到中晚唐时逐渐发生了改变。从法门寺金银器中可以明显看出，锤揲工艺在器物成型中已不占主导地位，相当一部分器物使用了钣金、铸造或综合成型工艺。

法门寺金银器中使用铸造工艺成型的器物包括：鎏金团花纹银碢轴、鎏金双鸳团花大银盆、鎏金银捧真身菩萨（见图5.24）、鎏金带座银菩萨、宝珠顶单檐纯金四门塔、三钴杵纹银臂钏、迎真身鎏金双轮十二环银锡杖（见图5.25）、单轮十二环纯金锡杖、鎏金团花银钵盂、迦陵频伽纹小金钵盂、鎏金团花银钵盂、鎏金银戒指等。这些器物的铸造工艺已显现出极高的工艺水平，其中以鎏金银捧真身菩萨、鎏金双鸳团花大银盆及迎真身鎏金双轮十二环银锡杖最为典型。这三件器物分别采用了拨蜡法与贴蜡法进行铸造，堪称中国古代金银器铸造工艺的典范。鎏金银捧真身菩萨通体采用手工捏塑蜡型的铸造方法，从中可以看出操作工匠极高的雕塑水平和审美修养。鎏金双鸳团花大银盆为法门寺金银器中体量最大的一件，其铸件造型极其规整，器壁厚薄一致，实为贴蜡法铸造的上乘之作。迎真身鎏金双轮十二环银锡杖的杖身笔直，细节造型精准，可见在铸造过程中毫无形变现象，这对操作者来说实属不易。

图 5.24　法门寺鎏金银捧真身菩萨

（图片来自《法门寺考古发掘报告》彩版九〇）

图 5.25　法门寺迎真身鎏金双轮十二环银锡杖

（图片来自《法门寺考古发掘报告》彩版一七〇）

第五节　法门寺金银器的其他工艺

在法门寺金银器的制作工艺中还有几种值得注意的工艺类别，如焊接工艺、铆接工艺、镟切工艺等。

焊接工艺（见图 5.26）在金银器的成型组装及表面装饰上皆为不可或缺的工艺技法。金银器的焊接工艺，按焊药的不同可分作铜焊、银焊和锡焊。比较复杂的器物，常常先将各个部分单独锤揲或铸造成型，然后进行焊接使其再结合为一体，为了使焊缝美观，还要对焊痕进行打磨，使焊缝光滑无痕。有些器物上比较凸出的纹饰，也会用到焊接工艺，如何家村出土的鎏金海兽水波纹银碗，碗心处的海兽形纹，便是单独做成后再焊接到碗上的。焊接工艺的核心是焊药的选择及温度的控制，现代的金银器制作工艺中，焊药大致分为黄焊药（银、铜、锌合金焊药）及红焊（银、铜合金焊药）药两类，黄焊药多应用于点焊和线焊，其熔点在 700℃ 以下，而红焊药则常用于花丝等细金工艺中，其熔点比黄焊药高。金银器表面有掐丝花结或金珠装饰时，多选用红焊药，即是在金银器表面和金银花丝、金珠接触点上，放上少量焊药，后置炭火中加热，加热到 890℃ 时，焊药中的红铜与金银便熔合在一起了。这种焊接技术，最早出现于汉代。何家村的金杯和金梳背上的"金筐宝钿"装饰即是采用此种焊接方法。法门寺的金筐宝钿纯金宝函亦应用此法焊接制作。

焊料融化流动后与金属的接合部位分子结合

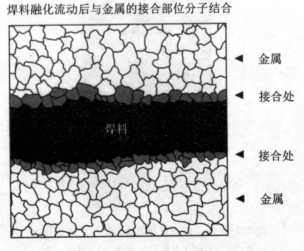

◀ 金属

◀ 接合处

焊料

◀ 接合处

◀ 金属

图 5.26　金银器焊接工艺原理示意图（作者自绘）

法门寺出土的摩羯纹蕾纽三足架银盐台上錾有"小药焊"字样的铭文，这是目前唐代金银器上唯一一处与焊接工艺有关的文字。在方以智的《物理小识》中有载"以锡末为小焊，响铜末为大焊，焊银器则用红铜末，皆兼硼砂……汉（焊）药，以硼砂合铜为之，若以胡桐泪合银，坚如石，今玉石刀柄之类，汉（焊）药加银一分其中，则永坚不脱。试以圆盒口点汉（焊）药于一隅，其药自走，周而环之，亦一其也。"[169]在古代金银器制作中，不同的造型和工艺使一些器物往往需要经过多次焊接才能最终成型，故在一件器物上经常会将"大焊""小焊"结合使用。"大焊"所用焊药的熔点一般在700℃—950℃，主要成分为银、金、铜、锌，焊接方式为火焰钎焊法；而小焊炸药的熔点一般低于400℃，所以其以烙铁进行焊接即可，其主要成分为银、锡及铅，或锡铅合金。"小焊"焊接时，需先使用熔点高的焊药，再使用熔点更低的中温或低温焊药。

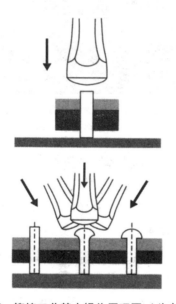

图5.27 铆接工艺基本操作原理图（作者自绘）

铆接工艺（见图5.27）是用于金银器组装成型及表面装饰的工艺类别，其与焊接工艺相比，方法更为简便、灵活、实用。多用在器物的提梁、耳、錾等附件与器身的衔接处，基本方法为：在需要连接的部分打孔，再用铆钉将各部分组合固定成为一体。如何家村的金筐宝钿团花纹金杯，其錾部便是用铆接工艺固定在杯身上的。再如河南伊川齐国太夫人墓出土的提梁银罐（见图5.28），其造型为鼓腹，敛口，圈底，器腹最宽处偏下。口沿外侧铆接有双耳，并与提梁勾连。其通体由两块银片拼合并焊接而成，表面有明显的接缝，且以 30 枚六瓣花形银铆钉相铆接。拼接处有铆钉 22 枚，器腹上半部有二竖行铆钉，每行 3 枚，竖行的铆钉右侧均有刻槽。

图 5.28　河南伊川齐国太夫人墓出土的提梁银罐
（作者自摄于河南省博物院）

法门寺金银器中使用了铆接工艺的器物包括：鎏金卧龟莲花纹五足朵带银香炉及其炉台、鎏金鸿雁纹壶门座五环银香炉、壶门高圈足座银香炉、鎏金雀鸟纹镂孔银香囊、鎏金双蜂团花纹镂孔银香囊、鎏金双鸳团花大银盆等。其中最值一提的是壶门高圈足座银香炉（见图 5.29），其通体采用锤揲及钣金工艺成型，几乎全部使用铆接工艺组装而成，其腹壁分为内外两层，以铆接相连，内层又分作六块，每块皆与炉底铆接固定，外层即为圈足。炉底除了与腹壁相铆接之外，其下还焊有起承托作用的十字形铜片，这些铜片或为《衣物帐》所记的"承铁"。在炉身两侧还各铆接有一提耳。在炉身表面的铆钉顶部均饰有小花形银帽，银帽造型与齐国太夫人墓提梁银罐上的六瓣花形银铆钉颇为相似，可知此工艺及样式在 9 世纪并不罕见，或已成为中晚唐时期一种较为流行的金银器加工及装饰手法。法门寺壶门高圈足座银香炉是在已发现的唐代金银器中使用铆接工艺最多的器物。从中不仅可以看到当时金银器铆接工艺的精湛，也说明了这一时期，随着造型复杂的器物不断增多，单靠焊接工艺来完成器物组装固定相对困难，于是相对简便易用的铆接工艺便得到了较大的发挥空间，智慧的工匠还巧妙地将铆接工艺所必用的铆钉进行了装饰美化，进而形成了铆接工艺特有的装饰美感。从这一点上充分反映了工艺美术中"工艺"与"审美"的内在联系，以及古代工艺美术创作者卓越的"工艺"想象力。前文在论述钣金工艺时，提到钣金工艺必须与焊接及铆接工艺联合使用才能使器物最终成型，这从法门寺壶门高圈足座银香炉等器物中便有所体现，这件器物的成型结合了锤揲、钣金及铆接工艺，体现了晚唐金银器工艺已经走向多元化的发展道路。

图5.29　法门寺壶门高圈足座银香炉
（图片引自《法门寺考古发掘报告》）

另外，在已发现的其他唐代金银器中，也有以铆接的方法来装饰器物的，如在西安南郊白庙村出土的唐代金杯坯[17]57（见图5.30），其腹部的装饰花纹是以金片剪成的铆钉插在器身上的，但铆钉并未穿透器壁，可见其仅具有装饰作用。

镟切工艺是用于金银器整形的加工工艺，主要用于盆、杯、碗、盒等圆形（近圆形）器皿。这些金银器皿经锤揲成型后，器物表面和口沿处往往不够平滑规整，唐时多用镟刀在器皿内、外壁等部位进行旋切操作，除去不平之处，使器表光洁规整，其技术原理与现代的车床相似。操作时，首先选择适合的镟刀规格，然后将器物的中心点与镟刀一端固定，继而沿着同一方向高速旋转。正因为使用了此种工艺，故而可以在一些器物的盖内中心发现针尖大小的圆形凹点，以及围绕凹点的层层同心圆痕迹。镟刀的高速旋转必须借助一定的机械，以当时的技术条件，应是使用木轮、皮带或绳索来曳动镟刀的中轴使其旋转，实际上这种机械即为古代的简易车床（镟床）。尽管当时的镟切机械比较简易，但这种金属加工工艺却是在唐之前未曾发现的，其体现了金银器制作技术的进步。

图 5.30　西安南郊白庙村出土的唐代金杯坯

（作者自摄于陕西省历史博物馆）

在法门寺金银器中的多件器物上都能看到镟切过的痕迹，如在鎏金壶门座银波罗子的各层底外壁、鎏金双凤衔绶御前赐银方盒的盒底等处。虽然同心圆痕迹都出现在器物的底部，但并不是说器物的其他部位没有使用镟切工艺。锤揲成型的金银器皿往往在其内外面都会留下一定程度的锤痕（锤点）。现代的做法是或保留锤痕自身的特殊肌理美感，或是经反复锤击，使锤痕变小，进而再用砂纸打磨抛光直至锤痕消失。但在唐代，由于金银器属于皇家贵族的专用器物，宫廷审美始终是唐代金银器艺术的主导力量，锤痕所体现的手工艺美感并不被追求完美的权贵们所欣赏，因此，可以推测唐带金银器的正面（除底面以外的其他表面）也会用到镟切工艺，只是在镟切平整之后又进行了打磨抛光处理，不见了同心圆痕，而底部由于不甚重要，镟切的痕迹便被保留了下来。

第六节　法门寺金银器的工艺特征

金银器的制作工艺与社会生产力的发展关系密切。晚唐时期，尽管经济萧条，社会动荡，但经过了唐代前期的技术积累，金银器的制作工艺依然不断发展进步。如果从艺术感染力和文化张力上看，能够代表唐代金银器艺术品格的无疑是盛唐时期的作品，在已发现的器物中，应首推何家村窖藏金银器为其代表，若仅从制作工艺上来看，法门寺金银器则更为多样与先进。初唐时期的金银器制作多崇尚对西方工艺的模仿与学习，盛唐之后虽然"胡风"日淡，但中西交流依然密切，中晚唐之前金银器制作工艺所具有的文化内涵始终以东西方文化交流、碰撞为核心。进入晚唐，中土与西方地区的经贸与文化联系几乎断绝，但与印度等地的宗教往来仍在继续，法门寺金银器制作工艺的文化内涵也与佛教文化密不可分。

通过本章对法门寺代表性制作工艺的梳理与分析，可见法门寺金银器的制作工艺相较唐前期，在用于纹饰的锤揲与錾刻技术方面、用于器物成型的钣金工艺方面以及"金筐宝钿"等具体工艺方面都有一定的进步，整体上呈现出多样化的发展趋势。工艺美术的制作工艺不仅限于纯粹的技术层面，还具有一定的审美功能，法门寺金银器的工艺特征也与其艺术风格密切相关。

一、工精与技巧——工本的下降与技术的进步

法门寺金银器的制作工艺如果从工本投入的角度来看，较盛唐时期的何家村金银器无疑是呈下降趋势的，这一点在两者外形与纹饰制作的规整程度中都有明显体现，如仔细观察遗物的细部，可发现何家村金银器的器口造型、纹饰錾痕等尽显工艺之精湛，这既体现了当时金银器制作工艺的高超水平，也反映出当时工匠追求完美、精益求精的工艺态度。因此，以何家村窖藏为代表的盛唐金银器其工本的投入势必较高，无论是金银材料，还是工匠人数与工时耗费，皆不计成本，唯求工精。反观晚唐时期的法门寺金银器，由于时局动荡、国家财力下降，势必导致金银器制作工匠人数与工时投入减少，加之法门寺金银器中很大一部分器物是专为一次佛事活动所制，亦有可能受到工期限制，所以相较盛唐时期其工本必然有所下降。

在法门寺金银器制作工本相对下降的同时，其工艺技术则较之前有明显的进步，这一点不仅体现在锤揲与錾刻等唐代代表性金银器制作工艺的熟练程度上，也体现在钣金、金筐宝钿、编织、焊接及铆接等各种具体的工艺环节中。由于工艺技术的进步，许多前所未见的器形可以被制作出来，器物的纹饰表现也更显丰富。可以说，工本的下降使器物整体的艺术效果有所降低，而技术的进步又在一定程度上消减了工本下降所带来的部分影响。

二、制器与造物——从金银器皿到金银用具的工艺变迁

何家村窖藏出土的金银器主要有杯、盘、壶、罐、碗、盆、盒等日用器皿；法门寺地宫出土的金银器主要有香炉、茶具、禅杖、舍利容器等。前者器物的造型、纹饰和工艺特点体现了其复杂的文化来源及制作群体，其中含有一定数量的国外流入品和前朝遗物；而后者则多为晚唐文思院及南方金银器作坊的产品，其中一部分是专为法门寺舍利供养而作。尽管两处遗物中都有新器型出现，但明显前者的器物类型仍然以器皿为主，而后者则包含了许多用途各异的宗教及生活用具。从中不难发现，晚唐时期的金银器已经不仅限于器皿（容器）范畴，各种实用的生活用具与宗教器具的出现使金银器的功能与类型更加多样。

何家村与法门寺两大唐代金银器器物群，两者的相同之处是都含有一些特有的新器型，比如何家村窖藏出土的皮囊形壶、法门寺出土的盐台、笼子、龟盒、茶碾、茶罗子、调达子等。就制作工艺而言，何家村金银器主要采用了锤揲法、焊接法及铆接法等成型技术，而法门寺金银器的制作工艺中除了以上几种，还多见铸造法和钣金法，两者制作工艺在时间上所呈现出的前后差异，与金银器制作工艺由西向东的传输与融变轨迹有极大关系。前文提到锤揲工艺多用于制作圆形或类圆形的容器，如杯、盘、碗、罐等。而铸造法与钣金法则可以制作出造型更为多样的器物。法门寺金银器的制作工艺比何家村金银器更加多样，因此才能制作出更多种类的金银用具。金银器的制作工艺与器物种类（形制）是相辅相成的，新的需求促使工艺的革新与进步，同样，工艺的革新与进步也可以助推器物功能与样式的多元发展。

三、官造与民制——制作群体对工艺发展的影响

晚唐时期金银器的制作群体主要可分为三类：以文思院为代表的皇家制作部门、南方官府经营或控制的作坊、南方及京兆（长安）地区的民营作坊。这

三类制作群体对中晚唐金银器制作工艺的发展都起到了一定程度的作用。仅从法门寺出土的金银器中便可窥见一斑。

从整体上看，法门寺金银器具有强烈的中土之风，其制作群体包括江南西道与浙西道等南方地区的作坊工匠，也有受密宗高僧委托的京兆民间匠人。从《物帐碑》中的记载及器物自铭等文字资料判断，其中的许多器物出自内库管辖的文思院，从其制作工艺中可看出明显的皇家色彩。[170] "尤其是唐懿宗及唐僖宗所供奉的 70 余件器物，皆是动用国家力量，征调各地精粹工匠专为供养活动专门打造的，虽然文思院在唐懿宗咸通年以后为皇帝内库所管辖，非政府机构，但其同样可以代表当时的最高工艺水平。"[27]147-156 法门寺金银器在制作工艺上与之前少府监中尚署及铸钱监存在一定的继承与发展关系。法门寺地宫出土的鎏金双鸳团花纹大银盆，盆底錾有"浙西"二字[5]133，亦应为浙西地区所制器物，其纹饰的华美以及铸造、钣金、錾刻工艺的精湛程度，甚至可超过同时期皇家作坊"文思院"的水平，与同时期的丁卯桥、下莘桥和背阴村出土的金银器物相比，其制作规格与艺术水准皆卓然出众，非一般民营作坊所能企及，因此，其应为南方官府经营或控制的作坊所制。

中晚唐时属于浙江西道治所的江苏丹徒丁卯桥，其窖藏出土的 900 余件银器中，部分器物的制作工艺水平较高，齐东方先生认为丁卯桥窖藏银器应该是由地方官府直接经营或控制下的作坊制作的。[10]288 浙江长兴县下莘桥出土的唐代银器，韩伟先生将其归入到唐代金银器的第四期，也就是唐穆宗到唐哀帝时期（821—907 年）[15]20，齐东方先生将其定为公元 9 世纪后半叶的产品[10]34。齐东方先生还认为下莘桥窖藏银器中出现了大量的同类器物，且并不配套，因此应是待出卖的商品，而同时出土的银铤中有两件带有明显截取痕迹，或是银器制作用的原料，据此，他认为这批银器应为当时私营金银作坊之遗物。[10]290这批银器与丁卯桥的南方官办金银作坊相比，在大型器物数量和器物的制作工艺上皆有所不及。陕西耀县柳林背阴村出土的葵花形银盘，其上刻有铭文"盐铁使臣敬晦进十二"[171]，敬晦其人在大中三年（公元 849 年）到大中五年（公元 851 年）间任浙西观察使和盐铁使，故此盘也应为浙西地区所制，但其出自官办还是民营作坊尚不可知。

《新唐书·百官志》记载："细镂之工，教以四年；……教作者传家技，四季以令丞试之，岁终以监视之，皆物勒工名。"说明唐代对金银工匠、金银器制造、工匠技艺培训、产品制造与管理等诸方面均实行严格的制度规定。但从考古发现中的实物来看，唐代中前期的金银器除了何家村金银器中的部分器物上偶有墨书题记及极少数器物带有简单铭刻之外，其他绝大多数器物都没有铭刻（物勒工名）。目前已知的唐代考古发现中，带铭刻的金银器绝大多数是中晚唐的制品，表明唐代前期由官府主导的银器制造，并未严格执行"物勒工名"之规定，而从中唐以后，特别是晚唐时期的金银器刻铭明显增多，这或与当时金银器制作群体的多样化有关，为了区分来自不同制作群体的器物，从而衡量其价值高低，往往以墨书题记与铭文錾刻来明确其来源。

从器物的制作工艺角度来看，虽然晚唐南方所造金银器数量猛增，但整体上看还是以官造为主，且器物的综合艺术水准仍存在明显的差异。民营作坊的产品多见小型金银器皿及各类金银首饰，大型器物仍然是由南北方的官办机构主导。但是民营制作群体的工艺特点也在日益显现，即小巧精致、便于批量生产，其艺术风格也较为轻松活泼，洋溢世俗之美。同时，在一定程度上两者也存在相互影响的迹象。

第七节　本章小结

金银器的制作工艺不仅关系到其造型与纹饰的艺术效果，而且工艺本身亦具有一定的艺术表现力，即"工艺之美"，这是金银器等工艺美术品在审美结构上与绘画等美术形式的最大区别。因此，对法门寺金银器艺术的整体考量，离不开对其制作工艺的深入研究。

法门寺金银器的制作工艺中既有唐代普遍使用的锤揲与錾刻工艺，也有颇具自身特色的钣金、"金筐宝钿"、编织、铆接等工艺。本章通过对法门寺金银器代表性制作工艺的考证溯源，考证其与唐前期金银器制作工艺的具体差异，以及与同时期其他器物群遗物的联系，结合现代金属艺术制作技术进行工艺推导，总结出了法门寺金银器制作工艺的技艺特征与审美取向，具体包括三个方面：工精与技巧——工本的下降与技术的进步；制器与造物——从器皿到用具的工艺变迁；官造与民制——制作群体对工艺发展的影响。

第六章　法门寺金银器的艺术风格

法门寺金银器的造型轮廓复杂多变，金属材料本身的光泽与鎏金效果完美结合，具有独特的艺术面貌。其制作年代详实准确，多为皇室所有，器物的等级高，品种多，且成组配套、产地明确，反映了晚唐宫廷的生活风貌、佛教艺术审美及高超的制作工艺水平。其在制作工艺上远超何家村窖藏的金银器，且在器物造型与纹饰艺术上已经达到了完全中国化的阶段。[172]但是，相比何家村金银器，法门寺的金银器遗物作为晚唐一次重要佛事活动后的留存物，虽具有独特的艺术价值，但其文化张力还是有限的，其更多体现的是佛教思想与审美意识，而作为盛唐文化象征的何家村金银器则拥有着丝路交流的文化表征，从而更具世界性影响。[27]155-156因此，法门寺金银器艺术的历史价值，更多地体现为其独特的艺术风格对唐代金银器整体艺术风格的补充与完善，无论是何家村或法门寺金银器都不足以代表整个唐代金银器的艺术全貌，但就目前已发现的唐代金银器来说，这两个重要发现对研究唐代乃至中国古代金银器艺术都具有重大意义。

唐代金银器艺术发展至晚唐，已进入全面本土化的阶段，整体艺术风格也与初唐和盛唐有所不同。从工艺美术的造型传统来看，西方偏好颀长劲挺，而中国却钟爱圆润浑厚，唐代金银器造型的前后期差异也大致如此，体现了唐代金银器艺术前期深受西方影响，中后期则华夏之风愈显的风格变化。转向圆柔是指器物的空间变化减少，以及许多器物的基本形态趋近丰满，而唐后期许多器物的造型及装饰还呈现出一种清秀隽逸的风格走向，它们或与茶文化有所联系。中唐开始，在文人高士与寺院僧侣的推动下，茶风日盛，此时，饮茶活动作为雅事，影响了茶具的艺术风格，而随着茶文化的发展，其审美意蕴也逐渐波及工艺美术各个领域。[138]239在金银器的纹饰方面，唐前期的纹饰艺术风格以饱满端庄为主，对称与近似对称的纹饰布局运用较多，视觉效果严整而规矩，纹饰布局以繁缛为主流。鸟兽纹往往居于画面中央，造型雄健威武；用作主纹的花卉花瓣丰肥，枝蔓粗壮，多用大弧度的曲线来组合纹样。人物纹主要表现上层社会之生活场景。中唐在沿袭之前的风格的基础上，温和清丽的新风格已经显现。鸟兽多出现于花丛之中，威猛气势被淡化，形态与性情显得更为和顺。折枝花与团花的形象更加贴近自然，缠枝更显秀婉娇柔。晚唐，花卉纹饰更加清秀，人物纹以世俗化的童子及历史典故、神话传说为主，此时的纹饰布局显现出走向疏朗的趋势。从纹饰的布局、题材、造形三个方面看，唐前期尽显贵族气派，后期则更多透露出平民风范。法门寺金银器是档次极高的皇室供养物，其中亦有许多纹饰洗练、辅饰简约的器物，可见唐代金银器纹饰的由繁入简，主要是艺术风格的改变，与器物档次关系不大。[138]238

　　法门寺金银器除了具有晚唐时期金银器（工艺美术）的时代性风格特征之外，对其艺术风格影响至深的是佛教（密教）思想，佛教供养物的功能属性在一定程度上决定了其艺术风格的基本走向，这也是其艺术风格不同于何家村、丁卯桥等唐代其他金银器重要发现的原因之一。而法门寺金银器的皇家身份也决定了其必定具有的强烈的宫廷审美特征。通过前文对法门寺金银器的造型、纹饰及制作工艺的具体研究，从中提取与总结其整体的艺术风格为：庄严具足与富丽之色；柔美飘逸与精巧实用；三教共融与中土气象。

第一节　庄严具足与富丽之色

　　佛教修行本应以清苦平淡为其基本态度，但对佛祖的供奉却往往要极尽奢华。"少欲知足"的修行观和"庄严具足"的供养观共同构成了崇佛修法中的矛盾与统一（见图6.1）。寺院的财富与珍宝来自社会诸多方面，基本分作膜拜、供养之物及世俗财物，这些寺院财富的意义已经远远超出了物质财富本身，其在一定程度上彰显了宗教所蕴含的精神力量，以及各寺院社会地位与经济实力的不同，反映出了当时手工业及其产品的发展水平和艺术成就，同时也体现了历史动态与时代风尚。[44]27-28

　　造像、法器与供养器在佛事活动中起着"人神互通"的作用，为了使其展现出庄重豪华之态，往往选用昂贵稀有的原材料，并耗费大量人工进行制作，将虔诚之心与聪明才智毫无保留地倾注其中，从而使其具有肃穆庄严与高贵圆满之象。这种"庄严具足"的崇佛场景在敦煌壁画中常常出现，各类文献中亦多有记载，这些器物的设计往往兼顾外表的美观与使用的便利，尤其注重纹饰的欣赏性与教化功能，使其成为古代工艺美术中的重要组成部分。[44]29

图6.1　鎏金四十五尊造像盝顶银宝函
（图片来自《法门寺考古发掘报告》彩版一三三）

法门寺金银器表现出的"庄严具足"，是与一般意义上宗教美术的审美经验一脉相通的，其作为佛教供养品，除了与佛教直接相关的造像、法器和供养器之外，其他诸如茶具、食器等日用品也因被选作供奉佛祖之物，而具备了一定的宗教意义。汪小洋教授在其《论宗教美术的审美经验》一文中，将宗教美术的审美经验概括为三个方面，即艺术境界的极善之美、表现结构的求全之美以及仪式规定的简约之美。

佛教曾有"像教"① 的称法，即是源自宗教美术对极善之美的追求，由这种追求所产生的影响得到了佛教内外的一致肯定。例如在石窟造像艺术里，"极善"的具象化便是"极美"的艺术作品；再如，以佛本生故事为题材的佛教美术作品多在宣扬佛对任何对象皆予以"施舍"及"忍辱"，将"容忍"与"牺

---

① 佛经记载，这一期释迦牟尼佛的法传播大约为一万两千年时间，分为正法、像法、末法三期。其中，像法之"像"即为佛像，此时期以佛像和佛经等来表"正法"。唐时的佛教已进入像法时期。玄奘大师在《寺沙门玄奘上表记》卷1《谢许制大慈恩寺碑文及得宰相助译经表》中说："像教东被五百余年，虽敷畅厥旨，抑有多代，而光赞之荣，独在兹日。"

性"夸大至超乎情理的程度，使"极善之美"的艺术境界得以呈现，使人们获得"高尚美"的审美体验。

宗教美术除了对"求善"的追求，也注重"求全"。宗教美术作品的"求全之美"表现在对人间一切喜悦与烦恼、现实与未来，行动与思想等的描绘。因此，宗教美术作品的内容一般有着明显的综合性艺追求，以期达到无所不有的艺术描述。东汉王延寿在其《鲁灵光殿赋》中谈到对宗教壁画的观后之感："图画天地，品类群生。杂物奇怪，山神海灵。"宗教美术在表现结构上的求全之美，正是借由宏大而庞杂的象征体系来实现的。

宗教美术具有的简约之美主要源于宗教信仰在传播上的要求。佛教仪轨先天制约和限制了创作方式的自由与方法的多样，程式化的趋势随着佛教的传播而不断加强，如唐时绘画艺术的"四家样"，一时成为衡量画家艺术水平的标志，世俗审美一般对程式化持否定的评价，而宗教美术却肯定及坚守程式化的创作原则，从而使程式化变为宗教美术所独有的"简约之美"。正如丹纳在其《艺术哲学》中所说："宗教美术创作可能因为程式化失去创新，但不会失去繁荣。"[173]

图 6.2　鎏金卧龟莲花纹五足朵带银香炉与鎏金双凤纹五足朵带银炉台
（图片来自《法门寺考古发掘报告》彩版六二）

晚唐时期金银器艺术的整体面貌以柔美隽秀、轻薄简素为主要特征，然而法门寺金银器却与同时期的其他器物群有所不同，其所呈现出的富丽之色虽不及盛唐，但相较丁卯桥窖藏等晚唐金银器遗物则独显华美高贵（图6.2）。此现象反映出了法门寺金银器具有的皇家背景，帝王对佛教的笃信，以及佛教信仰在当时社会中的至高地位。综上所述，法门寺金银器兼有庄严具足与富丽之色的风格特征。

第二节 柔美飘逸与精巧实用

"柔美飘逸"与"精巧实用"是对于器物的审美特征和功能属性而言的，其更多是对社会审美风尚与生活方式的反映。尽管法门寺金银器的外观（包括造型与纹饰）与功能亦与政治、宗教等因素相关，但其在直观上的审美表象同样重要，而且这种审美表象也体现了法门寺金银器艺术的典型时代特征，从目前的考古发现来看，其应是晚唐金银器艺术共性的集中体现。

图6.3 法门寺鎏金伎乐纹香宝子器壁纹饰
（图片引自《法门寺考古发掘报告》）

"柔美飘逸"主要表现在器物曲转变化的轮廓造型与柔顺流畅的纹饰线条上（见图6.3），特别是在纹饰方面，法门寺金银器中大量出现的蔓草纹与流云纹便反映了时人对"柔美飘逸"装饰风格的喜好。另外，由相对纤薄的器壁所呈现出的轻巧意味，也是构成法门寺金银器"柔美飘逸"风格的因素之一。从一定意义上讲，"浑厚稳重"并不是金银器艺术的核心表征，盛唐时期金银器多见的坚厚器壁虽然颇具奢华大气之美，但在中国古代金银器谱系中实属孤例，也只有在唐代的全盛时期方可诞生这种无所顾忌的豪情之作（见图6.4）。

图6.4 何家村鹦鹉纹提梁银罐
（作者自摄于陕西省历史博物馆）

关于晚唐时期金银器物的适用范围，史书记载，唐懿宗的爱女同昌公主在出嫁之时，懿宗曾"倾宫中珍玩以为资送"，并赐其一座位于长安广化里的宅邸，宅邸的窗户装饰以各种珍宝，并赐金银制作的药臼、槽柜以及用金丝编织而成的箕筐等用具，又用琉璃、玳瑁、水晶等材料做床，并饰以金龟银鹿。《资治通鉴》有载："丁卯，同昌公主适右拾遗韦保衡，以保衡为起居郎、驸马都尉。公主，郭淑妃之女，上特爱之，倾宫中珍玩以为资送，赐第于广化里，窗户皆饰以杂宝，井栏、药臼、槽匮亦以金银为之，编金缕以为箕筐，赐钱五百万缗，他物称是。"① 在这些文献记载中，不仅看到了当时皇室的奢靡，同时也透露出当时金银器在贵族生活中的诸多用途，且相当一部分是作为日用品存在的，其实用性相较唐前期又有提升，这一点在从法门寺金银器中也可窥见一斑。法门寺金银器中有多件功能性极强的器物，如用于碾茶末的茶碾子；存放茶饼的笼子；筛茶末的茶罗；盛放盐等调料的银盐台；可垒叠和分置的食器波罗子等。这些器物构造精巧，使用方便，可知是皇室贵族的日用之物，其功能之美亦是法门寺金银器审美体系的重要部分。

───────

① ［宋］司马光. 资治通鉴（七）：二百五十一卷唐纪懿宗昭圣皇帝［M］. 影印本. 上海：中华书局，1936：3043.

第三节　三教共融与中土气象

安史之乱作为唐朝社会盛极而衰的转折点，此后唐王朝的国势一蹶不振，繁荣和统一的局面逐渐为藩镇割据、朋党之争及宦官专权所打破。中晚唐的社会剧变，深刻地影响了唐代的政治、军事与经济，也对文化思潮的兴起与变动影响深刻。这些变化波及皇权与三教间的关系，三教自身的发展及三教间的关系也产生了一定的变革，从而中晚唐的三教关系开始重新整合。在这个社会转型期，救世复兴成为此时的思想潮流，儒、释、道三教皆在深刻反思历史和现实的基础上活跃起来。隋唐时期的当权者基本都奉行"三教并行"政策，尽管唐高祖与唐太宗都进行过削减寺观与僧尼、道徒数量的举措，高宗、玄宗倚重道教排斥佛教，武周厚待佛教，但"三教并行"的基本格局却未有改变。中晚唐时期，三教同步更深入国家与社会之中，皆为民众所接纳，虽然佛道两教仍存争论，但三方基本上保持和平相处，且三教融合的趋势越发显著。中唐以后，皇帝常诏聚三教名士进行"三教谈论"，前期的"三教谈论"争斗性质明显①，中后期有所变化，突出的变化为三教讲论中的火药味大为减弱②。唐肃宗以后，逐渐演变为一项固定程序，变为皇帝在特殊的纪念日（如诞节）举行庆典的一个组成环节。③

儒、佛、道三教在教法上的相互借鉴虽然来之已久，而其成为显性潮流却在中唐以后，特别是在晚唐，三教相互吸收与融合成为发展的主流。究其原因基本为如下方面：一是中唐之后，三教的合法性皆得到政权的承认，由政权倡导的三教共同辅政政策得以实行，三教都认识到一家独大的可能性实际上已不

---

① 上元二年（761年）六月，肃宗自灵武驾还劫后的长安，于景龙观设高座，令僧道讲论，并命文武百官前往设斋听讲，是为恢复中断已久的三教论议。永泰二年（766年），唐代宗亲临国学释奠，"集诸儒、道、僧，质问竟日。此礼久废，一朝能举"。

② 贞元十二年（796）（《新唐书》卷一六七《韦渠牟》）四月，"德宗降诞日，诏儒官与绪黄讲论"，儒学加入进来，给事中徐岱、兵部侍郎赵需、礼部郎中许孟容、与四门博士韦渠牟，及沙门鉴虚、覃延，道士郑维素、万（葛）参成等12人参加，讲论儒、释、道三教。

③ 初唐时期锋芒毕露的佛道论争改头换面，以三教讲论的形式再度焕发出光彩。但其内容趋向程序化，不再有初期两教论争中的激扬灵动，"始三家若矛括然，卒而同归于善"。最后鉴虚慨然说道："玄元皇帝，天下之圣人；文宣王，古今之圣人；释迦如来，西方之圣人；今皇帝陛下，是南赡部洲之圣人"。以李耳、孔丘、释迦牟尼和唐德宗并称四"圣人"，体现了三教调和的趋势已经成为时代潮流。

存在，进而很少再进行相互间的抨击与对峙；二是三教皆树立起护国拥政、化解社会矛盾的社会功用观，减少彼此冲突，彼此合作，方可最终获益；三是经过长期的辩争与论战，三教均已发现自身在思想理论上存在一定漏洞与薄弱之处，同时亦体察出别教的某些优势，在完善自身的思想理论时对另外两教自觉或不自觉地进行借鉴，从而使彼此差异愈小。[174]

法门寺为晚唐的皇家寺院，不仅与密宗佛教关系紧密，且"八宗共融"于一寺，为当时佛教的"九经""十二部"之中心道场，中国的宗教文化在此处得以融会聚合。法门寺的佛教文化充分地体现出中国佛教文化独特的融摄美。这种融摄美既表现在佛教各宗派间的圆融，也表现在佛教文化与儒、道文化的调和性。法门寺佛教将大乘、小乘相互统一，空宗、有宗同弘，密宗、显宗共处。唐代法门寺的二十四院即是唐代佛教各个宗派的聚集体。从各类碑集中发现的院名中看，既有弘扬密宗的楞严经，亦有主弘禅宗之禅院，以及净土院、罗汉院等。各院既相对独立，又同处一寺。[43]27此外，在法门寺二十四院中，道家的"三圣院"亦成为寺中一院，可见此时佛道融合态势之盛。从法门寺的唐代塔基建中，可以发现其筑遗存看为方形，既象征了佛法宣扬的"四相"①，又明显与汉唐贵族陵寝"以方形为贵"格局相一致，体现了佛儒思想的融合。此外，从地宫建筑呈对称排布，几重进深，进而形成建筑空间的变化序列，主题建筑位于高潮点上，此瘗藏佛骨舍利的建筑空间明显结合了儒家传统的陵寝制度以及其审美意识。其盛放佛指舍利的棺椁与宝函则其全然与儒家思想关照下的帝王埋葬制度一致，与印度婴缸瘗藏制度截然不同，深刻体现了佛教的中国化以及佛儒思想的高度融合。

"三教共融"在法门寺金银器艺术风格中的体现，主要反映在三种审美思想在器物造型、纹饰中的融合表现，特别是三教图像在器物纹饰中的集中显现。佛教审美思想，上文已作过相关阐述，以下且对道教及儒教的审美思想略作论述。

唐代，道教臻于极盛，李唐统治者出于提高身份的动机，自称老子后裔，对道教倍加推崇。道教在唐代是由原始民间宗教不断发展，进而成为具有相对完善的理论系统的官方宗教。道教思想在唐代也渗透在社会生活的各个方面。道教以"道"作为道家学说之核心，《道德经》言："致虚极，守静笃，万物并作，吾以观其复。夫物芸芸，各复归其根。归其根曰静，是谓复命。"[175]其含

---

① 佛教四相："诞生、成道、说法、涅槃"。

为：世间万物皆空虚而宁静，因而方能生长，想要探寻事物的本质，需要回到原初的虚静状态，虚静是生命之本质，亦为自然之道。老子的观点触及"美之为美"的哲学层面。老子认为唯有排除杂念，使心灵得以虚空，才能深入地理解大千世界，他这种去功利性的无为思想，对后世中国传统文学艺术的创作规律和独立价值都具有重要影响，甚至可以说，道家思想代表了中国艺术的内在精神。道家的庄子，其审美见解集中反映在其《逍遥游》《知北游》及《秋水》诸篇之中，尤其是他"得之自然"与"笔简形具"的观点，概括性地揭示了中国艺术思维中的"写意"特征。《庄子·知北游》中道："天地有大美而不言，四时有明法而不议，万物有成理而不说。"其意为：世间的天地万物其生长皆有自身的规律，人须遵循虔敬本分。庄子的审美观集中指向"美"存在于自然之中，只有融入自然，方能发现与触及美。老子与庄子的思想一脉相承，特别是庄子那颇具浪漫色彩的观念，反映出了道家的艺术认知。道家审美观念为中国古代最重要的民族性审美理论，其对包括工艺美术在内的各个艺术门类均具有指导意义。

在中国封建社会处于统治地位达两千年的儒家思想，其对人们的道德观、伦理观及审美观的影响潜植于社会生活的各个方面。儒家思想将事物之美归于"和谐"。孔子的《论语》中有"礼之用，和为贵"的说法，其强调唯有和谐一致，方可带来平和、稳定的审美感受。如不遵循"和"的自然法则，便会导致混乱无序的审美窘境。因此，儒家思想坚守"和"的审美原则，且深刻影响中国人的集体审美观。然而，儒家倡导的和谐美感并非毫无变化、无差别的全然等同，而是多样性与差异性的辩证统一。"过分追求平和，乃至片面理解平和，并将平和与等同的概念混淆，便会产生声一、味一与物一的消极现象。"[176]中国古代儒家推崇的审美理想，包括三方面内容：首先，自然万物和谐而统一的关系。宇宙中的万物皆具有丰富、开放及活跃的属性。这些纷繁而复杂的事物互相联系并相互制约，呈现出了作为审美对象的既和谐统一又富有个性的审美特征。《荀子·富国》中道："万物各得其和以生""万物同宇而异体"，《国语·郑语》中言"和实生物，同则不继"；其次，儒家还强调人与自然需要和谐相处。即"天人合一"的最高审美境界。最后，人与人之间、人与社会之间的和谐相处，儒家思想的"中正"思想即是个体与社会间的和谐统一，《春秋繁露》中道："礼之用，和为贵，先王之道，斯为美。""和"是人与人关系的审美尺度与标准，人们须尊礼守节，方能展现人与人，以及人与社的和谐之美。

在法门寺金银器中，三教审美思想渗透在器物的造型、纹饰等方面。如道教的虚静及自然审美观，体现在诸多动植物纹饰及柔美飘逸的器物造型上；儒家推崇的"和"之思想则更多体现在器物使用者的关系中；佛教审美更加直接地反映在造型样式、纹饰题材、器物功能等方面。而三教图像在法门寺金银器中的集中体现，则是唐代（尤以晚唐为甚）"三教共融"思想的具体化，以典型器物为例。

图 6.5　西安市城建局移交的抚琴舞鹤纹菱形银盘
（作者自摄于西安博物院）

　　法门寺地宫出土的第一件鎏金人物画银香宝子，直口带盖，平底深腹，圈足高耸，盖面隆起，宝珠形（莲蕾形）盖钮。盖面分作四瓣，分饰一只飞狮，以缠枝蔓草纹为底衬，腹壁上的主要装饰区域设有四个规整的壶门，每个壶门内均錾有一幅人物画。以其中"吹笙引凤""箫史吹箫""伯牙抚琴"及"仙人对饮"四幅为例，其中的"箫史吹箫"和"吹笙引凤"出自《列仙传》中的"箫史吹箫致凤雀与白鹤汇聚"及"王子乔吹笙引凤"两则传说，而"伯牙抚琴"和"仙人对饮"也具有浓厚的道家意趣。在世人眼中，修道仙人多居于修竹深林、茂松清泉的静幽山园之中，而"凤鹤相伴"和"吹笙抚琴"则体现了奉道求仙之人所追求的怡然自得与外物无扰的生活态度。

　　1966 年西安市城建局移交的抚琴舞鹤纹菱形银盘（见图 6.5）上描绘的道教相关图像纹饰与"法门寺人物画香宝子"异曲同工。盘底左侧錾饰一席地而坐的逸士，其置琴于膝，双目视琴，双手弹奏，身穿博衣宽袖的交领长袍，束发。身后有一执杖恭候的童子，抚琴逸士的对面有仙鹤一只，仙鹤做鼓翼起舞之姿。四周饰有叠石，空白处辅饰折枝萱草。盘的边缘还饰一周仙桃、石榴及折枝花边饰。此盘的菱形画面中，仅描绘了两人一鹤，运用了中国传统的人物、花鸟画构图，带有浓重的神话色彩，表现了道教思想中的神仙世界[177]。

法门寺地宫出土的第二件鎏金人物画银香宝子，其形制与第一件基本一致，区别在于器物外腹壶门内的人物画装饰，此香宝子中的四幅人物画分别为："郭巨埋儿""玉祥卧冰""颜回问路"和"仙人对弈"。其中"郭巨埋儿""郭巨埋儿"又名"埋儿奉母"，是中国的传统民间故事，在东晋干宝的《搜神记》、唐代的《晋书》、宋代《太平广记》、元代郭居敬的《二十四孝》、明代《彰德府志》等书籍中均有记载。晋书中载："郭巨，家贫。有子三岁，母尝减食与之。巨谓妻曰：'贫乏不能供母，子又分母之食，盍埋此子？儿可再有，母不可复得。'妻不敢违。巨遂掘坑三尺余，忽见黄金一釜，上云：'天赐孝子郭巨，官不得取，民不得夺。'"[178]"玉祥卧冰"又称"王祥卧冰"，语出《晋书·王祥传》："王祥，字休征。性至孝。早丧亲，继母朱氏不慈，数谮之，由是失爱于父。每使扫除牛下，祥合愈恭谨，父母有疾，衣不解带，汤药必亲尝。母亲欲生鱼时，天寒冰冻，祥解衣将剖冰求之，冰忽自解，双鲤跃出，持之而归。"其意为：王祥为让母亲在隆冬时吃到新鲜活鱼，便卧于河冰之上，用体温将河冰融化，以便抓鱼。"颜回问路"中的颜回为儒家圣人孔子的学生，画面表现的即是儒家门徒的事迹。由此三幅人物画的内容与儒教文化紧密相关，特别是儒家所倡导的"忠孝"思想。

香宝子本是佛教特有的供养器，而在其上同时饰有与道家和儒家思想关系密切的人物画装饰，这种做法充分体现了法门寺金银器所具有的"三教共融"的艺术风格和文化内涵。

安史之乱后，唐朝廷疲于应对此起彼伏的边境冲突与国内叛内乱，悄然崛起于此时的吐蕃势力趁机向北扩张至河西走廊地区，进而切断了"丝绸之路"的交通要道，中西陆路严重受阻，使西方与中土的联系陡然减少。另一方面，中原地区战祸不断，为避战乱，北方人民纷纷南迁，导致全国的经济重心逐渐南移，长江中下游如扬州等地的社会经济得到迅速发展。南迁的人群中即包括了众多的手工业者，从而促使南方手工业走上繁荣之路。这些影响在金银器艺术风格上的体现，即中土化艺术风格的显现。

在目前考古发现与传世的器物中，法门寺金银器无疑最能代表晚唐金银器的艺术风格，其具有的"中土气象"来自造型、纹饰及制作工艺各方面。由于中晚唐时期东西方文化交流骤然减弱，加之经济重心移向民族构成以汉族为主导的南方地区，从而使此时的艺术氛围重归华夏之风，唐后期工艺美术的造型与装饰整体上表现出颇具南方韵味的清秀俊逸。早先受外来风格影响的器物品种与样式逐渐转化为具有中土风格的新形式，如金银器中的盘、碟、碗、渣斗、注子等实用器物不断增多，还出现了一些具有华夏文化特征的仿生造型，如法门寺龟形银盒等。在纹饰方面，在晚唐中央政权在各方面控制力的减弱，使用倍受限制的金银器开始成为可自由买卖的商品，南方一些私营作坊开始制售金银器，使其具有了商品性质，金银器的商品化一方面使其更加注重实用功能，另一方面使以前那些不记工本、富丽繁缛的纹饰样式被逐渐舍弃，代之以更为疏朗、简练的纹样装饰。如在法门寺鎏金团花小银碟上，除几朵鎏金的团花纹饰周围皆光素无纹，虽留白较多，与盛唐团花纹装饰具有的满、实效果相比，更易突出主题纹饰，使装饰画面更具有变化、自由轻松。法门寺金银器中纹饰的题材除佛教以外更多的是世俗生活中的动植物形象，如大量出现的鸿雁、鸳鸯、蜜蜂等，流露出一种浓郁的生活气息，从而形成了与唐前期雍容华丽所不同的隽秀明快的艺术风格。在制作工艺上，法门寺金银器体现了锤揲、钣金、铸造等成型工艺的综合运用，一些西方传来的金银器制作工艺已经被消化吸收，逐渐形成了一套中土化的金银器制作工艺体系。晚唐时期的法门寺金银器，虽然与由文人审美主导的宋代金银器相比，还保有少量西方金银器艺术的影响因素，但已无任何直接挪用的现象，"中土气象"已然显现。

第四节　本章小结

大体上说，唐代文化的本质特征是对外来文化的全面接受，其文化精神与发展动态是复杂且进取的。虽然唐代后期出现了儒学复兴运动，但只是风气初开，并没能影响唐代的整体文化样态。直至宋代，佛、道、儒三教方真正融合并渐成统一之势，其文化精神转向单纯与收敛[101]211。从法门寺金银器为代表的晚唐金银器艺术中可以看出，此时金银器的艺术面貌及文化内涵在继承唐前期的基础上已经开始转变，并对其后五代及两宋的金银器艺术发展做出了铺垫，具有承上启下的历史意义。

本章结合本书第三、四、五章对法门寺金银器的造型、纹饰及制作工艺的分别考释与分析，总结出了法门寺金银器的艺术风格，即庄严具足与富丽之色、柔美飘逸与精巧实用、三教共融与中土气象。在这三个方面中，庄严具足与富丽之色应是法门寺金银器艺术风格中最具独特性的，而柔美飘逸与精巧实用、三教共融与中土气象这两方面亦体现了晚唐时期金银器艺术的整体风格。

第七章　法门寺金银器艺术风格的形成机制

第一节　晚唐密宗佛教对法门寺金银器艺术风格的影响

晚唐密宗佛教对法门寺金银器艺术风格的影响主要体现在两个方面：第一，法门寺金银器中含有大量与密教直接相关的器物；第二，作为密教供奉佛指舍利仪式的专属供养品，对入列器物的筛选皆应符合密教仪轨，因此也都具有了密教色彩。也就是说，法门寺金银器的功能属性与艺术面貌不论是否与密教直接相关，都在一定意义上打下了密教的烙印。因此，法门寺金银器艺术本质上应属于宗教美术范畴，更具体地说，其具有密教美术的内外在特征。

法门寺地宫出土文物中和密教直接相关的部分可分作两大类；一类为各种密教造像及密教法器；另一类则是由文物在地宫中的放置程序所反映出的密教仪轨。法门寺金银器中的密教造像，其密教色彩十分明显，如鎏金银捧真身菩萨、鎏金银菩萨、"八重宝函"及四十五尊造像盝顶银宝函中的密教造像等，此处不再赘述。法门寺地宫出土的密教法器绝大部分为金银器物，主要包括六件阏伽瓶①，六枚臂钏，两具锡杖。六件阏伽瓶中的五件放置于地宫后室，其中

---

① 吕建福教授认为按照密教经轨，这六件瓶并不一定都是阏伽瓶。阏伽瓶是阏伽器之一，另有阏伽桶、阏伽碗等也为常见盛器。阏伽瓶，也称功德瓶，主要用来盛装净水，以供诸尊澡浴洗涤以及供行者涤除烦恼尘垢，使三业清净。这六件瓶也可能为吉祥瓶，吉祥瓶也叫贤瓶、五宝瓶。主要用来盛装为诸尊供奉的五宝（金、银、珍珠、瑟瑟、颇梨或水精、琥珀、珊瑚、毗琉璃等）、五药（通常以赤箭、人参、伏苓、石昌蒲、天门冬代替）、五谷、五香（沈水香、白檀香、紫檀香、沙罗罗香、天木香等）以及插花果枝条等。但阏伽瓶和吉祥瓶有时互用，形质用法相同。

四件为鎏金银器，一件为黄色琉璃器，另外一件为八棱秘色（见图7.1），瓷放置于地宫中室。

图7.1 八棱净水秘色瓷瓶
（作者自摄于法门寺博物馆）

《大日经疏》说："吉祥瓶法，当用金银等宝，乃至无者应以瓷或净瓦为之，极令圆满端正，又不泄漏……净水盛其中，内五宝、五药、五谷……于瓶中口插于宝花，以彩缯缠颈并系花鬘、涂香"。"诸阏伽瓶亦然，当用金、银、白琉璃等为碗，乃至商佉、熟铜、石木，或以石作，或以树叶新瓦。"《苏悉地羯罗经》说："盛阏伽器，当用银，或用熟铜，或以石作，或以土木，或取螺作，或用束底，或用荷叶以缀作器，或乳树叶。"其种类有七种，即金瓶、银瓶、铜瓶、玻璃瓶、铁瓶、木瓶、瓦瓶；其用法，金瓶、玻璃瓶、瓦瓶用于增益、息灾及灌顶法，若铜瓶用于调伏、降伏及作阿修罗法，银、铁及木瓶用于诸忿怒法；其尺度规定为：高二十一指，项高五指，腹阔十六指，瓶口广八指；其瓶色用法，白色用于息灾法，黄色用于增益法，赤色用于敬爱法，黑色用于降伏法。法门寺地宫后室四角所置阏伽瓶，腹部有四幅相同的图样，足面有一幅图样，据密教经轨，该图样即为羯磨金刚杵，或称羯磨杵、十字金刚杵，由两枚金刚杵交叉组合而成，为金刚杵之一种。《陀罗尼集经》说："其外院四角各安交叉二跋折罗。"《一字佛顶轮王经》说："其四角各画二金刚杵，十字交叉。"
《大日经疏》解释说："十字金刚即羯磨金刚也。"

六件臂钏的顶面皆錾饰有羯磨金刚杵，其外壁錾饰金刚杵，可见其必然为
密宗道具。臂钏（见图7.2）为密教造像的八庄严之一，《造像度量经解》言：
"五部等报身佛相，以八件宝饰为庄严。何者为八件，一宝冠，即五佛冠也，二
耳环，三项圈，四大璎珞，五手钏及手镯，七珍珠络腋，八宝带也，谓之大饰。
耳垂上前临优波罗花，冠左右下垂宝带，脚镯上围绕碎玲戒指等，谓之小饰。"
其中所言"手钏"即臂钏，臂钏亦是密教阿阇梨的道场用具，在修法灌顶仪式
中亦有佩戴。

图7.2　摩羯三钴杵纹银臂钏

（图片引自《法门寺考古发掘报告》彩版一六四）

二枚锡杖，其一为迎真身银金花双轮十二环锡杖，杖杆上錾有十二体缘觉
僧。锡杖是佛教的一般法器，不是密教独有。该锡杖的形制为双轮十二环，双
轮即四股，表四谛，而十二环则表示十二因缘。该杖杖首的两重莲座中间，有
五股金刚杵造型，杖顶莲座又承托有宝珠，有别于一般的塔形顶端造型，可见
其应依密教经轨所制。五股金刚杵为金刚杵的一种，又名五智金刚杵或五峰金
刚杵，其表五佛五智。《一切如来大秘密王未曾有最上微妙大曼荼罗经》中言：
"五股金刚杵的上五股表毗卢遮那佛、宝生佛、阿閦佛、不空成就佛、无量光
佛，下五股表四波罗密，中表清净菩萨变化身忿怒明王……金刚杵有随部种种
之相，若复五股作圆相，令股不相著，其中股比余股长半指节，其杵上下正分
三分，两头并中是名三分，此金刚智慧自在菩萨金刚杵。"《大日经疏》说：

"所持密印，即是五股金刚也，五如来智，皆兼权实二用。"锡杖顶所置宝珠，为智慧珠，表智慧或舍利。另一枚锡杖为单轮十二环（见图7.3），杖柄较短，亦应为密教特有形制。锡杖一般可用来倚仗，所以杖柄较长，而密教的锡杖，主要用作道场作法，故杖柄可以较短。[83] 120 – 136

图 7.3　法门寺单轮十二环纯金锡杖
（图片引自《法门寺考古发掘报告》）

　　本文第二章中将密宗佛教的审美特征概括为："多彩尚金""工美技巧""遵仪守规""慈嗔双相""纹饰繁复""神秘隐晦"及"印韵唐风"七项。通过之后几章对法门寺金银器造型、纹饰及制作工艺的梳理和考量，进而可以得出法门寺金银器的艺术风格与密宗佛教的审美特征基本吻合的结论。其中，"多彩尚金"可以从众多"金花银器"及"金筐宝钿"器物中得以体现。金银器由于材料所限，"多彩"只能靠金、银两色，以及镶嵌各色宝石来实现，而"尚金"自不用说，除了多见纯金制成的器物外，绝大部分器物均采用了鎏金工艺来使其具有无异于黄金的璀璨效果。"工美技巧"则更为明显，充分体现在其精湛的锤揲与錾刻、编织、钣金等金银器制作加工工艺及其视觉效果之中。"遵仪守规"在法器与供养器中体现得最多，如在上述的阏伽瓶、臂钏、锡杖以及众多宝函等中均有所体现。"纹饰繁复"亦体现在一些法器和供养器上，因晚唐金银器的整体纹饰风格趋向简化，法门寺金银器的一些日用类器物（银碟、素面银盒等）上的纹饰较唐前期更显简洁，而在法器和供养器上反而愈加繁复，这种同一器物群出现的反差现象，更加说明了密教对其影响之甚。"神秘隐晦"及密教的神秘美，在晚唐密宗佛教的审美特征中最具代表性的就是其具有的神秘美。费尔巴哈说过，属神的本质即为属人的本质，神具有的一切特征都是人本身具有的特征，宗教具有的神秘美实际上不过是人类无尽的创造性于虚幻境界中的投射。法门寺金银器概括地说皆为宗教物品，其中的宝函、捧真身菩萨、阏伽瓶、锡杖、臂训等都具有密教独特的神秘美。密宗法意中的"三密"，即"一曰身密，谓结印，即为手指结印以表种种之意义。……二曰语密，即咒念。……三曰意密，即入大日之三昧，以心观实相。"[179]从审美角度来看，这些器物的功能即具有宗教的神秘性，而就具体的器物而言，其大多以象征、变形等手法，来表达神秘的密教义理及仪轨。"印韵唐风"在法门寺金银器中已转向"印韵偶存，唐风尽现"，晚唐密宗佛教已经经历了较长时间的发展历程，其初传入唐时具有的浓郁印度韵味已有所减退，加之唐代金银器艺术本身受印度的影响就较少，故不像壁画、石刻造像那样颇具印韵。至于"慈嗔双相"主要体现在鎏金四大天王银宝函等少数带有造像的器物之上，并未对法门寺金银器整体的艺术风格产生太大影响。

晚唐密宗佛教对法门寺金银器艺术风格的具体影响，可从器物的造型、纹饰及制作工艺三方面进行考量。

一、浓重的佛教造型艺术风格

以金银材质来制作佛教法器及供养器，凸显了寺院的崇高级别与雄厚的经济实力。而佛教法器与供养器皆具有一套严格的样式规定及制作要求，特别是在其造型方面，不仅蕴含一定的教法和仪轨，同时也体现了佛教特有的造型艺术风格。

佛教的造型艺术风格来源于佛教美学对世俗美的变相肯定。佛教思想认为现实之美（世俗之美）是空虚不实的，对现实审美的追求是"愚痴"的表现，从而否定了世人在主体方面审美感受的合理性，但并没有一概否认本体美的存在。佛教倡导的本体美即为"涅槃极乐"，其又分为："涅槃"之美、"法喜"

与"禅悦"之美、空静之美、"佛性"与"佛土"之美以及死亡之美。虽然佛教秉承超越世俗的"涅槃之美",否定世俗之美,但"佛法在世间,不离世间觉"①。因此佛教思想对否定世俗美进行了再否定,即是对世俗美的变相肯定。[180]38青原惟信禅师曾言:"老僧三十年前来参禅时,见山是山,见水是水;及至后来亲见知识,有个入处,见山不是山,见水不是水;而今得个休歇处,依然见山是山,见水是水。"此说正体现了佛教对现实美的辩证阐释。

佛教对世俗美的变相肯定包括几个方面:以"味"为美、以"圆"为美、以"十"为美、光明为美、七宝为美、以香为美、法音为美、像教之美、言教之美、莲花为美以及"形神、境界"之美。[180]39-91就法门寺金银器的造型艺术而言,以"圆"为美、像教之美、莲花为美皆有所体现。其中以"圆"为美主要体现在器物造型的圆融饱满,尤其在器物轮廓上体现得更为明显,如各类香炉、钵盂。甚至还将方形宝函的棱线刻意处理成外弧状,使其微露圆融之态;像教之美主要体现在金银造像之中,包括圆雕式的立体造型以及浮雕式的半立体造型;莲花为美体现在器物所具有莲荷造型上,如一些器物上的莲蕾状盖钮、仰莲瓣与覆莲瓣造型及荷叶形圈足(器盖)等。正是出于上述佛教对世俗美的变相肯定,在与佛教相关器物造型方面,处处体现着佛教独特的审美认知。

佛教思想对法门寺金银器造型艺术方面的影响,可以金银舍利容器的造型艺术作为典型例证。舍利容器是佛教供养器中极为重要的一个类别,以金银器为舍利容器虽不是法门寺金银器的首创,但法门寺的金银舍利容器却可作为中国舍利容器发展演变的一个重要实证,也是金银器艺术与佛教艺术相结合的典型代表。隋代至唐初的舍利瘗埋多为在石函内放置多重舍利容器的形式,通常由内到外依次为玻璃瓶、铜函、石函。唐高宗时期,在迎送法门寺佛指舍利期间,皇后武则天创立了以微型金棺银椁为容器的舍利容置形式。据道宣所于麟德元年(公元664年)所撰《集神州塔寺三宝感通录》记载,迎法门寺舍利至东都供养之时,武则天曾专为舍利作金银容器,"皇后舍所寝衣帐直绢一千匹,为舍利造金棺银椁,数有九重,雕镂穷奇。"用贵金属制作的棺、椁形貌舍利容器,表明此时的佛教舍利容器已经彻底改为中国传统的造形形式。这种形式更加符合中国的文化习俗,是佛教艺术中国化的典型体现,此形式大约在唐武宗"会昌灭法"时中断。晚唐时期,除了沿用金棺银椁的舍利瘗藏形式之外,以小

---

① 徐文明注释. 六祖坛经 [M]. 郑州:中州古籍出版社,2018:92.

型塔状容器乘装舍利并在其外层层套装宝函的做法开始兴起。其代表即为法门寺的"八重宝函"[181]。唐代以后，伴随佛教信仰不断趋向世俗化，舍利容器的形式及造形也逐渐走向多样化的道路，但金银宝函与金棺银椁仍然作为高级别的舍利容器为后世所沿用。武后所制的金棺银椁虽未能找到对应的实物，但在考古发掘中，迄今已发现十余处瘗埋有舍利容器的唐代塔基地宫，其中七处可见明确纪年。这七处中又有六处出土的舍利器为金银器物，包括：延载元年（公元694年）甘肃省泾川贾家庄大云寺塔基地宫出土的金棺银椁[182]（见图7.1）、开元二十九年（公元751年）陕西临潼姜原村庆山寺塔基地宫出土的金棺银椁[183]（见图7.2）、长庆四年（公元824年）江苏镇江甘露寺铁塔塔基地宫出土的（北宋元丰元年重瘗）金棺银椁[184]309-312、大和三年（公元829年）江苏镇江甘露寺铁塔塔基地宫出土的（北宋元丰元年重瘗）盝顶银宝函和金棺[184]309-312、大中四年（公元850年）河北定县宋静志寺塔基地宫出土的六角单层舍利银塔子[185]，以及陕西扶风法门寺塔基地宫出土的"八重宝函"、鎏金四十五尊造像盝顶银宝函、智慧轮纯金宝函和银宝函、鎏金银棺等。可以说，法门寺的金银舍利容器乃是唐代此类器物的集大成者，其不仅含有唐代早期即已出现的金棺银椁造型，更为重要的是宝函和塔状造型的集中出现。此外，法门寺金银器中的其他供养器及法器，如香宝子、调达子、银芙蕖、臂钏、阏伽瓶、锡杖等皆为佛教思想的外化，其器物造型亦具有独特的佛教艺术面貌。

二、密教图像在金银器纹饰中的呈现

法门寺金银器与包括宫廷器物在内的世俗之物最大的不同，即是其所蕴含的"密意佛韵"，也就是唐代密宗佛教对其艺术表达所施加的形式规范，这当中以纹饰艺术最为典型。器物的造型往往关乎实用，而纹饰则更多地承载着传达审美意识与图像象征的功能，密教图像以纹饰的形式被镌刻在法门寺金银器的表面，使其具有了独特的密教艺术韵味。宗教（佛教）形象与图案大量的装饰于金银器之上，在其之前亦为少见。已有的考古资料显示，佛教造像最早饰于金银器物之上的是出土于辽宁北票北燕（公元470—436年）冯素弗墓的金饰片，此饰片为山形，在中央錾饰佛像一尊，佛像身后有火焰形背光，其左右各立侍一弟子，此饰片应为某种器物的附件[187]。唐代出现的佛教金银造像，乃以法门寺鎏金珍珠装捧真身菩萨为代表，用金银材料塑造佛像遂成延续历代的传统，在金棺银椁及佛教法器上，饰以佛、菩萨、天王、罗汉、飞天、伎乐等纹

饰亦成为后世沿用的做法。[17]9 此外，一些与佛教关系密切的纹饰，如莲荷纹、摩羯纹等，不仅出现在佛教供养器和法器之上，在一些日用器物中也有装饰，这不仅说明佛教世俗化的进程业已开启，也体现了纹饰艺术的广泛适用性。这种适用性以审美为根本原则，跨越宗教与世俗、宫廷与民间，也是中国传统文化兼容并蓄的具体表征。

法门寺金银器中的密教图像主要包括：唐密曼荼罗，密教造像，密教法器（金刚杵等）图案，以及与密教相关的莲花、飞天、迦陵频伽等图案。其中的唐密曼荼罗是密教图像集大成者，其在唐代金银器纹饰中的运用目前仅见于法门寺金银器之中。

纹饰的主题在一定程度上决定了金银器纹饰的艺术方向及表现形式，尽管法门寺金银器中还含有一定数量的宫廷日用器物，但密教供养器和法器在器物群体中的重要地位仍不可动摇。因此，法门寺金银器纹饰所显现出的"密意佛韵"是其不可忽视的审美特征之一。

三、作为佛教供养物的工艺特征

在制作工艺方面，鉴于佛教供养器及法器在造型与纹饰方面的特殊要求，法门寺金银器运用了多样化的成型和装饰工艺。例如在宝函与金棺银椁等的成型制作中主要采用钣金工艺，锡杖及佛造像的成型则运用了铸造工艺，而在唐前期常用的锤揲工艺则已不再作为主要成型方法。为了符合密教对图像的仪轨要求，部分宝函中的纹饰采用了强化空间层次感的制作方法。法门寺金银器作为法门寺佛舍利供养的主要供养物，除了舍利容器等佛舍利专用供养器之外，其他器物也带有一定的佛教（密教）供养物的审美特征，这种审美特征在器物的造型和纹饰中表现尤甚，而制作工艺具有的"过程性"使其审美特征不如造型与纹饰表现明显，但是通过比较依然可以发现佛教供养物所具有的工艺特征。

法门寺金银器作为佛教供养物的工艺特征主要体现在三个方面：第一，工艺的考究体现了宗教信仰与手工技艺的高度融合。在已发现的晚唐金银器遗存中，法门寺金银器的制作工艺无疑最为考究，尤其是其中的供养器与法器，其制作工艺的精湛程度远超同时期的其他器物。从表面上看，这体现了法门寺金银器的崇高级别，而其内在原因应与供奉者、制作者的宗教信仰密切相关。第二，供养物的特殊造型及纹饰要求其制作工艺做出适当的调整。法门寺金银器中许多较为特殊的造型与纹饰，它们多与佛教（密教）供养有关。这些特殊的造型与纹饰必定需要对常规金银器制作工艺做出一定调整，如在鎏金如来说法盝顶银宝函的主题纹饰中便是以锤出不同的高低起位来体现主次关系，这种整面图案都以锤揲工艺制成的方式在唐前期亦不多见。第三，密教尚"金"，遂以特定的制作工艺来凸显金、银的材质美感。在法门寺金银器的制作中，鎏金、镟切、打磨、抛光等工艺均多有运用，这些工艺皆是为了凸显金、银材质亮丽、辉煌的视觉效果。特别是鎏金工艺，相比唐前期更显纯熟，银上鎏金的色泽鲜亮、经久不褪。

第二节　宫廷审美与皇权意志对法门寺
金银器艺术风格形成的作用

金银器的"宫廷审美"体现了区域文化与封建皇权思想的融合，在众多工艺美术门类中其"皇家独享"的文化意味最甚。在杨伯达先生的金银器板块理论中，北方草原游牧部落的金饰文化，黄河及长江流域以粟稻农作为基础的华夏族群的金饰文化，以及西南高原的红土地带农牧群落之金饰文化在长达一两千年的并存、融会、碰撞、整合及重组之后，形成了统一的中华帝王的金饰文化板块。各个新民族的崛起，促成了某些文化亚板块又先后融入中华帝王金饰文化板块之中，这个板块自秦始皇统一六国后始成，至清宣统终止[187]。金银器以其稀有高贵的材质属性、繁杂精细的工艺技法、富丽奢华的装饰效果以及财富身份的象征语义被皇室宫廷所青睐，并在皇权直接或间接的参与及控制下，成为宫廷文化和皇家礼仪的重要载体。可以说，金银器在中国封建社会各个王朝中均受到了不同程度的宫廷文化的浸润，而法门寺金银器因其具有明确的物主与用途记录，使其宫廷审美风格更具有典型意义。"宫廷审美"与"皇权意志"是不可分割的两个概念，它们既具有明显的逻辑相依关系，同时也有所区别。"宫廷审美"属于宏观性概念，它存在于历史、地域、人文等多重语境之中，其审美风格具有一定的连续性和相似性，这种连续性与相似性伴随着封建君主制度的始终。而皇权意志则更为具体，它体现的是不同帝王的个体意志。法门寺金银器的艺术风格既反映了浓厚的宫廷审美特征，同时也是当时皇权（唐懿宗与唐僖宗）意志的集中体现，这在已发现的唐代金银器中尚无二例。

宫廷审美在金银器外观与功能上的体现，主要是围绕着奢华的宫廷生活与高贵的皇家身份两者展开。法门寺金银器中的宫廷审美不仅体现在宫廷日用器物中，同时也深刻影响了佛教供养器的艺术风格，具体表现在器物的造型、纹饰、工艺各方面，前文已有阐释，此处不再赘述。而皇权意志对法门寺金银器艺术风格相较宫廷审美显得更为直接。法门寺金银器中体现出的皇权意志可分为两个方面：一为帝王的直接敕令，二为帝王的个人喜好。

在法门寺金银器中便有多处与帝王敕令相关的墨书与刻铭。如在唐懿宗的供奉物中：鎏金双凤衔绶御前赐银方盒的盖面上有墨书"迎真身御前赐"；迎真身银金花双轮十二环锡杖的双轮上錾刻有铭文"文思院准咸通十四年三月二十三日敕令，造迎真身银金花双轮十二环锡杖一枚……"；迎真身纯金钵盂的口沿处錾刻有铭文"文思院准咸通十四年三月二十三日敕令，造迎真身纯金钵盂一枚……"；澄依供奉的鎏金银捧真身菩萨中的金匾有錾文"奉为睿文英武明德至仁大圣广孝皇帝，敬造捧真身菩萨永为供养。伏愿圣寿万春，圣枝万叶，八荒来服，四海无波。咸通十二年辛卯岁十一月十四日皇帝延庆日记"；僧智英供奉的鎏金四十五尊造像盝顶银宝函正面左侧栏界内有錾文"奉为皇帝敬造释迦牟尼佛真身宝函"；智慧轮供奉的智慧轮纯金宝函正面錾刻"敬造金函，盛佛真身。上资皇帝，圣祚无疆，国安人泰，风调雨顺，法界有情，同霑利乐。咸通十二年闰八月十日，传大教三藏僧智慧轮记"；这些墨书与刻铭文字中皆透露出了法门寺金银器中有为数不少的器物的制造是与皇帝敕令直接或间接相关的，从而也体现出了皇权意志对法门寺金银器的巨大影响，这种影响不仅仅表现为遵令而作，更渗透在器物设计与制作的方方面面，从而在精神和思想的源头上对器物的艺术风格产生影响。"遵令而作"对器物艺术风格最大的影响应是促使了规范与样式的形成。因此，我们在法门寺金银器中可以发现许多成组存在的器物，以及一些具有相对统一的器物样式。

关于帝王的个人喜好，即需要将反映帝王好恶的具体事件等相关文献记载与相应器物结合作推理性分析。法门寺金银器中的绝大部分为唐懿宗和唐僖宗父子所供奉，其中唐懿宗骄奢无度，崇佛靡费；唐僖宗童昏继位，贪戏枉政。

关于唐懿宗骄奢无度主要反映在其对游宴活动的极度钟爱。《资治通鉴》有载："上好音乐宴游，殿前供奉乐工常近五百人，每月宴设不灭十馀，水陆皆备，听乐观优，不知厌倦，赐与动及千缗，曲江，昆明、灞浐、南宫、北苑、昭应、咸阳，所欲游幸即行，不待供置，有司常具音乐、饮食、幄帟，诸王立马以备陪从，每行幸，内外诸司扈从者十馀万人，所费不可胜纪。"① 另据《新唐书》记载，懿宗曾经进行过历拜十六陵的活动，实则亦为游宴。且其每每出宫游览名胜，每去一地起码要携带"钱十万，金帛五车，十部乐工五百，犊车、红网朱网画香车百乘，诸卫士三千"②。所谓十部乐，是指由唐时官方确定仅在宫廷和朝廷庆典上表演的不同风格的十种乐舞，多数为外国及西域传入的乐舞，如天竺乐伎、高丽乐伎、龟兹乐伎等。

《资治通鉴》有载："夏，四月己亥朔，敕于两街四寺各置戒坛，度人三七日。上奉佛太过，怠于政事，尝于咸泰殿筑坛为内寺尼受戒，两街僧、尼皆入京，又于禁中设讲席，自唱经，手录梵文；又数幸诸寺，施与无度。吏部侍郎萧仿上疏，以为：'玄祖之道，慈俭为先，素王之风，仁义为首，垂范百代，必不可加。佛者，弃位出家，割爱中之至难，取灭后之殊胜，非帝王所宜慕也。愿陛下时开延英，接对四辅，力求人瘼，虔奉宗祧；思缪我与滥刑，其次必至，知胜残而去杀，得福基多。罢去讲筵，躬勤政事。'上虽嘉奖，竟不能从。"③ 此中充分体现了唐懿宗崇佛靡费、荒废政务的程度。

唐懿宗崇佛靡费最典型的事例即为其举行的迎奉佛骨舍利活动。《资治通鉴》有载："春，三月癸巳，上遣敕使诣法门寺迎佛骨，群臣谏者芸众。至有言宪宗迎佛寻晏驾者，上曰：'朕生得见之，死亦无恨！'广造浮图、宝张、香案香花、幢幡以迎之，皆饰以金玉、锦绣、珠翠，自京城至寺三百里间，道路车马，昼夜不绝。夏，四月壬寅，佛骨至京师，导以禁军兵仗、公私音乐，济天烛地，绵亘数十里；仪卫之盛，过于郊祀，元和之时不及远矣，富室夹道为彩接及无遮会，竞为侈靡。上御安福门，降接膜拜，流涕沾臆，赐僧及京城耆老尝见元和事者金帛。迎佛骨入禁中，三日出置安国崇化寺。宰相已下竞施金帛，不可胜纪。因下德音，降中外系囚。"④ 可见法门寺金银器的制造及其艺术风格深受懿宗个人喜好之影响。

唐僖宗继承了其父懿宗的主要个人喜好，在继续崇佛靡费，向法门寺供奉

① ［宋］司马光. 资治通鉴（七）：二百五十卷唐纪懿宗昭圣皇帝［M］. 影印本. 上海：中华书局，1936：3035.
② 四部备要：新唐书：卷二百零八宦者传［M］. 影印本. 上海：中华书局，1936：1578.
③ ［宋］司马光. 资治通鉴（七）：二百五十卷唐纪懿宗昭圣皇帝［M］. 影印本. 上海：中华书局，1936：3029.
④ ［宋］司马光. 资治通鉴（七）：二百五十二卷唐纪懿宗昭圣皇帝［M］. 影印本. 上海：中华书局，1936：3053.

各种宝物之外，其个人的独特喜好亦在法门寺金银器艺术风格中有所体现。僖宗其人是个十分聪慧、接受力很强的少年，《资治通鉴》有载："上好骑射、剑槊、法算，至于音律、籥博，无不精妙；好蹴鞠、斗鸡，与诸王赌鹅，鹅一头至五十缗。尤善击球，尝谓优人石野猪曰：'朕若应击球进士举，须为状元'。对曰：'若遇尧、舜作礼部侍郎，恐陛下不免驳放。'上笑而已。"① 另有记载，僖宗曾经梦见仙人将三卷《棋经》焚烧为灰，劝其吞下，醒后，僖宗唤人与其对弈。其局落子，"凡所指画，皆出人意。"此传说自然多为一种文学的渲染，但仍可反映出僖宗喜好钻研围棋，甚至到达梦寐以求的地步。僖宗这种看似对游戏之事的热衷，其实也反映出其对数理与精巧事物的独特偏爱，反观其向法门寺供奉的金银茶具等物，亦反映出其对机巧精妙之物的喜好，相比唐懿宗供奉之物所呈现出的华丽庄严，僖宗供奉之物数量虽少，但绝大部分都具有设计精巧、功能实用、适宜把玩的特性与风格，与其个人喜好十分贴合。

第三节　时人心象在法门寺金银器艺术风格中的潜在映照

唐懿宗、唐僖宗在位时期，大唐帝国已现衰亡之象，中央集权岌岌可危，社会经济萧条凋敝，加上西南边患迭起、两淮农民起义，使晚唐政权疲于平复叛乱，更无暇发展经济。这一时期，宦官专权、朋党相争、农民起义及藩镇割据不仅深深动摇了李唐政权的统治，更给广大人民带来了无比深重的灾难。这一时期，落寞忧郁与祈祝感怀成为世人的主要情感表征，大唐盛世所独有的风流气度与非凡的想象力被平静淡漠与精巧务实所取代。

尽管金银器在中国古代属于皇家与权贵的专属用物，且始终秉承着高贵、华丽的美学特征，但在不同的时代背景下亦具有不尽相同的艺术风格，这些艺术风格在一定程度上也是当时人们思想与情感的间接投射。工艺美术对社会集体意识的体现往往是含蓄而曲折的，既不及诗词等文学艺术来得直接，也滞后于以图表意的绘画艺术，时人心象在金银器中的映照潜植于器物的造型、纹饰及制作工艺之中。

关于时人心象，在晚唐的文学与绘画艺术作品中有更为直接的反映。如在

---

① ［宋］司马光. 资治通鉴（七）：二百五十三卷唐纪僖宗惠圣皇帝 ［M］. 影印本. 上海：中华书局，1936：3073.

晚唐著名诗人李商隐的诗里，便充斥着一种无望的执着和苦闷的深情，满溢着一种无力的慨叹。其诗中已不见了"天生我材必有用，千金散尽还复来"的自信，徒留"春蚕到死丝方尽，蜡炬成灰泪始干"的苦吟；失掉了"欲穷千里目，更上一层楼"的豪气，只剩"夕阳无限好，只是近黄昏"的哀叹。信念的失落与内心感受的增强是李商隐诗词的表征，此时，诗人们的关注焦点已从外部世界转向内心层面，似乎在轻抚着自我的创伤，抒发着心灵深处的忧郁，在他那清幽婉丽的诗句中，以些许复杂的暗示与含蓄的象征传达着失落迷离的心绪，进而表现出一种雾里看花、水中观月式的审美意象，即晚唐诗词艺术所具有的阴柔之美。再如晚唐词人温庭筠的作品，在其长短句中，已不见盛唐诗歌中时常展现的广袤边塞和缤纷壮景，其所描绘的只有潺潺流水及款款落花，吟唱出的亦存一丝春心和几缕愁绪，所谓"千里恨，恨极在天涯。山月不知心里事，水风空落眼前花。摇曳碧云斜"。温庭筠的词中以细腻的语句同样体现出了一种阴柔之美。

中晚唐人物画的题材仍以描绘宫廷贵族生活为主，但画面中人物形象流露出的气息已有所变化，从盛唐的忙碌积极与俏皮活泼转向中晚唐的悠闲享乐。中唐以后，李唐王朝不再忙于开疆拓土，此时正处于封建社会前期与后期的过渡阶段，兵车弓刀的边塞景象日益被车马游宴所取代，"长安风俗，自贞元（德宗年号）侈于游宴，其后或侈于书法图画，或侈于博弈，或侈于卜祝，或侈于服饰"①。例如《簪花仕女图》中所描绘的那些盛装丰腴、状色柔丽、裸臂露肩的青年贵妇，其高贵、悠闲、奢侈、安乐的形象反映了中唐之后上层社会的精神追求与审美趣味。宫廷题材的绘画艺术是统治阶级的怡情消遣，而宗教绘画则更加贴合底层劳动人民的内心需求，因此唐代后期的绘画艺术以佛教绘画成就最高，例如敦煌莫高窟唐代重要经变壁画中，属于晚唐时期的作品分布在三十多个洞窟中，而属于盛唐的作品仅分布在十几个洞窟中，从中便可窥见佛教绘画在晚唐时期的盛行程度。

与诗词和绘画艺术相比，金银器艺术对于时人心象的反映更为内化，但并不是没有关联。例如法门寺金银器的纹饰线条，在流动飘逸间，又显露出含蓄与游移之态，不见了盛唐时的肯定决绝，尤其是其"小碎线"式的錾线手法，虽然装饰性有所感增强，但也略显犹豫、羸弱，与时人心象隐隐相映；法门寺

---

① ［清］张海鹏．学津讨原：［唐］李肇．唐国史补三卷附提要［M］．刊本．清嘉庆：399．

金银器所表现出的柔美飘逸与精巧实用，无论从器物的功能属性上还是审美意趣上，都与当时的茶文化有所关联，而饮茶在中晚唐的盛行，除了文人士大夫与佛教僧人的推动之外，亦与时人心态有所对应，整个晚唐社会弥漫着一种含蓄冲淡，渴望宁静平和的审美情愫，这在法门寺金银茶具中皆有所体现。

第四节　本章小结

　　本章将法门寺金银器艺术风格形成的原因归纳为三个方面：首先是晚唐密宗佛教对法门寺金银器艺术风格的影响；其次是宫廷审美与皇权意志对法门寺金银器艺术风格的内在作用；最后为时人心象在法门寺金银器艺术风格中的潜在映照。

　　通过本章对法门寺金银器艺术风格形成原因的探究，完成了本文的主要研究内容，既对法门寺金银器的艺术表征进行了系统的梳理，也对其相关问题进行了考证与分析，特别是对法门寺金银器艺术风格的形成机制问题进行了解答。作为中国古代的工艺美术遗存，法门寺金银器的艺术风格既体现时代的共性，也独具自身的个性，其影响因素包括宗教思想、统治阶级意志及社会整体的文化诉求，从而在客观体现了中国古代金银器艺术与社会发展的内在联系。

第八章　结论

中国古代的金银器，从饰品发展到器物，进而不断扩展和衍生出了各种具有不同实用功能和精神内涵的造物形式。作为工艺美术的一个组成部分，金银器的艺术特性不仅来源于其独特的材质属性，更深受科学技术、社会文化、民族精神等因素的影响。法门寺出土的金银器，从整体上看既属于中国古代金银器艺术发展高峰期（唐代）的作品，又与唐代金银器的代表性艺术风格（唐前期风格）存在一定的差异。其在大唐盛世濒于沉寂之时所显露出的艺术光华，既源自晚唐皇室的穷奢极欲，也与佛教思想的注入直接相关，同时还基于唐前期发展而来的金银器设计思想与制作技术。法门寺金银器所体现出的艺术性，为后世提供了一种金银器所独有的审美范式。

法门寺金银器艺术风格及其形成机制是本文的主要论点，通过对法门寺金银器造型、纹饰及制作工艺的梳理与分析，最终总结出了法门寺金银器艺术的风格特征，即庄严具足与富丽之色、柔美飘逸与精巧实用、三教共融与中土气象。明确了法门寺金银器艺术风格的形成机制，即晚唐密宗佛教对法门寺金银器艺术风格的影响；宫廷审美与皇权意志对法门寺金银器艺术风格形成的作用；时人心象在法门寺金银器艺术风格中的潜在映照。

金银器由于其制作材料的稀缺性，基本只在上层社会流通。同工艺美术的其他类目相比，其受众范围较为狭窄，器物功能大多限定在宫廷及高官贵胄的日用之中，这一点从大量的考古发现及传世器物中不难发现，而金银器大规模用于宗教活动，则多与佛教相关。法门寺金银器的特殊价值在于，其包含了与金银器艺术本体相关的诸多因素，提供了一个研究中国古代金银器艺术发展模式及其影响因素的具体例证。

法门寺金银器作为唐代金银器艺术发展脉络中的重要节点，对整个中国古代金银器艺术的发展演进也具有重要作用。希望通过本书对法门寺金银器艺术的个案研究，为中国古代金银器艺术研究的深入做出一定贡献，同时，也为当代金属艺术的创作与生产从文化源流层面提供一些参考。

插图索引

图 1.1　法门寺明代佛塔（图片引自《法门寺考古发掘报告》彩版 II）　…… 2

图 1.2　法门寺地宫出土的《衣物帐》碑文（图片引自《法门寺考古发掘报告》）
………………………………………………………………………………… 4

图 1.3　国内法门寺金银器相关论文发表数量不完全统计图 …………………… 5

图 1.4　法门寺金银器的研究格局 ……………………………………………… 12

图 1.5　法门寺鎏金双鸳团花大银盆（作者自摄于法门寺博物馆）………… 15

图 1.6　本研究的流程图 ………………………………………………………… 16

图 2.1　商代金冠带（作者自摄于成都金沙遗址博物馆）…………………… 19

图 2.2　战国鹿型金怪兽（作者自摄于陕西省历史博物馆）………………… 20

图 2.3　西汉龙凤纹银铺首（作者自摄于河北省博物馆）…………………… 21

图 2.4　北朝牛首马首金步摇（作者自摄于内蒙古博物院）………………… 21

图 2.5　唐鎏金舞马衔杯银壶（作者自摄于陕西省历史博物馆）…………… 22

图 2.6　南宋银鎏金云龙纹箸瓶（图片自摄于浙江省博物馆）……………… 23

图 2.7　明代金镂空凤纹坠（作者自摄于河南省博物院）…………………… 24

图 2.8　鎏金十字折枝花纹葵口小银碟（图片引自《法门寺考古发掘报告》）… 26

图 2.9　鎏金团花银钵盂（图片引自《法门寺考古发掘报告》）…………… 27

图 2.10　鎏金双凤衔绶纹御前赐银方盒（图片引自《法门寺考古发掘报告》）
………………………………………………………………………………… 28

图 2.11　鎏金羯摩三钴杵纹银阏伽瓶（图片引自《法门寺考古发掘报告》）… 28

图 2.12　鎏金卧龟莲花纹五足朵带银香炉（图片引自《法门寺考古发掘报告》）
………………………………………………………………………………… 29

图 2.13　鎏金雀鸟纹镂孔银香囊和鎏金双蜂团花纹镂孔银香囊（图片引自《法

门寺考古发掘报告》) ·· 30

图 2.14　鎏金双鸳团花大银盆（图片引自《法门寺考古发掘报告》）·········· 31

图 2.15　鎏金迦陵频嘉纹银棺（图片引自《法门寺考古发掘报告》）·········· 31

图 2.16　法门寺金银器分类及各部分所占比例图 ··························· 33

图 2.17　唐密胎藏界、金刚界法脉传承图（作者自绘）　··················· 42

图 2.18　唐代制茶流程图（作者摄于法门寺博物馆）·························· 50

图 2.19　法门寺出土的一套金银茶具（复制品）（作者自摄于法门寺博物馆）··· 53

图 3.1　鎏金双蜂团花纹镂孔银香囊开启图（图片引自《法门寺考古发掘报告》）

··· 63

图 3.2　鎏金团花银钵盂（图片引自《法门寺考古发掘报告》）··············· 64

图 3.3　鎏金团花纹葵口圈足小银碟（图片引自《法门寺考古发掘报告》）··· 66

图 3.4　六臂观音纯金宝函（图片引自《法门寺考古发掘报告》）　············ 69

图 3.5　鎏金仙人驾鹤纹壶门座茶罗子（图片引自《法门寺考古发掘报告》）··· 73

图 3.6　苏州瑞光塔楠木黑漆嵌螺钿经箱（作者自摄于苏州瑞光塔）·········· 74

图 3.7　壶门高圈足座银香炉（图片引自《法门寺考古发掘报告》）·········· 76

图 3.8　鎏金壶门座银波罗子（图片引自《法门寺考古发掘报告》）·········· 77

图 3.9　鎏金银羹碗子（图片引自《法门寺考古发掘报告》）················ 81

图 3.10　银摩羯纹蕾钮三足架盐台（图片引自图片引自《法门寺考古发掘报

告》）··· 82

图 3.11　仰莲瓣银水碗（图片引自图片引自《法门寺考古发掘报告》）······· 83

图 3.12　丁卯桥荷叶形银器盖（作者自摄于镇江博物馆）·················· 84

图 3.13　银芙蕖（图片引自《法门寺考古发掘报告》）····················· 85

图 3.14　鎏金银龟盒（图片引自《法门寺考古发掘报告》）················· 86

图 3.15　丁卯桥出土的龟形银筹筒（作者自摄于镇江博物馆）·············· 87

图 3.16　宝珠顶单檐纯金四门塔（图片引自《法门寺考古发掘报告》）······· 90

图 3.17　高圈足座银香炉（图片引自《法门寺考古发掘报告》）············· 92

图 3.18　法门寺金银器中的部分壶门造型（图片引自《法门寺考古发掘报告》）

··· 96

图 3.19　鎏金飞鸿毬路纹银笼子（图片引自《法门寺考古发掘报告》）······· 97

图 3.20　金银丝结条笼子（图片引自《法门寺考古发掘报告》）············· 98

图 3.21　鎏金鸿雁流云纹银茶碾子（图片引自《法门寺考古发掘报告》）··· 100

图 3.22 鎏金团花纹银碢轴（图片引自《法门寺考古发掘报告》）········ 101

图 4.1 法门寺金银器主要纹饰种类的数量分布图············· 106

图 4.2 何家村鎏金双狮纹银碗（作者自摄于陕西省历史博物馆）····· 123

图 4.3 双狮纹菱弧形圈足银盒盒盖顶面纹饰（图片引自《法门寺考古发掘报告》上册第 118 页）············· 124

图 4.4 法门寺鎏金双鸳团花大银盆中的鸳鸯纹（图片引自《法门寺考古发掘报告》上册第 140 页）············· 126

图 4.5 鎏金鸿雁流云纹银茶碾子上的天马纹（图片引自《法门寺考古发掘报告》上册第 134 页）············· 127

图 4.6 鎏金伎乐纹银香宝子上的伎乐纹（图片引自《法门寺考古发掘报告》上册第 185 页）············· 129

图 4.7 何家村窖藏的鎏金伎乐纹八棱银杯上的伎乐纹（作者自摄于陕西省历史博物馆）············· 129

图 4.8 背阴村春秋人物纹三足银罐（作者自摄于陕西省历史博物馆）··· 131

图 4.9 丁卯桥婴戏纹三足银瓶（作者自摄于镇江博物馆）····· 132

图 4.10 法门寺出土的鎏金人物画银香宝子（图片引自《法门寺考古发掘》）············· 133

图 4.11 人物画银香宝子上的人物画纹饰，"仙人对弈"（图片引自《法门寺考古发掘报告》）············· 134

图 4.12 人物画银香宝子上的人物画纹饰，左上起分别为："金蛇吐珠"，"仙人对饮"，"伯牙抚琴"，"萧史吹箫"。（图片引自《法门寺考古发掘报告》）············· 135

图 4.13 鎏金仙人驾鹤纹壶门座茶罗子上的仙人驾鹤纹（图片引自《法门寺考古发掘报告》上册第 132 页）············· 136

图 4.14 法门寺仰莲瓣银水碗上的莲花纹（图片根据《法门寺考古发掘报告》上册第 113 页插图修改）············· 141

图 4.15 法门寺摩羯纹蕾纽三足架银盐台上的荷叶纹（图片根据《法门寺考古发掘报告》上册第 136 页插图修改）············· 142

图 4.16 鎏金伎乐纹香宝子上的荷叶纹（图片根据《法门寺考古发掘报告》上册第 185 页插图修改）············· 142

图 4.17 丁卯桥荷叶形银器盖上的荷叶纹（图片根据杨正宏，张剑编著《镇江

出土金银器》第 55 页插图修改) ‥‥‥‥‥‥‥‥‥‥‥‥‥‥ 143

图 4.18　鎏金摩羯纹调达子器面的摩羯纹（图片根据《法门寺考古发掘报告》第 129 页插图修改) ‥‥‥‥‥‥‥‥‥‥‥‥‥‥ 144

图 4.19　法门寺摩羯纹蕾纽三足架银盐台上的摩羯纹（图片来自《法门寺考古发掘报告) ‥‥‥‥‥‥‥‥‥‥‥‥‥‥ 145

图 4.20　法门寺鎏金仙人驾鹤纹壶门座茶罗子上的飞天纹（图片引自《法门寺考古发掘报告》上册第 132 页) ‥‥‥‥‥‥‥‥‥‥‥‥‥‥ 146

图 4.21　法门寺鎏金如来说法盝顶银宝函上的飞天纹（图片引自《法门寺考古发掘报告》上册第 158 页) ‥‥‥‥‥‥‥‥‥‥‥‥‥‥ 146

图 4.22　法门寺鎏金迦陵频伽鸟纹银棺中的迦陵频伽纹（图片引自《法门寺考古发掘报告》上册第 179 页) ‥‥‥‥‥‥‥‥‥‥‥‥‥‥ 147

图 4.23　法门寺三钴杵纹银阏伽瓶上的金刚杵纹（图片根据《法门寺考古发掘报告》上册第 191 页修改) ‥‥‥‥‥‥‥‥‥‥‥‥‥‥ 148

图 4.24　鎏金飞鸿毬路纹银笼子上的毬路纹（图片引自《法门寺考古发掘报告》上册第 130 页) ‥‥‥‥‥‥‥‥‥‥‥‥‥‥ 150

图 4.25　鎏金毬路纹调达子上的毬路纹（图片引自《法门寺考古发掘报告》上册第 129 页) ‥‥‥‥‥‥‥‥‥‥‥‥‥‥ 151

图 4.26　何家村鎏金蔓草花鸟纹银羽觞（作者自摄于陕西历史博物馆) ‥‥‥‥ 153

图 4.27　法门寺金银器中的鱼子纹装饰（图片引自《法门寺考古发掘报告》)

‥‥‥‥‥‥‥‥‥‥‥‥‥‥ 154

图 4.28　法门寺鎏金四十五尊造像盝顶银宝函函盖纹饰（图片引自《法门寺考古发掘报告》第 173 页) ‥‥‥‥‥‥‥‥‥‥‥‥‥‥ 156

图 5.1　锤揲工艺使用的金属锤子（作者自摄) ‥‥‥‥‥‥‥‥‥‥‥‥‥‥ 164

图 5.2　锤揲工艺使用的铁砧（作者自摄) ‥‥‥‥‥‥‥‥‥‥‥‥‥‥ 164

图 5.3　锤揲工艺使用的木捶（作者自摄) ‥‥‥‥‥‥‥‥‥‥‥‥‥‥ 165

图 5.4　以锤揲工艺制作隐起图案（浮雕）时使用的錾子（作者自摄) ‥‥ 167

图 5.5　金属器皿锤揲成型的基本步骤（作者自摄) ‥‥‥‥‥‥‥‥‥‥ 168

图 5.6　錾刻工艺使用的锤子及錾刀（作者自摄) ‥‥‥‥‥‥‥‥‥‥ 169

图 5.7　錾刻工艺使用的部分錾刀（作者自摄) ‥‥‥‥‥‥‥‥‥‥ 169

图 5.8　法门寺鎏金双鸳纹大银盆錾纹（图片引自《法门寺考古发掘报告》)

‥‥‥‥‥‥‥‥‥‥‥‥‥‥ 171

图 5.9　法门寺金银器上的"小碎线"錾痕（图片引自《法门寺考古发掘报告》）
　　　　………………………………………………………………… 172

图 5.10　《法门寺考古发掘报告》中认定使用模冲工艺制作的部分器物局部
　　　　（图片引自《法门寺考古发掘报告》彩版五七、六三、六五、七一、
　　　　八三、一一二）　…………………………………………………… 174

图 5.11　中国西南少数民族聚居地区仍在使用的银饰祖型（图片引自唐绪祥主
　　　　编《锻铜与银饰工艺》第 341 页）　……………………………… 175

图 5.12　中国西南少数民族聚居地区仍在使用的银饰阴阳双模（图片引自唐绪
　　　　祥主编《锻铜与银饰工艺》第 92 - 93 页）　………………………… 176

图 5.13　金属形变示意图（作者自绘）　……………………………………… 178

图 5.14　鎏金如来说法盝顶银宝函（图片引自《法门寺考古发掘报告》）　… 179

图 5.15　鎏金鸿雁纹银茶碾子（图片引自《法门寺考古发掘报告》）　……… 181

图 5.16　鎏金银龟盒（图片引自《法门寺考古发掘报告》）　……………… 182

图 5.17　法门寺鎏金双狮纹菱弧形圈足银盒（图片引自《法门寺考古发掘报告》）
　　　　………………………………………………………………… 183

图 5.18　法门寺鎏金仙人驾鹤纹壶门座茶罗子（图片引自《法门寺考古发掘报
　　　　告》）（没有打开图）　………………………………………… 183

图 5.19　何家村的金筐宝钿团花纹金杯（作者自摄于陕西省历史博物馆）
　　　　………………………………………………………………… 185

图 5.20　金筐宝钿珍珠装纯金宝函（图片来自《法门寺考古发掘报告》彩版一
　　　　一七）　……………………………………………………………… 186

图 5.21　金筐宝钿珍珠装赋珙石宝函（图片来自《法门寺考古发掘报告》彩版
　　　　一二一）　……………………………………………………………… 186

图 5.22　法门寺金银丝结条笼子局部（图片引自《法门寺考古发掘报告》）
　　　　………………………………………………………………… 188

图 5.23　我国云贵少数民族地区的银首饰编织工艺（图片引自唐绪祥主编《锻
　　　　铜与银饰工艺》第 315 页）　……………………………………… 188

图 5.24　法门寺鎏金银捧真身菩萨（图片来自《法门寺考古发掘报告》彩版
　　　　九〇）　……………………………………………………………… 191

图 5.25　法门寺迎真身鎏金双轮十二环银锡杖（图片来自《法门寺考古发掘报
　　　　告》彩版一七〇）　………………………………………………… 191

图 5.26 金银器焊接工艺原理示意图（作者自绘） ·········· 192

图 5.27 铆接工艺基本操作原理图（作者自绘） ·········· 193

图 5.28 河南伊川齐国太夫人墓出土的提梁银罐（作者自摄于河南省博物院）

·········· 194

图 5.29 法门寺壸门高圈足座银香炉（图片引自《法门寺考古发掘报告》）····· 195

图 5.30 西安南郊白庙村出土的唐代金杯坯（作者自摄于陕西省历史博物馆）

·········· 196

图 6.1 鎏金四十五尊造像盝顶银宝函（图片来自《法门寺考古发掘报告》彩
版一三三） ·········· 203

图 6.2 鎏金卧龟莲花纹五足朵带银香炉与鎏金双凤纹五足朵带银炉台（图片来
自《法门寺考古发掘报告》彩版六二） ·········· 204

图 6.3 法门寺鎏金伎乐纹香宝子器壁纹饰（图片引自《法门寺考古发掘报告》）

·········· 205

图 6.4 何家村鹦鹉纹提梁银罐（作者自摄于陕西省历史博物馆） ·········· 206

图 6.5 西安市城建局移交的抚琴舞鹤纹菱形银盘（作者自摄于西安博物院）··· 210

图 7.1 八棱净水秘色瓷瓶（作者自摄于法门寺博物馆） ·········· 214

图 7.2 摩羯三钴杵纹银臂钏（图片引自《法门寺考古发掘报告》彩版一六四）

·········· 215

图 7.3 法门寺单轮十二环纯金锡杖（图片引自《法门寺考古发掘报告》）

·········· 216

附录 A   法门寺金银器纹饰分类统计表

纹饰类别	装饰部位	器物名称
忍冬纹	器外腹莲瓣纹内边	仰莲瓣银水碗
	器外腹壶门间	鎏金壶门座银波罗子
	炉盖宽沿沿面	鎏金卧龟莲花纹五足朵带银香炉
	腹壁竖棱两侧	鎏金鸿雁纹壶门座五环银香炉
团花纹	筋上段	鎏金四出花银食筋
	碟内心	鎏金十字折枝花纹葵口小银碟
	盖面中心	鎏金双凤衔绶御前赐银方盒
	中心香盂内底	鎏金雀鸟纹镂孔银香囊
	球外底	鎏金双蜂团花纹镂孔银香囊
	器立沿	鎏金摩羯纹调达子
	盖面中心四周	金银丝结条笼子
	器口沿下沿	鎏金飞鸿毬路纹银笼子
	轴孔四周	鎏金团花纹银碢轴
	盖心四周	摩羯纹蕾纽三足架银盐台
	盆壁内外、盆内心	鎏金双鸳团花大银盆
	盖顶中央	金筐宝钿珍珠装纯金宝函
	函体各面	金筐宝钿珍珠装琉璃石宝函
	底部圆箍凌表面	鎏金伎乐纹银香宝子
	如意云头表面	坐佛纹云头银如意
	杖顶佛座、杖体表面	迎真身银金花双轮十二环锡杖
	外壁中心及四周	鎏金团花银钵盂

234

续表

纹饰类别	装饰部位	器物名称
折枝花纹	器腹壁内	鎏金十字折枝花纹葵口小银碟
	器外底四隅	鎏金摩羯纹调达子
西番莲纹	盖面四隅	鎏金双狮纹菱弧形圈足银盒
	盖面四隅	六臂观音纯金宝函
蔓草纹	盖面与腹壁	鎏金双狮纹菱弧形圈足银盒
	内腹壁、外壁口缘	迦陵频伽纹小金钵盂
	杖杆通体	迎真身银金花双轮十二环锡杖
	腹壁壶门间	鎏金鸿雁纹壶门座五环银香炉
	香炉盖面及炉台内底	鎏金卧龟莲花纹五足朵带银香炉并炉台
	器面	鎏金毬路纹调达子
	金匾匾栏及护板板面	鎏金银捧真身菩萨
	函盖立沿	鎏金四天王盝顶银宝函
	函盖顶面	鎏金如来说法盝顶银宝函
	涵盖立沿	六臂观音纯金宝函
	钏身外壁	三钴杵纹银臂钏
	钏身外壁	摩羯三钴杵纹银臂钏
	檐柱	宝珠顶单檐纯金四门塔
	器腹外壁开光间	鎏金人物画银香宝子
	盖沿面	鎏金伎乐纹银香宝子
阔叶纹	通体	鎏金双蜂团花纹镂孔银香囊
	通体	鎏金雀鸟纹镂孔银香囊
	盆底内	鎏金双鸳团花大银盆
宝相花	金匾匾栏	鎏金银捧真身菩萨
	杖顶佛座	迎真身银金花双轮十二环锡杖
柳叶纹	盖刹边栏	六臂观音纯金宝函
海石榴	函盖立沿	鎏金四天王盝顶银宝函
狮纹	盖顶面	鎏金双狮纹菱弧形圈足银盒
	后挡	鎏金双凤纹宝盖银棺
	盖面	鎏金人物画银香宝子

续表

纹饰类别	装饰部位	器物名称
鸿雁纹	盖面	双鸿纹海棠形银盒
	器腹壁壶门间	鎏金鸿雁纹壶门座五环银香炉
	器外壁圆形规范内	鎏金雀鸟纹镂孔银香囊
	盖面及腹壁	鎏金飞鸿毬路纹银笼子
	槽身两侧	鎏金鸿雁流云纹银茶碾子
	则柄上段	鎏金飞鸿纹银则
	涵盖立沿	六臂观音纯金宝函
	纽座四周	鎏金伎乐纹银香宝子
龟纹	盖面	鎏金卧龟莲花纹五足朵带银香炉
蜂纹	器外壁	鎏金双蜂团花纹镂孔银香囊
鸳鸯纹	器面	鎏金毬路纹调达子
	盆壁内外及盆底内	鎏金双鸳团花大银盆
	盖顶四边各面	六臂观音纯金宝函
	盖立沿各面	金筐宝钿珍珠装珷玞石宝函
	纽座四周	鎏金伎乐纹银香宝子
仙鹤纹	罗架两侧	鎏金仙人驾鹤纹壶门座茶罗子
天马纹	座壁壶门上方	鎏金鸿雁流云纹银茶碾子
凤纹	内底	鎏金双凤纹五足朵带银炉台
	涵盖斜刹各边	鎏金如来说法盝顶银宝函
	盖顶面	六臂观音纯金宝函
	盖中部栏界内	鎏金双凤纹宝盖银棺
龙纹及神兽纹	足与炉身连接处	鎏金卧龟莲花纹五足朵带银香炉
	足与炉身连接处	鎏金双凤纹五足朵带银炉台
	外壁中心	鎏金鸿雁纹壶门座五环银香炉
	四足膝部	金银丝结条笼子
	盆外壁铺首	鎏金双鸳团花大银盆
	覆体内底	鎏金银捧真身菩萨
	函盖顶面	鎏金四天王盝顶银宝函
人物画	器腹外壁开光内	鎏金人物画银香宝子

续表

纹饰类别	装饰部位	器物名称
仙人驾鹤纹	罗架两侧	鎏金仙人驾鹤纹壶门座茶罗子
伎乐纹	器腹外壁	鎏金伎乐纹香宝子
摩羯纹	圈足外壁	仰莲瓣银水碗
	器面四隅	鎏金摩羯纹调达子
	盖面与支架	摩羯纹蕾纽三足架银盐台
莲荷纹	口沿一周	鎏金十字折枝花纹葵口小银碟
	口沿一周	鎏金团花纹葵口圈足小银碟
	盖缘一周	鎏金双狮纹菱弧形圈足银盒
	盖缘一周	鎏金双凤衔绶御前赐银方盒
	外底四边	鎏金毬路纹调达子
	器面沿边	鎏金摩羯纹调达子
	口沿上缘一周	鎏金飞鸿毬路纹银笼子
	盆口一周	鎏金双鸳团花大银盆
	盖面边沿	鎏金伎乐纹银香宝子
	顶面外缘	摩羯三钴杵纹银臂钏
	器腹与圈足一周	鎏金摩羯三钴杵纹银
	口沿一周	鎏金团花银钵盂
	器盖	摩羯纹蕾纽三足架银盐台
	圈足	鎏金伎乐纹银香宝子
飞天纹	顶盖面	鎏金仙人驾鹤纹壶门座茶罗子
	涵盖立沿	鎏金如来说法盝顶银宝函
迦陵频伽纹	器外底中心	鎏金摩羯纹调达子
	涵盖立沿	鎏金四天王盝顶银宝函
	函盖顶面	鎏金如来说法盝顶银宝函
	棺身两侧	鎏金迦陵频伽鸟纹银棺
	器腹壁	迦陵频伽纹小金钵盂

续表

纹饰类别	装饰部位	器物名称
金刚杵纹	覆体中间	鎏金银捧真身菩萨
	函盖顶面四角	鎏金如来说法盝顶银宝函
	钏面顶面及外壁	摩羯三钴杵纹银臂钏
	钏身	三钴杵纹银臂钏
	双轮中心杖顶	迎真身银金花双轮十二环锡杖
	腹部圆形规范内	鎏金摩羯三钴杵纹银阏伽瓶
佛像、菩萨像、诸天	函身各面	鎏金如来说法盝顶银宝函
	函身各面	鎏金如来说法盝顶银宝函
	函身各面	鎏金四十五尊造像盝顶银宝函
	如意头部	坐佛纹云头银如意
童子	函身正面	鎏金如来说法盝顶银宝函
	函身正面	六臂观音纯金宝函
菩提树	函身右侧面	鎏金如来说法盝顶银宝函
	函身正面	六臂观音纯金宝函
云纹	仰莲瓣座四周	鎏金银羹碗子
	器腹壁	鎏金卧龟莲花纹五足朵带银香炉
	器外底四隅	鎏金摩羯纹调达子
	顶盖面及盖立沿	鎏金仙人驾鹤纹壶门座茶罗子
	轴孔外	鎏金团花纹银碢轴
	槽身两侧	鎏金鸿雁流云纹银茶碾子
	柄面	鎏金蔓草纹长柄银匙
	则柄上段	鎏金飞鸿纹银则
	盆壁四瓣余白内	鎏金双鸳团花大银盆
	函盖顶面	鎏金四天王盝顶银宝函
	函盖立沿	鎏金如来说法盝顶银宝函
	门角处	宝珠顶单檐纯金四门塔
	盖中部及门扇下部	鎏金双凤纹宝盖银棺
	钏面底缘	摩羯三钴杵纹银臂钏
	双轮中心佛座	迎真身银金花双轮十二环锡杖

纹饰类别	装饰部位	器物名称
鱼子纹	筋上段	鎏金四出花银食筋
	器腹壁壶门间	鎏金鸿雁纹壶门座五环银香炉
	口缘一周	鎏金飞鸿毬路纹银笼子
	塔门周围	宝珠顶单檐纯金四门塔
	通身蔓草纹四周	鎏金人物画银香宝子
	通身蔓草纹四周	鎏金伎乐纹银香宝子
	通身	迎真身银金花双轮十二环锡杖
	器腹壁	迦陵频伽纹小金钵盂
	钏身	三钻杵纹银臂钏
联珠纹	筋中段	鎏金四出花银食筋
	盖面内	鎏金双狮纹菱弧形圈足银盒
	金匜匜栏内	鎏金银捧真身菩萨
	口缘一周	迦陵频伽纹小金钵盂
	莲瓣宽沿内边线	鎏金镂孔银莲瓣藻井
绶带纹	盖面中心	鎏金双凤衔绶御前赐银方盒
	两足之间的腹壁外	鎏金卧龟莲花纹五足朵带银香炉
	两足之间的腹壁外	鎏金双凤纹五足朵带银炉台
	盖中部界栏内	鎏金双凤纹宝盖银棺
几何纹	筋上段	鎏金四出花银食筋
	炉台内边口沿饰	鎏金双凤纹五足朵带银炉台
	器面沿边	鎏金摩羯纹调达子
	金匜边沿	鎏金银捧真身菩萨
	阑额及檐下	宝珠顶单檐纯金四门塔
	盖面边沿	鎏金伎乐纹银香宝子
毬路纹	器立沿	鎏金毬路纹调达子
	器盖面及器身通体	鎏金飞鸿毬路纹银笼子

附录 B　法门寺金银器图录

鎏金双狮纹菱弧形银盒。考古标本号：FD5：074。整理件数：1。衣物帐名称：银金花合。物主：唐懿宗。外底錾刻"进奉延庆节金花陆寸方合壹具，重廿两，江南西道都团练观察处置等侍臣李□进"。现称重：799 克。通高11.2、口径17.3×16.8、足高2.4 厘米。

鎏金双凤衔绶御前赐银方盒。考古标本号：FD5：082。整理件数：1。衣物帐名称：银金花合。物主：唐懿宗。盒底錾刻"诸道盐铁转运等侍臣李福□进"、"内库"。盖面墨书："随真身御前赐"。现称重：1585 克。通高9.5 厘米、边长21.5×21.5 厘米、足高1.7 厘米、足径18×17.7 厘米。

迎真身银金花双轮十二环锡杖。考古标本号：FD：041。整理件数：1。衣物帐名称：锡杖。物主：唐懿宗。锡杖双轮上装刻："文思院准咸通十四年三月二十三日敕令，造迎真身银金花十二环锡杖一枚，并金共重六十两，内金重二两、五十八两银。打造匠臣安淑郢、判官赐紫金鱼袋臣王全护、副使小供奉臣虔诣，使左监门卫将军臣弘愨"。现称重：2390 克。长196 厘米、杖杆径2.2 厘米。

鎏金鸿雁纹壶门座五环银香炉（原无盖）。考古标本号：FD5：045。整理件数：1。衣物帐名称：香炉。物主：唐懿宗。盘外底錾："五十两臣张宗礼进"。现称重：1305克。通高14.5厘米、炉盘口沿外径23.6厘米、口径19.5厘米、腹深5.6厘米、底径16厘米、座高9厘米、足沿外径26.8厘米、内径21厘米。

鎏金卧龟莲花纹五足朵带银香炉。考古标本号：FD5：002。整理件数：1。衣物帐名称：香炉并台盖朵带。物主：唐懿宗。炉外底錾刻："咸通十年文思院造八寸银金花香炉一具，并盘及朵带环子，全共重三百八十两，匠臣陈景夫、判官高品吴弘悫、侍臣能顺"。外底錾文："三字号"，盖内沿錾"一字号"。现称重：6408克。通高29.5厘米、盖径25.9厘米、内径24.8厘米、腹深7厘米。

鎏金双凤纹五足朵带银炉台。考古标本号：FD5：075。整理件数：1。衣物帐名称：香炉并台盖朵带。物主：唐懿宗。外底錾刻："四字号"。现称重：8970克。高21厘米、直径43厘米。

迎真身纯金钵盂。考古标本号：FD5：073。整理件数：1。衣物帐名称：金钵盂。物主：唐懿宗。口沿錾刻："文思院准咸通十四年三月二十三日敕令，造迎真身金钵盂一枚，重十四两三钱，打造小都知臣刘维钊、判官赐紫金鱼袋臣王全护、副使小供奉官臣虞诣、使左监门卫将军臣弘悫"。现称重：573克。高7.2厘米、口径21.2厘米、壁厚0.12厘米。

鎏金人物画银香宝子。考古标本号：FD5：046。整理件数：1。衣物帐名称：香宝子。物主：唐懿宗。现称重：901.5克。高24.7厘米、口径13.2厘米、圈足径12.6厘米。

鎏金人物画银香宝子。考古标本号：FD5：007。整理件数：1。衣物帐名称：香宝子。物主：唐懿宗。现称重：883.5克。高24.7厘米、口径13.2厘米、圈足径12.6厘米。

宝珠顶单檐纯金四门塔。考古标本号：FD5：011－8。整理件数：1。衣物帐名称：真金小塔子（八重宝函第一重）。物主：唐懿宗。现称重：184克。高7.1厘米、月台长宽各4.8厘米、垫板长宽各5.4厘米。

金筐宝钿珍珠装珷玞石函。考古标本号：FD5：011－7o整理件数：1。衣物帐名称：珷玞石函（八重宝函第二重、金筐宝钿真珠装）。物主：唐懿宗。现称重：1022.5克。高10.2厘米、长宽各8厘米。

金筐宝钿珍珠装纯金宝函。考古标本号：FD5：011－6。整理件数：1。衣物帐名称：真金函（八重宝函第三重，金筐宝钿真珠装）。物主：唐懿宗。现称重：973克。高13.1厘米、长宽各11.3厘米。

六臂观音纯金宝函。考古标本号：FD5：011－50 整理件数：1。衣物帐名称：真金钣花函（八重宝函第四重）。物主：唐懿宗。现称重：973 克。高、长、宽各 13.5 厘米。

鎏金如来说法盝顶银宝函。考古标本号：FD5：011－40 整理件数：1。衣物帐名称：银金花钣作函（八重宝函第五重）。物主：唐懿宗。现称重：1660 克。高 16.2 厘米、长宽各 14.8 厘米。

素面盝顶银宝函。考古标本号：FD5：011－3。整理件数：1。衣物帐名称：素银函（八重宝函第六重）。物主：唐懿宗。现称重：1999 克。高 19.3 厘米、长宽各 18.4 厘米。

鎏金四天王盝顶银宝函。考古标本号：FD5：011－2。整理件数：1。衣物帐名称：银金花钣作函（八重宝函第七重）。物主：唐懿宗。现称重：2699 克。高 23.5 厘米、长宽各 20.2 厘米。

鎏金带座银菩萨。考古标本号：FD5：030。整理件数：1。衣物帐名称：银金涂钑花菩萨。物主：唐懿宗。现称重：651.7克。高15厘米、座高4.5厘米。

鎏金十字折枝花纹葵口小银碟。考古标本号：FD5：55－1－10。整理件数：10。衣物帐名称：叠子。物主：唐懿宗。现称重：总1150克。每件通高1.3厘米、口径11.3厘米。

鎏金壸门座波罗子。考古标本号：FD5：050－1－5。整理件数：10。衣物帐名称：波罗子。物主：唐懿宗。现称重：总2250克。每件通高3.8厘米、口径10.3厘米、底径11.2厘米。

鎏金团花纹葵口圈足小银碟。考古标本号：FD5：79－1－10。整理件数：10。衣物帐名称：叠子。物主：唐懿宗。现称重：总1221.9克。每件高1.9厘米、口径11.1厘米、足高0.7厘米、足径7.5厘米。

素面银香案。考古标本号：FD5：065。整理件数：1。衣物帐名称：香案子。物主：唐懿宗。现称重：5.6.5克。高10.5厘米、宽9.5厘米、长15.5厘米。

素面银香匙。考古标本号：FD5：004。整理件数：1。衣物帐名称：香匙。物主：唐懿宗。现称重：42.25克。长18.5厘米、匙径4.2厘米。

素面银香炉并碗盖。考古标本号：FD5：027。整理件数：1。衣物帐名称：香炉并椀子。物主：唐懿宗。现称重：925克。高20.3厘米、口径16厘米、碗盖深6.3厘米。

鎏金团花银钵盂。考古标本号：FD5：066。整理件数：1。衣物帐名称：钵盂子。物主：唐懿宗。现称重：110克。高3.3厘米、口径8厘米。

鎏金银羹碗子。考古标本号：FD5：069。整理件数：1。衣物帐名称：羹椀子。物主：唐懿宗。现称重：213.5克。高9.8厘米、碗盖径6.6厘米、腹深2.4厘米、足高2.7厘米、足径8厘米。

鎏金四出花银食筋。考古标本号：FD5：053。整理件数：1双2件。衣物帐名称：匙筋。物主：唐懿宗。现称重：43.5克。长18.7厘米、上端直径0.5厘米、下段直径0.3厘米。

系链银火筋。考古标本号：FD5：052。整理件数：1双2件。衣物帐名称：火筋。物主：唐懿宗。现称重：76.5克。长18.7厘米、上端直径0.5厘米、下段直径0.3厘米。

素面圈足银圆盒。考古标本号：FD5：054。整理件数：1。衣物帐名称：香合。物主：唐懿宗。现称重：816.5克。高9.8厘米、直径18.4厘米。

迦陵频伽纹小金钵盂。考古标本号：FD5：049。整理件数：1。衣物帐名称：真金钵盂。物主：唐懿宗。现称重：161.5克。高3.3厘米、口径9.4厘米、底径3厘米。

鎏金伎乐纹香宝子。考古标本号：FD5：067。整理件数：1。衣物帐名称：香宝子。物主：唐懿宗。现称重：158.5克。高11.7厘米、口径5.6厘米、杯高5.8厘米、圈足径6.3厘米。

鎏金伎乐纹香宝子。考古标本号：FD5：093。整理件数：1。衣物帐名称：香宝子。物主：唐懿宗。现称重：149.5克。高11.7厘米、口径5.6厘米、杯高5.8厘米、圈足径6.3厘米。

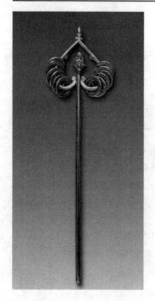

单轮十二环纯金锡杖。考古标本号：FD5：005。整理件数：1。衣物帐名称：真金锡杖。物主：唐懿宗。现称重：211克。通长27.6厘米、轮径5.8厘米、杖杆长25厘米。

鎏金双鸳团花大银盆。考古标本号：FD5：043o 整理件数：1。衣物帐名称：银金花盆。物主：唐僖宗。外底錾刻"浙西"。现称重：6265 克。通高 14.2 厘米、口径 46 厘米、足高 2.5 厘米、足径 28.5 厘米。

鎏金雀鸟纹镂孔银香囊。考古标本号：FD5：080。整理件数：1。衣物帐名称：香囊。物主：唐僖宗。现称重：92.2 克。径 5.8 厘米、持平环径 3.8×4.8 厘米、盂径 2.8 厘米、盂深 1 厘米、链长 17.7 厘米。

鎏金双蜂团花纹镂孔银香囊。考古标本号：FD5：081。整理件数：1。衣物帐名称：香囊。物主：唐僖宗。现称重：547 克。径 12.8 厘米、持平大环径 10.5 厘米、小环径 9.5 厘米、盂径 7.2 厘米、盂深 2.3 厘米、链长 24.5 厘米。

鎏金飞鸿毬路纹银笼子。考古标本号：FD5：077。整理件数：1。衣物帐名称：笼子。物主：唐僖宗。底边沿银条上錾："桂管臣李轩□进"。现称重：654 克。通高 17.8 厘米、盖径 16.1 厘米、腹深 10.2 厘米、足高 2.41 厘米。

鎏金银龟盒。考古标本号：FD5：076。整理件数：1。衣物帐名称：龟。物主：唐僖宗。现称重：820.5 克。高 13 厘米、长 28.3 厘米、宽 15 厘米。

摩羯纹蕾纽三足架银盐台。考古标本号：FD5：026。整理件数：1。衣物帐名称：盐台。物主：唐僖宗。足支架银条上錾："咸通九年文思院造银金涂盐台一只，并盖重一十二两四钱，判官臣吴弘愨、使臣能顺"，另有"四字号"、"小焊药"等字。现称重：564克。通高27.9厘米、盖高11.2厘米、盘口径7.8厘米、口外径16.1厘米、腹深1.5厘米。

金银丝结条笼子。考古标本号：FD5：070。整理件数：1。衣物帐名称：结条笼子。物主：唐僖宗。现称重：355克。通高15厘米、长14.5厘米、宽10.5厘米。

鎏金鸿雁流云纹银茶碾子。考古标本号：FD5：096。整理件数：1。衣物帐名称：茶槽子。物主：唐僖宗。外底錾刻："咸通十年文思院造银金花茶碾子一枚并盖，共重廿九两。匠臣高品臣吴弘愨、使臣能顺"。辖板内刻："十六字号"，另一处亦刻："十六"。辖板等处均有划文"五哥"字样。现称重：1168克。高7.1厘米、长27.4厘米、宽4.4厘米、槽深3.4厘米、辖板长20.7厘米。

鎏金团花纹银碾轴。考古标本号：FD5：095。整理件数：1。衣物帐名称：碾子。物主：唐僖宗。碾轴面刻："碾轴重一十三两"，"十七，字号"划文"五哥"两处，轴杆有："十七字号二亦有"五哥"划文。现称重：524克。轴长21.6厘米、轴径8.9厘米。

鎏金仙人驾鹤纹壶门座茶罗子。考古标本号：FD5：078。整理件数：1。衣物帐名称：盐台。物主：唐僖宗。罗底刻："咸通十年文思院造银金花罗子一副，全共重卅七两，匠臣邵元、审作官臣李师存、判官高品臣吴弘愨、使臣能顺"。另有"十九字号"錾文两处，墨书、划文"五哥"各两处。现称重：1472克。高9.5厘米、罗长13.4厘米、宽8.4厘米、屉长12.7厘米、屉宽7.5厘米、屉高2厘米。

鎏金飞鸿纹银则。考古标本号：FD5：068。整理件数：1。衣物帐名称：匙子。物主：唐僖宗。现称重：44.5克。长19.2厘米、匙纵长4.5厘米、横长2.6厘米、柄宽0.7~1.3厘米。

鎏金蔓草纹长柄银匙。考古标本号：FD5：097。整理件数：1。衣物帐名称：匙子。物主：唐僖宗。柄背面錾文"重二两"，划文"五哥"。现称重：84.5克。匙长35.7厘米、宽2.9厘米。

三钻杆纹银臂钏。考古标本号：FD5：085－088。整理件数：4。衣物帐名称：随求。物主：唐僖宗。柄背面錾文"重二两"，划文"五哥"。现称重：128、149、146、159克。外径11厘米、内径9.2厘米。

摩羯三钻杆纹银臂钏。考古标本号：FD5：091－092。整理件数：2。衣物帐名称：随求。物主：唐僖宗。现称重：196.5、217克。外径10.8厘米、高2.8厘米、厚1.9厘米。

鎏金毬路纹调达子。考古标本号：FD5：102。整理件数：1。衣物帐名称：调达子。物主：唐僖宗。现称重：222克。高2.8厘米、长17厘米、宽11厘米、器口长5.2厘米、宽4.2厘米、深2.1厘米。

鎏金摩羯纹调达子。考古标本号：FD5：103。整理件数：1。衣物帐名称：调达子。物主：唐僖宗。现称重：148克。高2.3厘米、宽10厘米、长17.3厘米。

鎏金银捧真身菩萨。考古标本号：FD4：001。整理件数：1。衣物帐名称：银金花菩萨一躯并真珠装并银稜函盛，银锁子二具。物主：澄依。金匾錾文："奉为睿文英武明德至仁大圣广孝皇帝，敬造捧真身菩萨永为供养。伏愿圣寿万春，圣枝万叶，八荒来服，四海无波。咸通十二年辛卯岁十一月十四日皇帝延庆日记"。仰莲座顶面錾刻梵文一周。现称重：1926.7克。高38.5厘米。

壶门高圈足座银香炉。考古标本号：FD4：019。整理件数：1。衣物帐名称：银白成香炉并承铁。物主：杨复贡。炉盖有签封一张，上墨书"大银香炉……臣杨复贡"。现称重：3920 克。通高 56.5 厘米、盖高 31.3 厘米、炉身高 25.2 厘米、口径 20.7 厘米、腹深 16.5 厘米。

素面委角方银盒。考古标本号：FD5：009。整理件数：1。衣物帐名称：银白承香合。物主：杨复恭。外底錾文："邓弘立十五两"。现称重：605.5 克。通高 9.7 厘米、长 17 厘米、宽 12 厘米。

素面云头银如意。考古标本号：FD5：038。整理件数：1。衣物帐名称：银如意。柄背錾文："咸通十三年文思院造银白成如意一枚，重九两四钱。打造依官臣赵智宗、判官高品臣刘虔诣、副使高品高师厚、使臣弘愨"。物主：尼弘照。现称重：405.7 克。长 60 厘米、云头宽 21 厘米。

鎏金四十五尊造像盝顶银宝函。考古标本号：FD5：044 - 4。整理件数：1。衣物帐名称：银金涂盝。物主：僧智英。函正面左侧栏界内錾文："奉为皇帝敬造释迦牟尼佛真身宝函。"函底另錾"大唐咸通十二年十月十六日遗法弟子比丘智英敬造真身舍利宝函永为供奉"。仰莲座顶面錾刻梵文一周。现称重：1612 克。高、长、宽均为 17 厘米。

坐佛纹云头银如意。考古标本号：FD5：034。整理件数：1。衣物帐名称：银如意。物主：尼明肃。现称重：762.5 克。长 50 厘米、云头宽 16 厘米。

如意柄银手炉。考古标本号：FD5：089。整理件数：1。衣物帐名称：手炉。物主：尼明肃。炉柄背錾刻："咸通十三年文思院造银白成手炉一枚并香宝子共重十二两五钱。打造都知臣武敬容、判官高品臣刘虔诣、副使高品高师厚、使臣弘愨。"现称重：415.5 克。长 44 厘米。

盘丝座葵口素面小银盐台。考古标本号：FD5：042-3、FD5：042-4、FD5：042-5。整理件数：3。衣物帐名称：银盐台。物主：智慧轮。现称重：75、76.5、85克。通高6.2、6.5、6.1厘米、口径8.7厘米、座高4.5厘米。

智慧轮纯金宝函。考古标本号：FD5：042-2。整理件数：1。衣物帐名称：金函。物主：智慧轮。函正面錾刻："敬造金函，盛佛真身。上资皇帝，圣祚无疆，国安人泰，风调雨顺，法界有情，同霑利乐。咸通十二年闰八月十日，传大教三藏僧智慧轮记"。现称重：1.99克。高13.5厘米、长14.5厘米、宽10.5厘米。

智慧轮壸门座盝顶银函。考古标本号：FD5：042-1。整理件数：1。衣物帐名称：银函。柄背錾文。函正面錾刻："上都大兴善寺传最上乘祖佛大教灌顶阿闍梨三藏芯茗智慧轮敬造银函壹，重伍拾两献上，盛佛真身舍利，永为供养。殊胜功德福资皇帝千秋万岁咸通十二年闰捌月拾伍日造，勾当僧教原、匠刘再荣、邓行集"。物主：智慧轮。现称重：2030.5克。通高22厘米、长18.9厘米、宽18.5厘米。

鎏金摩羯三钻杆纹银阏伽瓶。考古标本号：FD5：017。整理件数：1。衣物帐名称：银阏伽瓶。物主：智慧轮。底有墨书："南""西""东""北"。现称重：659.5、643.5、630、659克。高21厘米、腹径13.2厘米、流长7.1厘米。

仰莲瓣银水碗。考古标本号：FD5：020、FD5：022。整理件数：2。衣物帐名称：银阏伽水碗。物主：智慧轮。外底錾刻："衙内都虞候兼押衙、监察御史安淑布施，永为供养"。现称重：223、222克。高8厘米、口径16厘米。

花瓣头素面银钗。考古标本号：FD5：099 - 2。整理件数：1。物主：崔庆可。现称重：12 克。长 20 厘米。

银芙蕖。考古标本号：FD5：071、72。整理件数：1。无载无主。现称重：535、535 克。通高 41 厘米。

鎏金团花银钵盂。考古标本号：FD5：048。整理件数：1. 无载无主。现称重：口径 9.1 厘米、高 3.3 厘米。

鎏金银戒指。考古标本号：FD5：044 - 13。整理件数：1。无载无主。现称重：4.2 克。外径 2.4 厘米、内径 2.1 厘米、戒面宽 0.47 厘米。

双鸿纹海棠形银盒。考古标本号：FD5：094。整理件数：1。无载无主。现称重：27.2 克。高 2 厘米、长 5.1 厘米、宽 3.6 厘米。

鎏金双凤纹宝盖银棺。考古标本号：FD4：017 - 3。整理件数：1。无载无主。

鎏金迦陵频伽纹银棺。考古标本号：FD3：002 - 3。整理件数：1。无载无主。

附录 B 中图片引自《法门寺考古发掘报告》及《法门寺文物图饰》。

参考文献

[1] 习近平. 习近平同志在联合国教科文组织总部的演讲 [N]. 人民日报, 2014 – 3 – 27.

[2] 习近平. 决胜全面建成小康社会夺取新时代中国特色社会主义伟大胜利——在中国共产党第十九次全国代表大会上作报告 [N]. 人民日报, 2017 – 10 – 18.

[3] 韩金科. 法门寺文化史 [M]. 北京: 五洲传播出版社, 1998.

[4] 尚刚. 从"写法"说起 [J]. 装饰, 2013 (10).

[5] 陕西省文物考古研究所. 法门寺考古发掘报告 [M]. 北京: 文物出版社, 2007.

[6] 韩生. 法门寺文物图饰 [M]. 北京: 文物出版社, 2009.

[7] 李新玲. 法门寺唐代地宫金银器 [M]. 北京: 长城出版社, 2003.

[8] 姜捷. 法门寺文化研究新论 [M]. 南京: 江苏人民出版社, 2012.

[9] 韩伟, 陕西珍贵文物集成: 金银器卷 [M]. 西安: 陕西人民教育出版社, 1998.

[10] 齐东方. 唐代金银器研究 [M]. 北京: 中国社会科学出版社, 1999.

[11] 龚国强. 与日月同辉——中国古代金银器 [M]. 成都: 四川教育出版社, 1998.

[12] 张静, 齐东方. 古代金银器 [M]. 北京: 文物出版社, 2008.

[13] 王烨. 中国古代金银器 [M]. 北京: 中国商业出版社, 2015.

[14] 陆九皋, 韩伟. 唐代金银器 [M]. 北京: 文物出版社, 1985.

[15] 韩伟. 海内外唐代金银器萃编 [M]. 西安: 三秦出版社, 1989.

[16] 谭前学. 盛世遗珍: 唐代金银器巡礼 [M]. 西安: 三秦出版社,

2003.

[17] 申秦雁. 金银器：陕西历史博物馆珍藏 [M]. 西安：陕西人民美术出版社，2003.

[18] 杨小林. 中国细金工艺与文物 [M]. 北京：科学出版社，2008.

[19] 杨伯达. 中国美术全集·工艺美术编·10 金银玻璃珐琅器 [M]. 北京：文物出版社，1987.

[20] 杨伯达. 中国金银玻璃珐琅器全集·金银器 [M]. 石家庄：河北美术出版社，2004.

[21] 陈晓启. 中国金银珐琅器收藏与鉴赏全书 [M]. 天津：天津古籍出版社，2005.

[22] 贺云翔. 中国金银器鉴赏图典 [M]. 上海：上海辞书出版社，2006.

[23] 贺云翔，邵磊. 中国金银器 [M]. 北京：中央编译出版社，2008.

[24] 金维诺. 中国美术全集·金银器玻璃器 [M]. 合肥：黄山书社，2010.

[25] 卢兆荫. 关于法门寺地宫金银器的若干问题 [J]. 考古，1990（07）.

[26] 齐东方. 法门寺地宫的发现与唐代金银器研究 [J]. 文博，1991（04）.

[27] 程旭. 从何家村到法门寺：金银器工艺的进步与发展 [J]. 中国国家博物馆馆刊，2016（10）.

[28] 韩伟. 法门寺地宫金银器錾文考释 [J]. 考古与文物，1995（01）.

[29] 王仓西. 浅谈法门寺地宫出土部分金银器的定名及用途 [J]. 文博，1993（04）.

[30] 梁子. 法门寺文物研究的几个问题 [J]. 文博，2000（01）.

[31] 气贺泽保规，王维坤. 试论法门寺出土的唐代文物与"衣物帐"[J]. 文博，1996（01）.

[32] 林培民. 法门寺唐代茶具审美简论 [J]. 农业考古，1995（02）.

[33] 万映频. 从法门寺佛指舍利八重宝函的设计探讨中国传统设计文化 [J]. 艺术探索，2007（01）.

[34] 王丽梅，形式与意蕴——释法门寺佛指舍利八重宝函的艺术美 [J]. 南京艺术学院学报，2010（04）.

[35] 李妃德. 唐密宗装饰艺术研究初探 [D]. 广州：华南理工大学，

2016.

[36] 钱进. 错彩镂金——唐代金银香炉装饰艺术表现形式研究 [D]. 合肥: 安徽财经大学, 2017.

[37] 杨海霞. 汉唐时期熏香器具设计研究 [D]. 西安: 西安美术学院, 2008.

[38] 宋玉立. 试论唐代造物的艺术风格 [J]. 科教导刊, 2012 (01).

[39] 王雪. 唐代金银器造型艺术研究 [D]. 北京: 中国地质大学 (北京), 2015.

[40] 陈妍言, 唐代金银器角隅纹样研究 [D]. 北京: 清华大学, 2007.

[41] 段丙文. 论唐代金银器中的錾刻与锤揲工艺 [D]. 西安: 西安美术学院, 2007.

[42] 任新来. 法门寺地宫文物与唐代佛教密宗文化 [J]. 文博, 1992 (01).

[43] 林培民. 法门寺佛教文化的美学特征 [J]. 佛教文化, 1994 (06).

[44] 齐东方. 中国寺院金银器 [J]. 美成在久, 2014 (01).

[45] 孙机. 法门寺出土文物中的茶具 [J]. 文物, 1988 (10).

[46] 王郁风. 法门寺出土唐代宫廷茶具及唐代饮茶风尚 [J]. 农业考古, 1992 (02).

[47] 梁贵林.《茶经》·《茶酒论》与法门寺茶道研究 [J]. 敦煌研究, 1998 (01).

[48] 任新来. 唐代茶文化与法门寺地宫茶具 (上、下) [J]. 收藏界, 2004 (04-05).

[49] 李刚. 唐密茶道研究 [A]. 宽旭. 首届大兴善寺唐密文化国际学术研讨会论文集 [C]. 西安: 陕西师范大学出版社, 2012.

[50] 李新玲. 法门寺地宫出土金银茶具及其工艺价值 [A]. 宽旭. 首届大兴善寺唐密文化国际学术研讨会论文集 [C]. 西安: 陕西师范大学出版社, 2012.

[51] 田自秉. 中国工艺美术史 [M]. 上海: 东方出版中心, 2009.

[52] 雷圭元. 新图案学 [M]. 台北:"国立"编译馆, 1947.

[53] 雷圭元. 图案基础 [M]. 北京: 人民美术出版社, 1963.

[54] 雷圭元. 中国图案作法初探 [M]. 上海: 上海人民美术出版社,

1979.

　　[55] 张道一. 造物艺术论 [M]. 福州：福建美术出版社，1989.

　　[56] 杭间. 中国工艺美学思想史 [M]. 太原：北岳出版社，1994.

　　[57] 高丰. 中国器物艺术论 [M]. 太原：山西教育出版社，2001.

　　[58] 呼志强. 中国手工艺文化 [M]. 北京：实事出版社，2007.

　　[59] 李砚祖. 装饰之道 [M]. 北京：中国人民大学出版社，1993.

　　[60] 李砚祖. 工艺美术概论 [M]. 北京：中国轻工业出版社，1999.

　　[61] Bo Gyllensvard. Gold and silver ware in the Tang Dynasty [M]. Goteborg: Elanders Boktryckeri Aktiebolag, 1958.

　　[62] 冉万里. 唐代金银器文様の考古学的研究 [M]. 东京：雄山阁出版社，2007.

　　[63] 正倉院. 東瀛珠光ヒカシウミタマヒカリ [M]. 东京：審美書院，1908.

　　[64] 作者不详. 国华馀芳：正仓院御物 [M]. 出版地不详：出版者不详，1957.

　　[65] 齐东方. 汉唐金银器与社会生活 [J]. 内蒙古文物考古，2006 (02).

　　[66] 夏鼐. 北魏封和突墓出土萨珊银盘考 [J]. 文物，1983 (08).

　　[67] 唐金裕. 西安西郊隋李静训墓发掘简报 [J]. 考古，1959 (09).

　　[68] 姚汝能. 安禄山事迹卷上 [M]. 上海：上海古籍出版社，1983.

　　[69] 尚刚. 大唐香囊 [J]. 艺术设计研究，2016 (01).

　　[70] 张敏. 功能分析法在考古类型学研究中的应用——以《龙虬庄：江淮东部新石器时代遗址发掘报告》为例 [J]. 南方文物，2011 (01).

　　[71] 王朝闻. 发展美术工艺 [A]. 王朝闻文艺论集（第一集）[C]. 上海：上海文艺出版社.1979.

　　[72] 王朝闻. 美化生活——关于工艺美术的创作问题 [A]. 王朝闻文艺论集（第三集）[C]. 上海：上海文艺出版社，1980.

　　[73] 何文焕. 历代诗话 [M]. 北京：中华书局，1981.

　　[74] 高棅. 唐诗品汇 [M]. 上海：上海古籍出版社，1982.

　　[75] 刘昫. 旧唐书·郭子仪传 [M]. 北京：中华书局，1975.

　　[76] 司马光. 资治通鉴·唐纪七十九 [M]. 北京：中华书局，1963.

　　[77] 朱捷元等. 西安西郊出土唐"宣徽酒坊"银酒注 [J]. 考古与文物，

1982（1）.

[78] 罗宁丽．漫谈唐代的"健舞"和"软舞"——兼及唐代文物中的舞蹈形象［J］．碑林集刊，1994（00）.

[79] 杜晓勤．从"盛唐之音"到盛世悲鸣——开天诗坛风貌的另一考察维度［J］．文学评论，2016（03）.

[80] 何建明．中国近代密教文化复兴运动探微［J］．华中师范大学学报，2009（3）.

[81] 吕建福．中国密教史［M］．北京：中国社会科学出版社，2011.

[82] 严耀中．汉传密教［M］．北京：学林出版社，1999：148.

[83] 吕建福．密教论考［M］．北京：宗教文化出版社，2008.

[84] 吴立民．法门寺地宫唐密曼荼罗之研究［J］．法音，1995（1）.

[85] 夏广兴．密教传持与唐代社会［M］．上海：上海人民出版社，2008.

[86] 陈耳东等．佛教文化的关键词——汉传佛教常用词语解析［M］．天津：天津古籍出版社，2005.

[87] 沙武田．吐蕃统治时期敦煌石窟供养人画像考察［J］．中国藏学，2008（02）.

[88] 谢和耐，苏远鸣等．法国学者敦煌学论文选萃［M］．北京：中华书局，1993.

[89] 权飞．法门寺唐塔地宫出土唐代香料初探［J］．农业考古，2016（04）.

[90] 宿白．敦煌莫高窟密教遗迹札记（上）［J］．文物，1989（09）.

[91] 黑格尔．美学［M］．朱光潜，译．北京：商务印书馆，1997.

[92] 段成式．酉阳杂俎［M］．北京：中华书局，1981.

[93] 圆仁．入唐求法巡礼行记［M］．桂林：广西师范大学出版社，2007.

[94] 乐素娜．唐画中的煮茶场景及茶具文物考［J］．农业考古，2017（05）.

[95] 有马赖底．茶禅一味［M］．刘建，华海，译．海口：海南出版社，2014.

[96] 格罗塞．艺术的起源［M］．北京：商务印书馆，1984.

[97] 王介南．中外文化交流史［M］．太原：书海出版社，2004.

[98] 王子怡．从"觚"到"觚不觚"看中国古代道器设计思想及其当代

意义 [J]. 艺术百家, 2006 (06).

[99] 葛洪. 西京杂记 [M]. 西安：陕西通志馆印, 1934.

[100] 于薇. 圣物制造与中古中国佛教舍利供养 [M]. 北京：文物出版社, 2018.

[101] 扬之水. 奢华之色：宋元明金银器研究（卷三）[M]. 北京：中华书局, 2011.

[102] 宋祁, 欧阳修等. 新唐书 [M]. 北京：中华书局, 1975.

[103] 熊四智. 中国饮食诗文大典 [M]. 青岛：青岛出版社, 1951.

[104] 刘昫等. 旧唐书 [M]. 北京：中华书局, 1975.

[105] 中国文物学会专家委员会编. 中国文物大辞典（上）[M]. 北京：中央编译出版社, 2008.

[106] 袁泉. 舍利安置制度的东亚化 [J]. 敦煌研究, 2007 (04).

[107] 杨效俊. 隋唐舍利瘗埋空间的世界图像 [J]. 文博, 2013 (05).

[108] 扬之水. 法门寺出土的银金花氍子与银金花破罗子 [J]. 文物, 2008 (11).

[109] 刘呆运, 王仓西. 法门寺地宫出土银质氍子钩沉 [J]. 乾陵文化研究, 2016 (00).

[110] 徐红磊, 于帆. 基于生命内涵的产品形态仿生设计探究 [J]. 包装工程, 2014 (18).

[111] 江牧. 工业设计仿生的价值所在 [J]. 装饰, 2013 (4).

[112] 尚刚. 唐代工艺美术史 [M]. 杭州：浙江文艺出版社, 1998.

[113] 许慎. 说文解字 [M]. 北京：中华书局, 1963.

[114] 魏收. 魏书·释老志 [M]. 北京：中华书局, 1974.

[115] 刘文娟. 法门寺地宫出土茶具名物研究 [D]. 昆明：云南大学, 2011.

[116] 冉万里. 唐代金属香炉研究 [J]. 文博, 2000 (02)：21.

[117] 软荣春, 仲星明, 汪小洋. 佛教艺术 [M]. 沈阳：辽宁美术出版社, 2014.

[118] 罗简, 朱明健. 印度早期佛教的象征图样 [J]. 设计艺术研究, 2016 (02).

[119] 中国硅酸盐学会. 中国陶瓷史 [M]. 北京：文物出版社, 1982.

［120］沈冬梅．茶与宋代社会生活［M］．北京：中国社会科学出版社，2007．

［121］廖宝秀．试论唐代圭璧形饼茶与茶碾［J］．故宫文物，1991（06）．

［122］张彦远．历代名画记［M］．北京：人民美术出版社，1964．

［123］尚刚．中国工艺美术史新编［M］．北京：高等教育出版社，2007．

［124］田自秉，吴淑生，田青．中国纹样史［M］．北京：高等教育出版社，2003．

［125］赵丰，王乐．敦煌丝绸与丝绸之路［M］．北京：中华书局，2009．

［126］张晶．早期印度佛教植物装饰源流与传播研究——以莲花纹和忍冬纹为例［J］．创意设计源，2018（01）．

［127］芮传明，余太山．中西纹饰比较［M］．上海：上海古籍出版，1995．

［128］阿罗伊斯·里格尔．美术样式论［M］．东京：岩崎美术社，1970．

［129］杉浦康平．造型的诞生［M］．北京：中国青年出版社，1999．

［130］唐绪祥．锻铜与银饰工艺［M］．郑州：大象出版社，2015．

［131］彭燕凝．试析唐代金银器皿的工艺之美［J］．家具与室内装饰，2012（06）．

［132］中国大百科全书出版社编辑部．大百科全书［M］．北京：中国大百科全书出版社，2009．

［133］方玉润．诗经原始［M］．北京：中华书局，1986．

［134］爱德华·谢弗．唐代的外来文明［M］．吴玉贵，译．西安：陕西师范大学出版社，2005．

［135］王丽梅．唐代金银器禽鸟图像研究［J］．中华文化论坛，2016（12）．

［136］王丽梅．唐代金银器中狮纹造型风格研究［J］．装饰，2013（04）．

［137］曹新洲，韩玉祥，牛天伟．南阳汉画之神话传说［M］．北京：中国档案出版社，2007．

［138］尚刚．隋唐五代工艺美术史［M］．北京：人民美术出版社，2005．

［139］李昉．太平御览［M］．北京：中华书局，1960．

［140］海滨．文学与考古双重视野中的唐代西域乐舞"胡旋舞"［J］．陕西师范大学学报，2011（07）．

［141］陈绶祥．隋唐绘画史［M］．北京：人民美术出版社，2000.

［142］郭若虚．图画见闻志［M］．上海：上海人民美术出版社，1963.

［143］冀东山．神韵与辉煌——陕西历史博物馆国博鉴赏［M］．西安：三秦出版社，2006.

［144］杨正宏，张剑．镇江出土金银器［M］．北京：文物出版社，2012.

［145］田自秉．中国工艺美术史［M］．上海：东方出版中心，2000.

［146］张彦远．历代名画记［M］．南京：江苏美术出版社，2007.

［147］郎晔．经进东坡文集事略［M］．北京：文学古籍刊行社，1957.

［148］李剑国．唐前志怪小说辑释［M］．上海：上海古籍出版社，1986.

［149］李鹏燕．黄鹤楼传说群的生成及其景观叙事研究［D］．武汉：华中师范大学，2015.

［150］唐颐．图解曼荼罗［M］．西安：陕西师范大学出版社，2012.

［151］吴立民，韩金科．法门寺地宫唐密曼荼罗之研究［M］．香港：香港中国佛教文化出版有限公司，1998.

［152］张朋川．宇宙图式中的天穹之花——柿蒂纹辨［J］．装饰，2002（12）.

［153］中国文物精华编辑委员会．中国文物精华［M］．北京：文物出版社，1997.

［154］中国古陶瓷图典编辑委员会．中国古陶瓷图典［M］．北京：文物出版社，1998.

［155］国家文物局．海上丝绸之路［M］．北京：文物出版社，2014.

［156］望月亨．佛教大辞典［M］．东京：佛教大辞典发行所，1931.

［157］郭廉夫，张朋川．中国纹样辞典［M］．天津：天津教育出版社，1998.

［158］关友惠．敦煌装饰图案［M］．上海：华东师范大学出版社，2010.

［159］扬之水．"千春永如是日"——泸州宋墓石刻中的生活故事［J］．形象史学研究，2014（00）.

［160］刘禄山．从北宋郭知章墓"金御仙花带板"探究革带演变［J］．东方收藏，2012（10）.

［161］宿白．法门寺塔地宫出土文物反映的一些问题［J］．文物，1988（10）.

[162] 赵瑞廷. 唐代金银器对中国传统金属工艺的承接 [J]. 内蒙古师范大学学报（自然科学汉文版），2006（04）.

[163] 许慎. 说文解字. 影印 [M]. 北京：中华书局，1963.

[164] 朱骏声. 说文通训定声. 影印 [M]. 武汉：武汉市古籍书店，1983.

[165] 张自烈等. 正字通. 缩印本 [M]. 北京：中国工人出版社，1996.

[166] 齐东方，申秦雁. 花舞大唐春——何家村遗宝精粹 [M]. 北京：文物出版社. 2003.

[167] 陆九皋，韩伟. 唐代金银器 [M]. 北京：文物出版社，1985.

[168] 韩伟. 从饮茶风尚看法门寺等地出土的唐代金银茶具 [J]. 文物，1988（10）.

[169] 王云五. 四库全书珍本 [M]. 台北：台湾商务印书馆，1969.

[170] 梁子. 何家村：制作机构及其世界性意义 [J]. 西北大学学报，2016（01）.

[171] 陕西省博物馆. 陕西省耀县柳林背阴村出土一批唐代银器 [J]. 文物，1966（01）.

[172] 赵超. 法门寺出土金银器反映的晚唐金银器制作业状况和晚唐金银器风格//张岂之，韩金科. 首届国际法门寺历史文化学术讨论会论文集 [M]. 西安：陕西教育出版社，1992.

[173] 汪小洋. 论宗教美术的审美经验 [J]. 南京艺术学院学报（艺术与设计版），2009（2）。

[174] 蔺熙民. 隋唐时期儒释道的冲突与融合 [D]. 西安：陕西师范大学，2011.

[175] 宗白华. 美学散步 [M]. 上海：上海人民出版社，1981.

[176] 周文君. 和谐美学对美学中国化的探索和贡献 [J]. 贵州社会科学，2010（12）.

[177] 王丽梅. 道教思想对唐代金银器艺术的影响 [J]. 工业设计研究，2013（00）.

[178] 房玄龄. 晋书 [M]. 上海：上海古籍出版社，1985.

[179] 汤用彤. 隋唐佛教史稿 [M]. 北京：北京大学出版社，2010.

[180] 祁志祥. 中国佛教美学史 [M]. 北京：北京大学出版社，2010.

[181] 杨泓. 中国隋唐时期佛教舍利容器 [J]. 中国历史文物, 2004 (04).

[182] 甘肃省文物工作队. 甘肃省泾川县出土的唐代舍利石函 [J]. 文物, 1966 (3).

[183] 临潼县博物馆. 临潼唐庆山寺舍利塔基精室清理记 [J]. 文博, 1985 (5).

[184] 江苏省文物工作队镇江分队, 镇江市博物馆. 江苏镇江甘露寺铁塔塔基发掘记 [J]. 考古, 1961 (6).

[185] 定县博物馆. 河北定县发现两座宋代塔基 [J]. 文物, 1972 (8).

[186] 黎瑶渤. 辽宁北票县西官营子北燕冯素弗墓 [J]. 文物, 1995 (11).

[187] 杨伯达. 中国古代金饰文化板块论 [J]. 故宫博物院院刊, 2007 (06).

[188] 吴信如. 台密东密与唐密 [M]. 北京: 中国藏学出版社, 2011.

[189] 张璐. 法门寺秘色瓷与晚唐佛教密宗审美观念研究 [D]. 西安: 西北大学, 2013.

[190] 吴立民, 韩金科. 法门寺地宫唐密曼荼罗之研究 [M]. 香港: 中国佛教文化出版有限公司, 1998.

[191] 陈明光. 帝王列传唐懿宗唐僖宗 [M]. 长春: 吉林文史出版社, 1995.

[192] 周尚仪, 赵菲. 世界金属艺术 [M]. 北京: 人民美术出版社, 2010.

[193] 尚刚. 大而能化, 含蓄典雅——中国古代工艺美术的文化特质 [J]. 装饰, 2015 (05).

[194] 姜捷, 李发良. 大唐皇帝与法门寺 [M]. 西安: 三秦出版社, 2010.

[195] 刘显波, 熊隽. 唐代家具研究 [M]. 北京: 人民出版社, 2017.